广播影视类"十四五"规划应用型教材

总主编 高晓虹

INTRODUCTION TO TELEVISION PLAYWRIGHT-DIRECTOR

电视编导教程

主　编　印兴娣
副主编　周　彤　王　珺

中国传媒大学出版社

·北京·

广播影视类"十四五"规划应用型教材
专家委员会

(以姓氏笔画为序)

王仲明（四川文化产业职业学院原党委书记、教授）
王诗文（安徽广播影视职业技术学院原党委书记、教授）
王建国（山西传媒学院原院长、教授）
方建超（湖南大众传媒职业技术学院原副院长、教授）
左智成（河南应用技术职业学院副院长、教授）
冯一粟（湖南大众传媒职业技术学院原院长、教授）
毕一鸣（南京师范大学新闻与传播学院原副院长、教授）
李开广（保定职业技术学院原副院长、教授）
李锦云（河北传媒学院院长、教授）
张书玉（四川传媒学院原副院长、高级工程师）
罗共和（四川电影电视学院院长、教授）
梁绿琦（北京青年政治学院原院长、教授）
崔新有（江苏城市职业学院院长、教授）

广播影视类"十四五"规划应用型教材
编辑委员会

（以姓氏笔画为序）

总 主 编	高晓虹
执行主编	田建国　周振华
副 主 编	王　雷　王松林　冉光泽　印兴娣
	刘万军　刘远东　刘忠波　江铁成
	孙茂军　李太斌　李锦程　沈中禹
	张国伟　陈　清　陈祖继　周彦珍
	庞志有　职新卫　黄莓子　董孝壁
	蒋贻杰　谢红焰　路长伟　蔡蕊伊
委　　员	王　凯　王　涛　王旭锋　任翠英
	邵　娣　胡明锦　洪　宏　翟海燕

序 一

应用型高等教育作为高等教育发展中的一个重要类型，肩负着培养面向生产、建设、服务和管理第一线需要的高素质应用型人才的使命，在加快推进社会主义现代化建设进程中具有不可替代的作用。

近年来，随着我国新型工业化、建设社会主义新农村和创新型国家对高技能人才要求的不断提高，应用型高等教育既面临着极好的发展机遇，也面临着严峻的挑战。现实形势要求应用型高等教育必须体现时代精神和社会发展要求的人才观、质量观和教育观，改革与构建适应经济与社会发展需要的专业方向、专业结构、课程体系、教学内容、教学环节、教学方法以及教学手段，全面提高教学水平，在教学中充分体现"应用"二字，强化学生职业素质与职业能力的培养。

在应用型高等教育中，课程建设与改革是提高教学质量的核心，也是教学改革的重点和难点。根据技术领域和职业岗位（群）的任职要求，参照相关的职业资格标准，改革课程体系和教学内容，建立突出职业能力培养的课程标准，规范课程教学的基本要求，提高课程教学质量，是应用型高等教育深化内涵建设的必然要求。

基于上述应用型高等教育的发展要求，我们组织编写了本套丛书，把工学结合作为应用型高等教育人才培养模式改革的重要切入点，带动专业调整与建设，引导课程设置、教学内容和教学方法改革，并积极推动高等院校与行业、企业合作开发课程，抓好知识目标、能力目标和职业目标三个关键环节的落实，探索任务驱动、项目导向、理实一体、岗位实践等有利于增强学生职业能力的教学模式。并从适合应用型高等教育需求这个角度，做了以下尝试：

首先，在课程设置上，针对专业所在的职业领域，邀请企业的技术骨干、人力资源管理者及行业专家和院校的骨干教师，通过访谈、问卷和研讨，确定职业岗位对技能型人才在知识、技能和职业素质等方面的具体要求，结合目前专业教学的现状，共同分析讨论课程的设置，通过科学合理的课程布局，对课程进行了合理的调整，确立了课程门类及教学内容。

其次,在编写思路上,依照电视节目制作的认知规律和行业岗位的要求,构建由浅入深、循序渐进、基于工作过程的写作框架;按照学习的循序渐进性,梳理出相关课程的知识点;在每个学习单元的写作上,由任务驱动导入知识和技能点,再用工作任务、项目实践巩固知识技能,使用精准的知识点和针对性强的项目实践训练,有效地将知识转化为技能;并始终贯彻符合电视节目制作工学结合的教材编写理念;注重知识点、单项技能训练和以项目为实现目标的综合技巧训练相结合,突出它们之间的内在联系,让这些知识和技能在项目实践中有效融会贯通。

再次,在编写人员构成上,充分发挥跨地区与跨院校教师之间、院校与企业之间的团队协作,校企合作,校际联合共同开发教材。丛书的作者大都是长期从事专业教学、研究和实践,积累了一定的教学和实践经验的院校教学人员、企业、专业机构资深的工作人员。他们在对教材编写现状、学生岗位能力要求进行充分调研的基础上,吸收第三方社会调查机构的相关评价,制定职业能力培养的课程标准,规范课程教学的基本要求,并根据课程标准和要求进行教材编写,充分体现了应用型高等教育的专业性、职业性与岗位性等特点。

最后,在教学的积累上,丛书教材以讲义、校本教材或者培训教材等形式已经试用了数年,教学效果良好。同时,教材配有电子教案、课件、课程教学网站、实验素材等,方便随时、随地进行网络化学习的需求。

现在,我们将这套丛书呈现给广大读者,衷心希望教材能在相关课程的教学中发挥积极作用,并得到读者的青睐。我们也真诚希望同行专家和读者予以批评指正,使这套教材在教学实践的检验下,不断得到改进、完善和提高,为中国特色应用型高等教育的课程建设做出微薄贡献。

教育部高等学校新闻传播学类专业教学指导委员会主任委员
中国传媒大学新闻传播学部学部长、教授

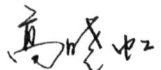

序 二

在担任2006—2010年教育部高等学校高职高专广播影视类专业教学指导委员会主任委员期间，我结识了一批热爱高等教育、献身高等教育的仁人志士，并一起努力推动相关专业建设与改革以及教材建设。

教材是保证高职教学质量的重要载体，一直是教指委的重要工作。我先后组织专门的师资力量编写出版了"影视动画专业""影视广告专业""主持与播音专业""新闻采编与制作专业"系列教材。本计划为广播影视类所有专业都编写一套系列教材，由于时间等方面的原因未能实现，深感遗憾。

今天，收到中国传媒大学出版社寄来"电视节目制作专业"主干课程教材编写印刷清样让我指导。我非常兴奋，兴奋的不是因为我水平高，而是感到当初未完成的事业有人继续。详细阅读了出版社送来的所有印刷清样，我认为这套教材有下列几个特点：

一是编写理念新：以校企合作、工学结合、教学做合一等职业教育理念指导教材建设，保障了人才培养的应用性、技能型。

二是编写体例新：以学习目标、任务导入、基本知识、专业技能、实训项目、考核评价为模块进行每一章节的编写，保障了学生学习的系统性和渐进性。

三是风格新：将理论和实践、理性和感性、简明和生动有机融合，保障了学生学习的积极性和高效性。

"电视节目制作专业"主干课程教材的编写，是深化该专业人才培养模式改革的重要途径和成果，也必将为高等院校相关专业人才培养提供有益的参考。

全国广播影视职业教育教学指导委员会副主任委员

山西传媒学院原院长、教授

王建国

目 录

第一章 电视编导概述 / 1
 第一节 电视编导的含义 / 1
 第二节 电视编导的职业特征 / 6
 第三节 电视编导的素质要求 / 7
 第四节 电视编导与其他相近的职业 / 12

第二章 电视编导的视听语言基础 / 16
 第一节 电视节目的画面造型语言 / 17
 第二节 镜头形式 / 38
 第三节 电视的声音系统 / 46

第三章 电视新闻节目的编导 / 50
 第一节 电视新闻节目的界定与发展 / 50
 第二节 电视新闻节目的类型 / 53
 第三节 电视新闻专题节目的特征 / 61
 第四节 电视新闻专题节目的编导 / 67

第四章 电视社教节目的编导 / 85
 第一节 社教节目的社会功能与传播特性 / 86
 第二节 经济类专题节目的编导 / 88
 第三节 法制类专题节目的编导 / 94
 第四节 文化类专题节目的编导 / 98

第五章　电视服务类节目的编导　/ 111
　　第一节　电视服务类节目的发展与特点　/ 112
　　第二节　电视服务类节目的类型　/ 115
　　第三节　电视服务类节目的编导　/ 121

第六章　电视综艺节目的编导　/ 129
　　第一节　电视综艺节目概论　/ 129
　　第二节　电视综艺节目的类型　/ 135
　　第三节　综艺节目的编导要点　/ 143

第七章　电视谈话类节目的编导　/ 155
　　第一节　电视谈话类节目概论　/ 155
　　第二节　谈话类节目的编导特征　/ 159
　　第三节　谈话类节目主持人的角色要求　/ 162

第八章　影视剧导演　/ 173
　　第一节　影视剧导演的前期工作　/ 173
　　第二节　导演思维　/ 180

第九章　网络短视频节目的编导　/ 192
　　第一节　网络短视频的概况　/ 192
　　第二节　网络短视频编导的特点　/ 204

参考文献／215

后　　记／220

第一章
电视编导概述

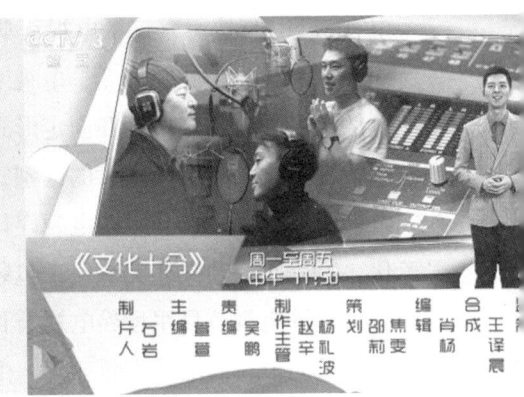

【学习要点】

1. 编导的职业特征;
2. 编导的职业素养;
3. 编辑、编导、主编、导演之间的异同。

第一节 电视编导的含义

电视编导是电视节目生产过程工种细分后的产物,是电视节目制作中特有的一项工作。

一、电视节目的产生

自19世纪80年代电视发明以来,电视播出的内容由最初的新闻和文艺两种节目逐渐发展到今天形态多样、类型丰富的节目,而每一种类型的节目又分成多种,如新闻类节目不仅有消息类,还有专题类、栏目类等,播出形式也由录播逐渐过渡到直播。节目类型的多样化,促进了节目生产者岗位的细分:文字记者、摄像记者、文字编辑、后期画面编辑、内容合成编辑、编导、主编、导演、导播等。

凡是通过电视屏幕呈现,最终以画面和声音的形式影响观众的一个个内容单元都称为电视节目[①]。按照《广播电视辞典》[②]的解释，电视节目指电视台各种播出内容的最终组织形式和播出形式。如今，电视节目还应该包括社会制作机构制作的供电视媒体、网络媒体播放的具有特定内容和固定形式的视频产品。在我国，电视节目有时也指电视栏目。一般情况下，两者并无太大的区别。比如，一个栏目播出一条纪录片或专题片，这个时候两者就没有区别。如今，各电视媒体播出的电视节目内容丰富，形式多样，包装手段不断变化，特别是综艺文艺类节目，包装越来越吸引受众，画面形式丰富多样。

中国电视节目跟世界电视节目一样，也是从新闻节目开始发展的。在发展的过程中，不仅新闻节目的形式不断变化，由单一的新闻消息发展到现在的新闻消息、新闻专题、新闻评论、新闻人物访谈等多种节目形式并存，而且涉及内容的广度和深度也在不断拓展、延伸。

从节目类型上来看，电视节目已经由过去单一的新闻节目发展为文艺、社教、服务等不同类型、不同风格的节目并存的状态。如今，不同电视频道每天都播放着丰富多彩的电视节目：有提供信息的新闻节目，有提供娱乐、陶冶情操的文艺演出，有针砭时弊、崇尚道德的评论、调查和访谈，也有科技教育节目等，节目有长有短，内容包罗万象。

二、电视编导的概念

"编导"一词起源于好莱坞的影视专业，指编剧和导演，但在好莱坞，编导更倾向于被称为现场制片人。"编导"是一个合成词，是"编"和"导"的合称，是纪实性电视节目和虚构性电视节目创作过程中的一项特有的工作。编导所指的"编"，既有编撰的含义，也就是前期的策划、采访、撰稿，也有编辑的含义，也就是后期的剪辑、配音、合成。编导所指的"导"与导演、导播的"导"，既有交集又有区别。编和导工作性质是有区别的，"编"是组织的含义，"导"是指挥的含义。"编""导"合在一起，便是对一个电视节目制作的组织和指挥。[③]

在我国，电视编导不是一开始就有的，它是伴随着电视节目类型的丰富和电视栏目的出现，尤其是专题节目的出现而产生的。最早的专题片是新闻消息的延伸和扩展，被称为"专题新闻"。1958年成立的北京电视台（中央电视台前身）的新闻节目播出后一个月就有了专题新闻。

目前，我国的电视节目一般分为新闻、文艺、社教和服务四大类。在这四类节目中，从事不同节目创作的工作人员，称呼往往是不同的。

记者：从事新闻消息类创作的一般被称为记者（有文字记者和摄像记者之分）。

---

① 王润兰. 电视节目编导与制作［M］. 北京：高等教育出版社，2010.
② 赵玉明，王福顺. 广播电视辞典［M］. 北京：北京广播学院出版社，1999.
③ 黄慕雄，睢凌. 电视节目编导［M］. 广州：暨南大学出版社，2012：2.

编导：从事新闻、社教、服务、文艺专题节目和栏目创作的人员，或者栏目中某部分专题节目的策划、采访、编辑等工作的主创人员被称为编导。这里的编导既可以只进行策划与指导别人进行采访、摄像和编辑，也可以直接负责策划与采编等具体工作。

导演：从事文艺晚会总编创的被称为总导演，而在大型文艺晚会和许多实况转播中，每个具体节目的编创者也被称为导演。电视台担任转播任务的创作人员，我们一般称之为导播。

主编：电视专题栏（节）目的主创人员，我们也可以称之为主编。不少电视媒体招聘主编时，将其岗位职责描述为：

(1) 负责整体节目的策划、执行；

(2) 根据节目定位要求，挖掘选题，完成节目前期策划，统筹节目素材，把握节目风格，撰写台本；

(3) 编导选题，把控台本，审核素材，跟进后期制作，督促及配合后期工作；

(4) 组织拍摄与录制，负责现场的调度与控制；

(5) 监控制作全过程，保证节目质量；

(6) 负责栏目组的对内、对外联络与沟通，处理各类突发状况；

(7) 负责专题片各项流程的制作。

从职责描述来看，主编实际就是编导，只是称呼不同而已。电视编导是一个人数众多的群体，这是电视台独特的传播属性决定的。电视编导的范围涵盖了除硬性新闻消息类节目以外的各种各样的具有一定的思想性、知识性、趣味性、娱乐性节目的编创人员。

三、电视编导称呼的变化

随着电视媒体的发展特别是全媒体时代的到来，电视栏（节）目创作方式、手段不断变化，内容互相融合，使得电视编导的工作内容也发生了变化，因而，不同名称之间的职责内涵不断模糊，传统的编导概念的定位也发生了变化。随着栏目内容的交叉和制作与播出形式的融合，编导的职业区分和名称已经相对模糊了。主编、编导、导演既可以在一个栏目或一部片子中独立出现，也可以混合出现。以中央电视台的有关栏目为例，社教专题栏目《记住乡愁》里有编导，而《生财有道》栏目中既有主编也有编导。服务类社教专题栏目《回家吃饭》和文化类社教专题栏目《读书》中既有导演，也有主编，唯独没有"编导"。《文化十分》这类文艺专题栏目中又只见主编。老牌的新闻专题《焦点访谈》却不见编导，只见制片人和编辑。时效性极强的新闻专题栏目《新闻1+1》设有主编。目前，只有完全虚构的文艺娱乐栏目中仍然使用"导演"这个名称，如中央电视台的《幸福账单》等，具体情况如表1-1所示。

表 1-1

序号	栏目名称与类型	播出频道	编导	主编	导演	编辑
1	《焦点访谈》/新闻专题	CCTV1、CCTV13				√
2	《新闻1+1》/新闻专题	CCTV1、CCTV13		√		
3	《记住乡愁》/社教专题	CCTV10	√			
4	《读书》/社教专题（文化类）	CCTV10		√	√	
5	《回家吃饭》/社教专题（服务类）	CCTV2		√	√	
6	《生财有道》/社教专题（经济类）	CCTV2	√	√		
7	《文化十分》/文艺专题	CCTV3		√		√
8	《幸福账单》/综艺娱乐	CCTV3			√	

图 1-1 《文化十分》片尾字幕

图 1-2 《回家吃饭》片尾字幕

图 1-3 《生财有道》片尾字幕

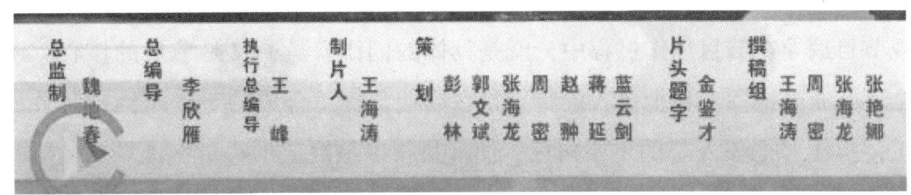

图 1-4　《记住乡愁》第五季《白色老街》片尾字幕

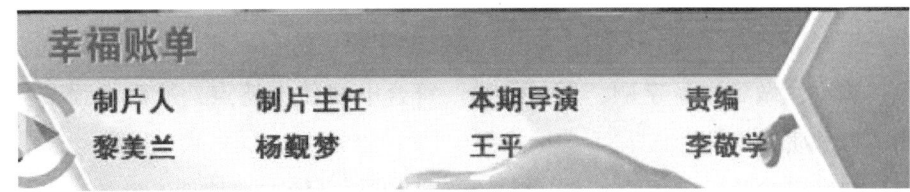

图 1-5　《幸福账单》片尾字幕

四、电视编导的具体任务和创作流程

(一) 创作前期的任务

1. 选题

作为编导，创作中的题材选择至关重要。一般选题主要基于这几点：第一，时代要求；第二，观众兴趣；第三，本电视机构的经济技术条件，即支撑创作完成的经济能力和设备保障；第四，如在栏目中播出，要考虑栏目定位、对象和栏目基调。

2. 构思、确定拍摄方案

在对所选题材进行了解或前期采访的基础上，编导要对选题做深入的、富有创造性的思考，从而确定主题、表现方式及基本结构，制定拍摄提纲。

3. 拍摄前的准备

筹建电视摄制小组，进行合理而严密的分工；对拍摄对象及场地、环境等进行了解、勘察；准备拍摄设备、器材。

4. 拍摄采访中的任务

拍摄采访是电视创作中获取影像和声音材料最重要的环节。

一要对外联系，落实拍摄地点、时间等具体事项。

二要对内统筹安排拍摄进程、采访事宜。

三要在拍摄现场进行场面调度、安排或指挥拍摄、指导现场采访，如发现问题，及时决断、处理。

四是有时编导还要身兼摄像、主持人工作，这时要注意兼顾全局。

(二) 创作后期中的把关任务

电视节目编导在节目创作过程中，既是具体的创作人员，又是节目的核心，还要在创作的每个环节充当指挥者和把关人。特别是在后期负责总合成的工作时，要对节目素材进行再加工，担任"把关人"的重要角色，使节目得以最终成形。

首先是严把事实关。事实关主要是指在电视节目编辑过程中要遵循客观、真实的原则。

其次是把好文字关。文字关要求编辑人员对文字稿、旁白（报道词、解说词）等进行认真润色、删改，做到文从字顺、通俗易懂，符合电视传播特点，从而增强节目的易受性，提高节目的质量水准。

最后是把好形式关。形式关要求电视节目编导以自己的审美情趣及修养不断完善节目的传播样式，增加节目的易受性和美感，创造出精品。

第二节　电视编导的职业特征

电视编导是电视节目制作过程中的重要人员，在整个节目制作过程中发挥着不可替代的作用。

一、职业敏感

所谓职业敏感，就是对社会生活中与自己职业相关的事物特别注意，并能及时地发现和把握它们，使其对自己的工作有意义。

电视节目编导的职业敏感性主要表现在对新闻的敏感性，即新闻素养。

新闻素养是一个综合的概念，它包含了从事新闻工作必须具备的基本素质，比如对新闻的敏感度、对新闻价值的判断、新闻报道的知识与经验、新闻报道的激情等。新闻价值判断的复杂性表明这不仅仅是一个纯知识性的问题，还需要编导人员对国情、民情、世情等方面细心体察，能敏锐地发现有价值的题材，抓取鲜活的事件、现象和群众关注的热点、焦点问题，从而使之有益于自己的创作。

电视编导的职业敏感性养成途径为：专业特有的注意力培养；比较丰富的生活经验和文化知识修养积累。

二、技术与艺术的结合

科学技术是广播电视发展的基础，每一次科技的进步都为广播电视节目的创作提供了条件。同时，电视又是一门艺术，呈现给用户的产品——电视节目是艺术与技术结合的产物。一般就纯粹的专业而言，懂技术，就可以动手操作摄像机、视频编辑设备。懂艺术，就可以从事艺术创作。但是，电视编导既要懂技术又要懂艺术，是技术与艺术结合的复合型人才。在创作过程中，编导既要考虑传播效果，又要遵循艺术创作的规律。

三、宏观与微观的把握

编导是电视栏目、节目的主创者，又是把关人，在很大程度上决定着一个栏目或节目的播出质量和水平。所以，他既要有对栏目、节目的宏观把握，又必须有对栏目、节目审慎、仔细的具体关注和检查。在创作的过程中，要注重宏观观照和微观叙事的结合，表现方式要"大小结合""小中见大"，注意镜头的使用、解说词与画面的配合、播音错与漏、画面声音质量、主持人背景图像、字幕等。

四、管理与创作的协调

一方面，电视节目编导是管理者，必须具备能够把别人的心结合在一起，成为团队领导者的能力特征。好的团队绝不是由随随便便凑合在一起的乌合之众组成的，而是为实现一个共同的目标，按照必备的条件，经过严格的挑选组织起来的精干团体。电视编导要具有相当的组织能力和号召力，使各工序协同工作。另一方面，电视节目编导是内容的主创者，必须通过对题材的选择与确定、策划与构思、采访与拍摄以及对素材的选择、加工编辑，把好的内容组合成优秀的电视节目，奉献给受众。在这一过程中，电视节目编导承担了原创和将素材内容电视化的任务，起着创作、把关与中介的重要作用，必须做好协调工作。

第三节　电视编导的素质要求

随着新媒体的出现和发展，传统电视媒体的优势已经不再明显。这对电视媒体的节目创作者，特别是电视节目编导提出了更高的要求。科学正确的编导意识是一个电视编导职业素质的基本体现。当下电视节目编导应当不断提升自身素质，不断使自己能够适应新媒体环境，不断推动电视节目的创新发展。

一、政治素质和思想道德素质

电视编导作为新闻工作者，必须做到政治立场坚定、道德品德优良、了解掌握党的政策、知法守法。电视媒体传播内容的趋时性不仅表现在电视新闻节目中，也表现在非新闻节目，例如文艺节目中。2019年新年伊始，《我和我的祖国》在晚会、音乐会、快闪等不同形式的节目中被唱响，成为2019年开年最热的歌曲。平均年龄82岁的老艺术家们和青年歌手们一起登上舞台演唱《我和我的祖国》，向中华人民共和国70周年华诞表达深情的爱与祝福。这首歌也成为春晚最激情澎湃的主旋律。2015年9月3日，纪念抗战胜利70周年，中央电视台的许多文艺栏目的内容都定位于"抗战胜利"这一主题。这都充分体现了文艺节目导演（编导）具备的政治素质。因此，要把握正确的舆论导向、为广大观众提供优秀的电视作品，编导必须有一定的政治敏感性、政策理论水平和较高的思想道德修养。其中包括：

(一) 政治素质

在我国，电视媒体是党和人民的喉舌，在传播信息的过程中，承担着重要的宣传任务。作为电视编导，在创作节目时应该在政治主见、政治远见和政治预见三个方面体现出应有的政治素养。

政治主见主要是指坚定而正确的政治立场、政治观点、政治信念，这是编导创作节目的立场方向问题。

政治远见主要是指胸怀全局观察问题、分析问题、解决问题的能力，即政治洞察力。编导要站得高，看得远，不为假象所迷惑。

政治预见主要是指政治鉴别力和政治敏感性，能够正确把握当前形势下客观事物发生、发展的运动规律，对其发展的趋势及结局能够有所预测。

在全球化时代已经到来的今天，中国一方面在加快融入世界的进程中获得了更多的机遇，另一方面在文化和意识形态领域中也面临着与多元文化的冲撞、融合等前所未有的巨大挑战。所以，编导要打好扎实的政治理论功底，坚定政治立场，在正确理论指导下经受实践的考验，才能把握时代脉搏、抓住社会热点，创作出符合传播规律和社会需要的优秀作品。

(二) 思想道德素质

编导人员的思想道德素养高低是其是否能够胜任工作的重要条件。编导人员的思想道德素质要求主要包括：强烈的事业心与敬业精神；追求真实、为受众服务的信念；清正廉洁的工作作风。

1. 强烈的事业心与敬业精神

事业心就是在追求社会理想、完善理想人格的过程中所表现出来的实践精神。编导在创作过程中还要深入现场，要有不畏艰难的精神。在做批评报道时，面对各种阻力，要坚持真理、不畏强权，沟通民意，发挥媒体舆论监督的功能。

2. 追求真实、为受众服务的信念

追求真实的精神对编导来说主要表现为实事求是。编导要有敏锐的洞察力，对众多信息要进行客观而辩证的筛选，以保证节目内容的客观、公正和真实。

3. 清正廉洁的工作作风

清正廉洁的工作作风就是要求编导要在职业活动中遵循职业道德准则和规范。职业道德，作为道德体系的主要部分，是人们职业价值观念和职业行为规范的总和，是社会意识形态的一种表现。1991年1月19日，中华全国新闻工作者协会第四届理事会第一次全体会议通过的《中国新闻工作者职业道德准则》对新闻工作者提出了"全心全意为人民服务""保持廉洁奉公的作风"的职业道德要求。编导作为电视工作的主要创作者，既宣传别人，又监督别人，自身必须严格遵守《中国新闻工作者职业道德准则》，成为践行职业道德的模范。

二、电视业务素质

电视是一门综合性的艺术，编导要对电视专业知识、操作技能都做到了解和熟练掌握。熟练的业务水平是电视编导胜任自己工作的前提。

（一）较强的采访能力

电视编导首先是一名记者。懂新闻、会采访是基本技能。有人说采访是一门艺术，更是一门科学。采访是电视节目创作过程中的一个重要环节，也是很关键的环节，采访是否成功，直接影响节目后期的制作效果和质量。艾丰先生总结了传统新闻记者采访的十条基本方法：点面结合、三个阶段、两面挖掘、寻找镜子、抓住特点、抓住节点、"协同作战"、体验感受、短仗长打、常备不懈。采访的任务是迅速地了解到典型的（足以说明问题的）、有新闻价值的、真实的事实。掌握了采访的方法，能够采访到最有价值的新闻事实，是采访能力的集中体现。编导不仅要能自己采访，还要能指导记者采访，因此，采访能力是编导实现节目创作成功的必备能力。

（二）驾驭文字的能力

具有深厚的文字表达能力、扎实的语法修辞功底，熟练地掌握解说词的写作技巧，是一名编导必备的业务能力。许多著名的电视编导都是文笔流畅、写作技巧娴熟的。如《话说运河》的编导创作的解说词就富有文采，不仅给观众以美的享受，也给电视片注入了活力。如第一集《一撇一捺》的开头，主持人是这样说的：

> 各位观众，请仔细看一下中国的地图。这是山海关，万里长城从这里向西南延伸到中国的腹地，高高低低，途经七个省市自治区。这是北京城，京杭运河从

这里伸向东南的大海之滨，深深浅浅，流经四个省、两个市。我们从地图上粗略地看，长城跟运河所组成的图形是非常有意思的，它正好是我们中国汉字里一个最最重要的字眼："人"，"人类"的"人"，"中国人"的"人"。请看：这长城是阳刚雄健的一撇，这运河不正是阴柔深沉的一捺吗？长城和运河是中国人为人类创造的两大人工奇迹啊！

简单的开场，大气而又自然地引出运河。这是编导文字功底和知识面的具体体现。

（三）视听语言的综合运用

编导除了要懂得电视创作的各类技术设备（摄像、照明、剪辑、音响、特技、字幕等）的使用技巧之外，还要能综合运用电视的视听语言。电视的创作过程就是视听语言综合运用的过程。视听语言既是造型艺术也是时间艺术，它包括画面造型语言、镜头形式、剪接和蒙太奇、声音和画面的关系。电视的视听语言各部分不是单独存在的，而是彼此依存的。从编导创作的特点来讲，电视节目的视听语言分为电视纪实语言和电视艺术语言。在创作过程中熟练掌握视听语言的综合运用，是编导创作的重要基础。

（四）协调作战的合作能力

编导作为节目的核心人物，尤其需要有能够带领团队创作的合作能力。电视节目是集体劳动的结晶，电视节目创作不赞成"个体户"，而是"走合作化的道路"。平面媒体工作者可以孤身奋战，一支笔写天下，电视节目采编则需要团队合作，可以说，一个电视节目就是一个系统工程。无论是一台电视晚会，还是一部纪录片（专题片）、一个栏目，都凝聚了编导、摄像、录音、制作、解说、主持、字幕、特技、监制等众多工作人员的辛劳。编导作为团队的负责人，必须要有调动团队资源、激发团队成员才智、凝聚团队力量的能力。

三、专家与杂家的结合

编导首先要有较深厚的理论知识功底。坚实而系统的基础理论知识是形成高层次应用能力的基础。只有把扎实的专业理论知识与技能结合起来，才能创作出好的作品。

其次要有广博的知识面。新闻记者是个杂家。有人把这个观点编成了顺口溜：读杂书，写杂文，当杂家。许多成功的新闻记者的个人成长经历证明，成为杂家是他们成功的重要条件。电视编导本身就是记者，从某种意义上说，编导比记者掌握的知识和接触的领域要多得多、宽得多。编导不仅需要会采访，还要精通选题和内容策划，也要精通摄像、后期编辑等工作。编导必须博学多才，精通政治、经济、文学、历史各个领域知识，对自然科学，特别是当代科学的一些前沿领域更需要有所了解。是否博学，直接反映在编导发现和判断新闻价值的敏感度上；知识越广博，知识储备越丰富，就越能够认识到一个事物的意义和内涵，越能敏锐地从现实生活中捕捉到有价值的新闻线索。

编导还要有某一领域的专业知识。这里的"某一领域"并不是指新闻传播、电视等方面的专业知识，而是指在具有电视基本的业务素质的基础上，还要有其他某一领域的专业知识。比如说文艺节目的编导，不仅要会写策划，还要懂音乐、舞蹈、戏剧、书画等多方面的艺术知识，还要有较高的艺术鉴赏水平。比如，创作一档音乐类专题节目，不仅要懂电视镜头与音乐表达的关系，还要用音乐的语言来规范镜头的语言。如果节目内容涉及舞蹈的，还要把舞蹈动作的设计与场面调度的安排和音乐配合得协调一致。这些都需要编导在艺术方面具备一定的素质。体育节目编导要懂得比别人更多的体育专业知识，财经节目的编导要有财经方面的专业知识，等等。只有这样才能在某一领域或行业的节目创作中表现得更加出色。

四、艺术修养素质

艺术始终贯穿电视节目创作的全过程，无论是什么类型的电视节目，都应该做成具有美学效果、能够给人带来美的视听享受的好节目。

电视作品要获得好的传播效果，不能仅仅满足于把内容、信息传播给受众，还要给受众带来美的享受、美的熏陶。广播电视艺术是一种独特的大众传播艺术，有其独特的信息表达方式。广播电视节目是视听综合的艺术产品，因广播电视编导工作的特殊性，编导人员不仅是艺术工作者，也是各类艺术的制作与展现者，其自身的艺术修养不仅表现在内在的思想、知识、文化与艺术的气质上，还表现在对艺术的展现与技术运用的水平上。因此编导一方面要努力提高自己的艺术鉴赏力，灵活运用艺术原则，另一方面要充分发挥艺术想象力，使作品内在美、外在美兼具。良好的艺术修养是编导人员在电视舞台上尽情展现自己的基础。

五、人际交往能力素质

编导应该是一名社会活动家。编导首先是记者（编辑），记者的职业特点就是需要具备社会活动能力和人际交往能力。记者的工作是与社会的各个方面相互联系的，他们以全社会作为工作对象和服务对象。社会意识形态、社会物质生产以及两个领域的全部实践活动，都属于记者的工作范围。因此，记者必须广泛接触社会，了解社会需求和社会心理，不断加强和扩大与社会的联系。记者（编导）工作的社会性要求记者（编导）具有较强的社会活动能力，成为一名活跃的社会活动家。编导的社会活动能力主要表现为及时并准确传递中央和各级机关的新动向、新政策、新变化、新精神，还要深入了解社会基层群众的需求、各行各业的新变化，并及时做好报道工作。及时、准确掌握"两头"变动的能力是编导工作的社会性对编导提出的要求，也是编导社会活动能力最主要的体现。

美国新闻学者杰克·海敦曾说过："新闻事业是一种跟人打交道的行业。大约99%的新闻是部分或全部以访问——也就是向人提出问题——为基础写成的。"[1] 因此，善于与人交际，乐于与人交际，讲究社会交际艺术，就成了编导工作成功的重要因素。我国著名记者田流曾说过："我觉得一个记者起码要有这种本事：虽然是第一次同采访对象见面，但要让人感到你过去就是他的老朋友，愿意同你说心里话，敢把实际情况告诉你。如果人家见了你，感到不好接近，把你看成外人，便一定不肯跟你说真心话。甚至跟你说空话、瞎话。"[2] 因此，作为一名编导，必须要注重和人交往的艺术。编导工作的一个最大特点就是在电视节目创作过程中要同社会、同人、同环境打交道。较强的人际交往能力是编导获得成功的重要素质。

六、互联网思维和用户意识

用户意识就是用户思维，用受者的思维来创作内容，才能获得用户喜欢。

随着网络新媒体的兴起与发展，传统媒体正在被迫与新媒体进行融合，视听节目的传播方式、创作手段、内容选择等方面正发生着改变。编导是节目内容的核心主创，其思维决定了节目内容的生产与传播效果。

《乌合之众》的作者古斯塔夫·勒庞认为：影响大众的，并不是事实本身，而是它被扩散和传播的方式。这种方式正是掌握了影响群体想象力的艺术，也就掌握了统治受众的艺术。新媒体的传播方式正是"掌握了影响群体想象力的艺术"，而电视编导需要具备的正是掌握这种"影响群体想象力的艺术"的能力。要具备这种能力，前提是掌握互联网思维。因此，掌握互联网思维、有用户意识已经成为当下传媒行业从业者尤其是传统媒体的编导必备的基本素质。

第四节　电视编导与其他相近的职业

电视节目的编辑、编导、主编工作，电视剧、文艺节目的导演工作都是和影视工作紧密联系的，但是，它们之间又是有区别的。编辑、编导、主编和电视专题类栏（节）目有直接关系，三者之间不仅有"编"的字面联系，工作内容也有交叉。导演工作主要和虚构类的文艺类节目有联系，如晚会、电视剧、综艺节目等。

---

[1] 海敦. 怎样当好新闻记者 [M]. 伍任，译. 北京：新华出版社，1980.
[2] 戴邦，商恺，吴象，等. 采访与记者修养 [M]. 北京：人民日报出版社，1984.

当然，在电视节目创作过程中，编导还和摄像、采访记者、现场的主持人有直接的联系，有时编导甚至就是其中某个环节的直接参与者，比如，编导兼主持人、编导兼摄像、编导兼采访记者，等等。

一、编导与导演的区别

（一）职责不同

导演是戏剧、电影等艺术创造工作中的一种职务。其职责是根据剧本进行艺术构思，拟订艺术处理方案和导演计划，组织和指导排练或拍摄，经过演员和有关人员的创作实践，把剧本的内容体现为具体的舞台、银幕形象，达到预定的演出目的。导演主要负责前期筹拍的剧本研究、演员遴选、导演阐述写作、选景、分镜头剧本创作等，并在后期参与、指导剪辑工作。

编导从事的是电视纪实作品中最核心的创作工作，其职责是从现实生活中选取有价值的题材进行策划、采访、制定拍摄提纲、组织拍摄、编辑制作，最后对作品进行把关检查。

（二）作品内容的原创度不同

导演创作的作品，是把剧本的内容电影化、视听化，强调艺术创造，充分体现艺术个性。

编导的创作则具有双重性——既是对作品的原创，又是对所选内容（题材）的表达，决定作品的主题、主导思想和内涵、深度，将其电视化。电视编导的创作活动贯穿了作品创作前后期的全过程。其作品要为社会现实、政治形势等时事服务，部分作品缺少艺术个性。

（三）工作状况不同

1. 工作范围不同

导演一般只需潜心于艺术创作，只负责解决艺术创作范畴内的问题，其他有关事项由制片等专人分管，各司其职；而电视编导多兼任制片等多项工作，除了艺术创作之外，还要与社会打交道，事无巨细。

2. 创作对象的可控程度不同

从创作（尤其是拍摄）的角度讲，电影导演工作具有很强的控制性，因而其工作紧张程度相对不高；电视编导工作因其创作具有纪实性，在创作（拍摄）中不可控性很大：一是纪实类作品表现（拍摄）的内容是正在发展变化的现实生活，在创作（拍摄）中，随着事件的发展和对事物了解的全面、深入，创作方向、主题甚至题材都有可能改变，而且这些因素有时需要即时定夺，因而电视编导往往处在高度紧张的创作状态之中。二是纪实作品的拍摄对象等可控性比较差。

3. 对客观条件的依赖程度不一样

电影导演在作品拍摄过程中对客观条件的依赖性不强，很多拍摄工作还是在摄影棚内完成的。电视编导在纪实作品的拍摄中对客观条件则有很大的依赖性。

(四) 时间要求与经费支配的不同

导演工作：电影拍摄制作周期一般比较长，在完成时间上有一定的宽容度，一般有一定的经费保障。

编导工作：电视作品大多数有固定的播出时间，作品制作周期较短，时间要求严，经费有定额，经费经常十分紧张，有时还要设法筹集资金。

通过比较我们可以看出，电视编导的工作要做到既"广"又"专"，既"快"又"好"。

二、编导与编辑的区别

(一) 工作的重心不一样

电视编辑工作是电视节目播出前的最后一道工序，即电视节目后期制作，是把原始的素材镜头编辑成电视节目所必经的全部工作过程，如撰写文字稿本、整理素材镜头、剪辑画面声音（包括使用特技）、配合语言文稿的录音、叠加屏幕文字和图形、编配音响效果和音乐、审查与修改，最后把素材镜头组合编辑成节目。

编导则是负责策划、指挥创作节目。

(二) 电视节目编辑的含义

电视节目编辑的第一个含义是指一个职业群体。

从电视媒体的职称来看，就有高级编辑、主任编辑、编辑、助理编辑四个级别。但是，这些被称为编辑的人们，并不都是从事节目的编辑工作，他们中的大部分都从事具有创作性质的工作。在电视媒体中真正从事编辑工作的人员大体上有以下几类：一是在新闻栏目中从事后期制作把关的责任编辑，他们的主要任务是帮助记者组织外出采访需要的选题，并将记者采写的新闻内容进行编排、编辑、制作合成。这类编辑往往成为编导，这是由电视台特殊的环境和节目特殊的创作流程决定的。

电视节目编辑的第二个含义是指电视的编辑活动。

既可以指广义上的策划、选题、写稿、采访拍摄及后期制作等全过程，也可以指狭义上的后期进行的画面编辑、声音编辑、配乐等制作处理环节的工作。这是一项技术与艺术结合的工作。电视节目编辑不是电视节目的原创者。电视编导则直接进行后期编辑，这样更加有利于编导思想的统一体现，保证整个节目和谐统一的整体效果。所以，电视编辑包含对电视的视听语言两个系统的编辑工作，要求更高。

电视编辑的第三个含义是指一个工种，即电视编辑工作，包含电视编辑工作者编辑劳动的全过程。

从以上对电视编辑含义的分析我们可以看出，电视编辑和电视编导是既有区别，又有联系的。电视编导的工作性质与电视编辑有明显的区别，电视编导的创作属于原创，所涉及的工作环节更多，工作量和工作范围等都远比电视编辑要大。而电视编辑的工作主要是对作品进行加工、完善。

【思考与练习题】

1. 电视编导的素质如何培养？
2. 如何才能成为一个合格的编导？
3. 结合自身拥有的知识现状，分析自己与合格的编导之间的差距。

【学习参考书目】

1. 邵长波. 电视导演基础［M］. 北京：中国国际广播出版社，2008.
2. 项仲平，程晋，李欣. 广播电视编导教程［M］. 北京：高等教育出版社，2015.

【学习参考视频】

《感动中国》年度人物展播片

第二章
电视编导的视听语言基础

【学习要点】

1. 学习画面造型语言中景别、焦距、角度、构图、色彩、光线、视点等基本知识,掌握其特点并在电视节目编导中应用;
2. 掌握固定镜头、运动镜头、长镜头的基本形式、技术特征、叙事功能,并在电视节目编导中应用;
3. 了解声音在电视节目编导中的功能,并在实际中运用。

从媒介学的角度来看,不同的媒介有其不同的技术与文化的"偏向",会形成不同的传播形态和方式,从而影响媒介内容的生产、组织和呈现方式,进而影响受众对信息的接收和体验方式,甚至重组人类社会中的各种现实关系。20世纪后半叶以来,随着视听图像技术和数字光导纤维技术的进步,视听符号完成了对媒介域的征服,使得人们"在生活中所接触到的诸多视觉文化形式,以强有力的姿态,逐渐塑造出每个人的意见、价值观及信仰",这是我们对广播电视编导专业开展学习和研究的现实基础,视听语言是解读图像媒介域的关键密码。

视听语言是对影视艺术的技术表现方式的功能性隐喻,它能传递意义、情感与情绪。与文字语言不同,它不需要像文字语言那样借助大脑的理解想象才能被人们感知,它具有感性和直觉性的特征。

电视的视听语言包含画面与声音两个语言系统。视听语言是人类创造并使用的语言,同时依托视觉与听觉两种感觉器官,是人类以声音和图像的综合形态进行思想、感情的交流与传播所使用的语言。

视听语言是电影、电视剧、电视节目创作的共同基础。本章重点介绍视听语言中的画面造型语言、镜头形式和声音等。

第一节　电视节目的画面造型语言

一、景别

(一) 景别的概念

景别是指被摄主体在画面中呈现的范围，是从二维平面上识别人物位置和空间关系的造型手段。影响景别有两个因素：一是摄像机与被摄主体的距离，二是焦距。

(二) 景别的类型

在创作实践中，划分景别的方式通常有两种：

一是以被摄主体在画面中所占的画幅面积比例大小为标准，通常适用于景物或物体的景别区分。

二是以被摄主体（人物）在画面中被画框所截取的部位的多少为标准进行划分。分别是大远景（主体高度占画面的四分之一）、远景（主体高度占画面的二分之一）、大全景（主体高度占画面的四分之三）、全景（主体与画面高度相同）、中景（大半身）、中近景（半身）、近景（胸部以上）、特写（头部）、大特写（局部），如图2-1所示。

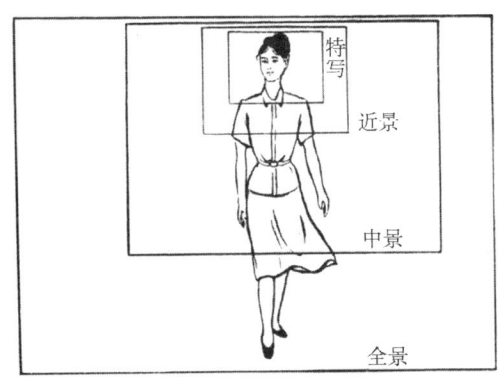

图 2-1　景别划分示意图

在实践中，我们一般把景别分为远景、全景、中景、近景和特写，即五分法，在此基础上产生更细致的划分。以中景为界，往大远景方向画面以景物为主，为景物景别；往特写方向以人物为主，为人物景别。图2-2的圆圈大小展示景别由远及近。

图 2-2 景别由远及近

（三）景别的功能

1. 远景

远景是各类景别中视距最远、空间范围最大的一种，主要表现自然景观与开阔场景两方面。自然景观如茫茫群山、浩瀚的大海、无垠的草原、山川走向等，开阔场景如战争场面、群众集会场面、无限的风光等。

画面特点：开阔、壮观、结构简单、有气势、抒情性强；重点在于渲染气氛，抒发情感。

远景画面如以人为尺度，人在画面中仅占最小面积，呈现为一个点状体。如以景物为尺度，视野开阔深广，在电视节目的拍摄中，常表现地理的环境、自然的风貌、开阔的场景等。

远景画面场面壮观，对事件和景物表述有一种"量"的冲击和震撼。"量"是指事物数目的量和空间范围上的量两个概念，能提供一种广阔的视觉空间，以浩大、壮观的视觉感受感染观众。

远景可以引导情绪，常被用在电视段落的开头与结尾。如用在电视段落开头，则可以开门见山地交代环境氛围和情节，以地域气势和环境气势开场，引导观众进入表现主题环境的氛围之中（见图 2-3、图 2-4）。

2. 全景

被摄主体在画面中被完全呈现出来，画幅中人物占据主体。在实际拍摄中，这类景别又被称为"人物全景"。全景能展示人物的形态、动作，能带出人物所处的环境，也可以用来塑造空间环境。在新闻节目的拍摄中，全景画面能将被摄主体全貌表达清楚，特别是在纪实新闻节目拍摄中，全景画面最能直接表现被摄主体的外观整体形象。全景画面与远景画面相比，有明显的内容中心、结构主体，注重展示特定环境中某一具体对象的全

图 2-3 《音乐之声》的开场远景镜头展现了奥地利美丽的阿尔卑斯山的风光

图 2-4 《黄河绝恋》结尾的远景镜头，借助宽阔的场景将观众的情绪从故事中带离出来

貌等。

全景镜头在一组蒙太奇镜头中，具有某种定位作用。全景画面能使观众对某一场景的全貌产生一个总体印象。这种总体印象不是由若干个局部中景、近景所拼接起来的，不需要经过想象来形成，而是被观众视觉所直接感知的（见图 2-5）。

3. 中景

中景是表现人物膝盖以上部分或景物较大的局部画面。在中景画面中，人物的整体形象和环境空间降为次要位置，更重视人物的具体动作和情节，观众看到的多数是膝部以上部位的形体运动和情绪交流。中景有利于交代人与人、人与物之间的关系，是表现人物形体动作的重点画面。

中景是一种过渡性的景别，因此，中景的画面特征是形象集中、情感交流。

图 2-5 《那些年,我们一起追的女孩》中的全景景别展现了青年男女初次恋爱约会时的青涩

中景常被用作叙事性的描写。在有情节的场景中,中景画面可以使观众看清楚人物上半身的动作和情绪的交流,看清交流双方之间的关系,被称为叙事性最强的景别(见图2-6)。

图 2-6 《花样年华》中用中景景别突出了男女主人公眼神的交流,营造了一种暧昧的氛围

4. 近景

近景是表现人物胸部以上或物体局部的画面，画面中占据主导地位的是人物面部形象或物体局部。与中景相比，近景中的环境空间被淡化，主体和非主体的区别更加清楚。近景画面通常是表现人物面貌、表达人物情感（交流）、刻画人物心理活动、揭示人物感情世界的主要（常用）景别。

近景画面的特点是具体、单一，令人印象深刻，适合表现最富有意义的细节。"近景取其质"，近景通过画面表现人物的表情、动作、神态、手势等，画面范围指向性强，表现物体富有意义的局部，满足受众看清局部的视觉需求（见图2-7）。

图2-7 《泰坦尼克号》女主人公的出场镜头，用近景景别捕捉了人物的心情，暗示了人物在剧中的地位

5. 特写

特写是表现成年人肩部以上的头像或某些被摄对象细部的画面。特写亦被称为特别写照（相当于文学作品中的细节刻画）表现细节，是将被摄体的某一局部放大、充满画面，给观众一种生活中不常见到的视觉感受。其本身就有一种强调和突出的意味，对观众有特别强烈的视觉冲击力。

特写能突出表现重要的物件细节和人物瞬间的神态变化，表现人物的神态特征，捕捉细微的表情变化，因此，特写能最直接揭示人物复杂的内心。如果说远景是注重"量"的表现，那么特写就是注重"质"的表现。

特写是画面组接中的转场镜头。因为特写没有方位感，常用于镜头中的转场。但组接尽量少用、慎用特写，特别是不要孤立地使用特写镜头，避免表现空间的不明确性，从而产生空间混乱现象（见图2-8）。

图2-8 《海上钢琴师》中，船爆炸之前，1900望向船顶，镜头捕捉了当时1900脸上冷静的神情，呈现出面部细节，表现出1900面对死亡的镇定

（四）景别的组合

一部影视作品是由不同景别的镜头组合而成的，不同景别的镜头通过蒙太奇的叙事手法组合起来，构成流畅的叙事，从而表现出意义，体现叙述主题。观众"看"影视作品时，区别于日常的"看"或是现场欣赏一场喜剧只能固定于一个视点、一个视距、一个角度，摄影机所记录下来的不同景别画面的组合，可以让观众从不同角度、不同视距"看"影视作品。

在不同类型的影视作品中，导演会选择不同的景别类型，这是影视风格和导演风格建构的重要因素。

景别的组合有很多方式，为了尽量追求画面之间的平稳流畅，避免产生使观众脱离叙事情境的视觉跳跃，不同景别的画面组合时要遵循一定的规则。

（1）前景式景别组合：远景全景系列至近景系列景别；后退式景别组合：近景系列至全景远景系列组合。景别越往远景系列，画面的时长越长，景别越往近景系列，画面的时长越短。

（2）反差较大的景别组合易产生奇异的视觉效果，适合达到特殊叙事目的，一般情况下不轻易使用两极镜头。

（3）在客观记叙式电视节目中，应根据场景选择合适、匹配的景别。如拍摄对象为两人谈话，分别给两个人的单人镜头景别应该一致。电视转播中运用特写、近景镜头相互匹配的对切，可以使画面切换富有流畅感。

二、景深与焦距

焦距，又称焦点距离，指从光学透视的主点至焦点的距离。根据焦距的可调和不可调，光学镜头分为变焦镜头与定焦镜头。定焦镜头中，根据镜头焦距的长短，分为标准镜头、长焦距镜头和短焦距镜头。景深是指通过光学镜头拍摄的画面中影像清晰的纵深范围，即所表现的分置在不同距离上的景物影像清晰的空间范围。一般情况下，焦距越长，视角范围越小，画面清晰的范围越小，背景越虚；焦距越短，视角范围越大，画面背景越实。

（一）短焦镜头（广角镜头）

在35mm规格的电影摄影机中，焦距小于35mm的镜头是短焦镜头。短焦镜头使拍摄空间的范围变大，突出近大远小的透视特点，夸张了前景和后景间的空间距离感，画面的空间透视感强，尤其是摄像机位置距离被摄物体越近，线条的透视效果就越强烈，变形夸张效果也就越明显。短焦镜头画面的色彩还原好，清晰度高（见图2-9）。

图2-9 《堕落天使》中运用了许多短焦近景镜头。镜头中，人物的脸或身体经常会占据银幕的大半空间，在夸张变形的超广角镜头下，显出人物陌生疏离的感觉

短焦镜头特点明显，在影视创作中运用得较为普遍。利用短焦镜头具有扩展空间的特点，可以在近距离表现大场面的景物。利用短焦镜头景深大的特点，可以对被摄景物进行多层次的表现，从而增加了画面的容量和信息量。利用短焦镜头适宜近距离拍摄的特点，可以在一些活动场合进行抢拍。利用短焦镜头对做横向运动物体的速度反映不灵敏的特点，横向移动摄像机机位拍摄，可使电视画面保持稳定。

(二) 中焦镜头

中焦镜头，又称标准镜头。一般焦距在 35mm—50mm 之间，这种镜头能还原人对空间的透视感受，空间既不延伸，也不压缩。

(三) 长焦镜头

长焦镜头，是焦距在 50mm—250mm 之间的镜头。这种镜头把空间的纵深感压缩，背景被虚化，看上去后景与前景像是在一个平面内一样。长焦镜头适合呈现远处主体的细微状况，也适合将主体从环境中突出出来，塑造主体形象，比如拍摄远处的高山等。

(四) 大景深

大景深是全景镜头的一种形式，画面内有系列景别呈现，可以同时展现由远到近的不同的人和物，能够很好地表现画面空间内的人物关系。由于画面内的人物都能被清楚地呈现，镜头给观众带来了多个关注点的选择。大景深画面毕竟不同于生活中的真实场景，影视创作中拍摄大景深画面时，还要利用光线创造环境的通透性才能达到理想效果（见图2-10）。

图 2-10 《公民凯恩》中的大景深镜头

三、角度

角度又可以称为"摄影角度""镜头角度"或"机位角度"，它是创作者表达态度的方式之一，是一种重要的编导手段。当摄影机和被摄主体的关系确立后，便出现了两种角度关系——垂直方向的角度：平角、仰角、俯角；水平方向的角度：正面、侧面、背面。

(一) 平角

平角拍摄指镜头与被摄体处于同一水平线上的拍摄方式（见图2-11），所获得的视觉效果与日常生活中人们观察事物的正常情况相类似。所摄得画面的透视关系、结构形式、景物大小对比均和人眼视觉所看到的大致相同，给人以心理上的亲切感和平衡感。平角画面具有以下特点：

（1）给人的视觉感是结构稳定、安定、平凡、和谐。

（2）垂直形态的对象能得到正常再现，水平线条则容易重叠。

（3）透视关系正常，不变形。（用中焦镜头）平角拍摄适合拍摄人物近景特写，因为它呈现的画面是不变形的。如果追求构图平稳，不要大的透视关系，用平角拍摄也最为合适。

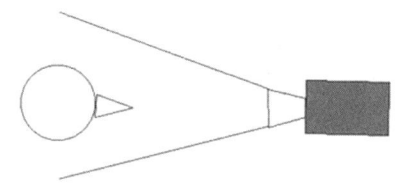

图 2-11 平角拍摄

(二) 俯角

俯角拍摄（俯摄）指镜头由上向下、由高向低俯视拍摄的一种方式，镜头高于被摄主体。俯角拍摄有利于展现空间、规模、层次，可以将远近景物在平面上充分展开，而且层次分明，有利于展现空间透视及自然之美，有利于表现某种气势、地势（见图2-12）。

俯角常用于交代地理位置，展示空间，可以开阔视野，扩充画面信息量。俯角具有强烈主观感情色彩，既可以美化人物面部特征，也可以丑化人物的形象。俯角不宜表现人的神情和人物间细致的情感交流。

大俯、大仰角度表现的是人眼不常见的视点，其影像往往是变形的，故称大俯、大仰角度为两个特殊角度。稍俯、稍仰角度则是常用角度。大俯、大仰角度如果和镜头的焦距、拍摄距离结合起来，变形效果将更加明显。

顶角是俯角的特殊角度，顶角拍摄指镜头近似于垂直地面，位于被摄体上方自上而下拍摄。这种角度在生活中、拍摄中用得都较少，它可以改变人物正常观察景物时的角度，

图 2-12　《饮食男女》的开篇用俯拍镜头展现了台北街头的车水马龙

使画面各部分配置产生较大变化。

(三) 仰角

仰角拍摄（仰摄）指镜头由低向高拍摄，镜头低于被摄体水平方向。

仰角拍摄是镜头处于视平线以下，由下向上拍摄被摄体。仰角拍摄与竖构图相结合，利于表现处在较高位置的对象，利于表现高大垂直的景物，特别是景物周围的空间比较狭小时，更可以利用仰拍角度，充分借助画面的深度来包容景物的体积。

仰角画面的特点有：

(1) 突出主体，净化背景。

(2) 这是一种权威感较强的角度，带有赞颂、敬仰、自豪、骄傲和高大挺拔等感情色彩。

仰摄垂直线条向上汇聚，有夸张被摄对象高度的作用，从而产生高大、挺拔、雄伟、壮观的视觉效果；常用抑角拍摄高大建筑物，以强调其高度、气势和雄伟，具有较强的抒情色彩（见图 2-13、图 2-14）。

图 2-13 仰角拍摄建筑物

图 2-14 仰角拍摄人物

（四）正面

正面是指与被摄对象正面成垂直角度的拍摄位置，主要表现被摄对象的正面具有典型性的形象。正面角度的构图，表现对象多处在画面的垂直中心分割线上，常是对称的结构形式。一般说来，正面的构图形象比较端庄、稳重。

（五）侧面

侧面一般是指与被摄对象侧面成垂直角度的拍摄位置，主要表现某些对象的侧面具有典型性的形象。例如，在人像摄影中，侧面角度能看清人物相貌的外部轮廓特征，使人像形式多样变化。在被摄对象中，有些物体只有从侧面才能让人看清它的相貌，例如人走动时的身影，各种车辆的外貌以及某些工具都有这样的特点。侧面角度较之正面角度有较大的灵活性，在侧面垂直角度可有一些左右变化，以获得最能表现好对象侧面形象的拍摄位置。

（六）背面

背面是指摄像机位于被摄对象背面的拍摄角度。有时候影视作品使用背面镜头是为了掩饰人物的正面信息，故意制造出神秘、恐怖、落寞的感觉，形成故事悬念，激发观众的好奇心。背面镜头经常运用于影视段落结束或节目结束的时候，显得意蕴深远、含蓄，启迪人思考。

选择何种拍摄方向，要考虑具体的场景、故事意义、人物形象、主题等因素，因时因地因人而选择。

四、构图

（一）构图的概念

电视构图就是指在一定的画幅格式中，为表现某一特定的内容和视觉美感效果，将镜头前被表现的对象以及摄影的各种造型元素（线条、光线、影调及色调等）有机地组织、分布在画面中，形成一定的画面形式。构图主要为了实现两个目标：一个是寻求一种最佳的画面结构形式，另一个是更好地表现主题思想和审美情感，第一个目标只是过程，而第二个目标才是最终目的。单纯追求画面的形式美是错误的做法，为了更好地表达主题思想，创作者可以打破任何所谓的构图规律。影视构图是影视艺术的核心问题。

(二) 电视画面构图特点和要求

构图是电视摄像工作中经常用到的专业用语，也是摄像人员拍摄电视画面的一个重要环节。电视画面有哪些特点？怎样获得优美而又适宜的电视画面构图？

1. 动态性

随着被摄主体的运动，画面的构图结构和情节重点会发生相应的改变，被摄主体在画面中的位置及画面形象的透视关系也随之变换。电视画面构图的动态性对摄像人员在运动中进行随机构图和画面取材的能力提出了更高的要求。

2. 时空限制性

电视画面的时间长度不同，所负载和传达的信息量也不同，观众只能一次过地收看和接受画面的信息，这种表现上的时间长度成为观众收看时的限制因素。因此，画面构图和表现的时限性要求电视画面的构图必须简洁、集中而明确，它不能像美术作品和照片那样可供观赏者长时间定格观看。

3. 多角度、多视点

与绘画和拍照不同，电视画面构图不是只在某一个视点上进行表现，而是可以在拍摄过程中不断变化视点、角度和景别，对同一主体进行连续的、多视点的、多角度的拍摄。随着视点的不断变化，被摄主体的画面形象和画面范围也在不断变换，画面构图的形式结构及组合关系也要相应改变，这可以使观众获得更多的信息量和更丰富的视觉感受。如电视中的长镜头便是如此。

4. 画幅的固定性和构图处理的现场一次性

电视画面的画幅是固定的，不能像图片那样可在事后被剪裁和修饰；拍摄只能在现场的镜头前一次完成，虽然拍摄前可以进行安排和组织（如电视剧、音乐电视等），但拍摄完成后的电视画面的构图关系及画面结构无法像图片那样被后期加工。因此一些重要活动的电视直播节目，必须在事先做好充分准备，条件许可则多次彩排，以尽可能减少失误，减少遗憾。比如拍摄国庆阅兵，或者体育比赛现场直播时候的画面，是无法反复拍摄的，这就是构图的一次性。

5. 构图结构的整体性

电视节目的完整内容通常都是由几个乃至几十个、上百个画面来共同完成的，某一电视画面所传达的内容往往从上一个画面延续而来，或向下一个画面发展下去，因此，单个电视画面的构图可能并不完整，但在一系列画面组接起来之后会形成构图结构的整体性和传情达意的规律性。对电视画面而言，一系列镜头的整体结构和关系会对单个镜头的构图产生特定的要求，单个镜头构图的不规则、不完整会在整体构图结构中得到解释和说明。这一点也为摄像人员构图表现提供了广阔的天地，这也正是电视画面构图所具有的、绘画和拍照所难以比拟的优势。

(三) 构图的原则

1. 叙事性原则

电视作品故事中涉及的时间、任务、场景造型等因素要使观众有认同感。

2. 表意性原则

电视艺术不是对现实生活的简单复制，而是倾注了主创者的情感意识和主体意识，甚至可能为此而冲淡和排斥叙述性。

3. 美感原则

运用对比、均衡、排比、节奏、韵律等美感形式来增强作品的审美效果。不仅需要观照画面内部的修辞关系，还需观照画面之间的美感关系。

4. 整体性原则

任何艺术种类都将整体关系作为其重要的原则之一，电视艺术作为一种综合艺术，在风格形式上，它更将整体关系作为重要的追求目标，因此构图必须服从作品的整体风格。

(四) 构图方法

构图工作主要解决两个问题：主次问题和形式感问题。

从构图方式上来说，有封闭式构图和开放式构图两种。封闭式构图法是把电视镜头画面所形成的框架看成是一个独立的天地，追求的是画面内部的统一、完整、和谐、均衡等视觉效果。封闭式构图比较适合于追求和谐、严谨的抒情性风光和静物的拍摄，适合于表达严肃、庄重、优美、平静、稳健等感情色彩的人物和生活场面。开放式构图法是指安排画面形象元素时强调框架内外的联系，着重表现外部的冲击力，给人以延展的感觉。在画面安排上显得比较宽松、自然、随意、简单和写实。具体构图方法有：黄金分割线构图（三分式构图）、九宫格式构图、S形构图、对角线构图、对称式构图等。

五、光线

在日常生活中，光线的客观存在，使人类产生可感知的视觉形象。在影像创作中，光线的传递和投影使影像得以生成。因此，光线是影视赖以存在的基本媒介工具，是影像画面创作的核心手段，和其他艺术不同的是，光线在影视中的造型作用为影视所独有。不同的照明条件可使被摄对象的形、体、质、色产生丰富的变化：侧光照明可表现被摄对象的立体感和质感，逆光照明可表现被摄对象的轮廓形态。利用光线还可以在二维平面中表达三维空间，通过光线的分布和明暗对比表达三维空间、利用空气透视效果表达三维空间都离不开光线的造型作用。在镜头的连接、过渡、转场中，光线处理可创造出连续、过渡、对比、呼应、反复的艺术效果，甚至可以引起联想。明暗变化能产生一定的节奏（见图2-15、图2-16）。

图2-15 电影《末代皇帝》截图

如图2-15所示，电影《末代皇帝》充分展示了光的各种可能性，摄影师斯特拉罗在处理光线时，突出了光在溥仪人生中各个阶段的变化。在溥仪童年时代，斯特拉罗让溥仪总处在屋顶、阳伞的阴影笼罩之下，让他在大面积阴影中生活。随着溥仪逐渐成年，对社会认识不断加深，他试图摆脱外界对他的控制，在这个自我抗争的过程中，溥仪身上的光量逐渐增加。在伪满洲国时期，溥仪身上的阴影部分明显多于光亮部分。在溥仪被新政府改造阶段，光与阴影不再对立，而是趋于融合与平衡。

如图2-16所示，在电影《罗生门》的砍柴人进山的段落中，导演黑泽明要求摄影师仰拍树梢和天空。通过阳光透过树叶洒下来的光斑，展示光和影在森林里的变幻莫测，暗喻人心的迷失。

（一）光的类型

按照光的性质、光源的位置、光源的类型和光线的作用等，可以把光分为多种类型。

（1）按照光的性质分类，可分为硬光与软光。

图 2-16 电影《罗生门》截图

以硬光为主的画面明暗反差大,形成硬画面,明暗之间缺少过渡,能造成视觉心理的紧张,适合表现恐怖、残酷的场面,或者塑造有力量感的人物形象。

以软光为主的画面调子柔和,反差小,是软调画面,经常用来表现温暖平和、没有尖锐矛盾的生活场景,或者用于塑造较为温柔善良的人物形象。

(2)按照光源的位置分类,可分为顺光、侧光、背光(逆光)、顶光、散射光(间接光)。

图 2-17 摄影布光图

(3)按照光源的类型分类,可分为自然光、人工光。

(4)按照光线的作用分类,可分为主光、副光、轮廓光。

三点式布光是保证被摄对象基本造型的程式化的经典布光方法,可以在二维平面上创造出富有立体感的影像,无论在演播室还是在实景中都被广泛应用。

(1)主光:摄像中用以对被摄对象进行照明的主要光线,主要指照亮此场景的自然光源或人工光源,如太阳、街灯或室内的既有灯具等。它确定被摄对象的外形概貌,并决定场景中诸如明暗配置、光影位置及被摄对象整体光影造型在内的总的照明格局。

（2）副光：又称辅助光。摄像中用以补充主光照明的柔和散射光线，比主光稍弱。副光用于平衡亮度，达到对被摄对象暗部进行造型的目的。

（3）轮廓光：可使被摄对象产生明亮边缘的光线，能勾画出被摄对象的外形或各部分的轮廓，使之与背景区分开来。通常应注意避免光线直接射入镜头。

上述三种光线是三点布光的基本光线，如果要想被摄对象获得更好的画面造型效果，在这三种光线之外还需要其他几种光线，如眼神光、背景光等。

（二）光线在影像创作中的作用

从美学的层面讲，光线在影像创作中可以实现其他元素无法达到的一些效果。

1. 塑造人物形象，刻画人物性格，描写人物心境

所谓用光塑造、刻画人物，就是根据剧情发展的需要或人物性格的变化，发挥光线对人物的描绘作用，根据不同的人物性格采用不同的光线处理方式，以表明创作者对人物的理解和态度。人物形象是影视叙事的主体，影视人物形象不同于文学人物形象，影视人物形象是活动的视觉化的形象，除了演员的表演和服装、化妆、道具造型以外，摄影光线对人物形象的塑造起着关键作用。人物造型光的整体设计，涉及叙事、情节、时空、环境、气氛和角色心理等诸多因素，既需要统一，也需要变化。例如《公民凯恩》中对凯恩的用光，导演根据不同的时间段，采用了不同的处理手法。对青年凯恩采用比较温和的高调光，脸部阴影较少；在中年凯恩阶段，人物造型光线变得越来越暗，脸部光线反差也较大；对老年凯恩采用了较压抑的暗调，气氛阴暗，隐喻着阴冷痛苦。

2. 烘托环境气氛

人物是在一定的环境中行动的，事件是在特定时间和地点中进行的。光的形态本身就是一种环境和一种时空。因此，运用不同的光效，创造特定气氛，完成叙事、抒情、表意的任务是影视创作最常用的方法。电影《现代启示录》中，"法特慰问"和"都良桥夜战"两场戏同样是夜景，却用不同的光营造了两种截然不同的环境气氛：法特慰问时河面上一片通明，灯光五彩缤纷，好像到了仙境一般，水上舞台、迷人的演出使人忘了这是在战场；相反，都良桥夜战时火光冲天，时亮时暗的红色炮火将整个河面和两岸笼罩在一种阴森恐怖之中，这里成了人间地狱。

3. 提升画面的悬念感

通过光线透射的影子可以塑造出画面外的空间，或者暗示画面外空间人的存在。因此，当画面上只出现人物影子而不见人时，场景的悬念就大大提升。这种手法一般在恐怖片、悬疑片或者谍战片中用得比较多。惊悚电影大师希区柯克就经常在他的电影里用影子替代真人，制造悬念效果。因为影子属于观众无法确定的内容，可以给观众留下更多的想像空间，产生期待或恐惧心理。

4. 制造画面景深

平光和散射光会使画面内的景深变浅，但是，通过布置光线或者利用室内室外光线的明弱产生具有深度感的幻觉，可以制造出大景深的画面。影片《公民凯恩》中有一个场景：小凯恩的母亲在和伯恩斯坦先生谈收养凯恩的事情，前景中的两个人是近景，中景是焦灼而又插不上话的父亲，而透过窗户我们可以看到在雪地上玩耍的小凯恩。在这个连续的空间中，导演利用室外光线强的特点来制造出大景深画面的效果，将观众的视线由近到远逐层牵引。

5. 帮助画面构图

光线是画面构图的重要因素，没有光线谈不上成像，没有合理的布光，很难拍摄出理想的画面。从这种意义上说摄像是"光的结晶""光的艺术"是有一定道理的，光线在构图时有以下几方面作用：

（1）光线可以表现时间环境。光线效果不仅可以标定特定的环境和时间，而且可以塑造典型的环境和时间。光线作用在被摄物上时，有自己的规律。如光线投射角度距地面较近时，被摄物的投影就长；光线投射角度距地面较远时，被摄物的投影就短；光线距离被摄物近时，投影就大；光线距离被摄物远时，投影就小。根据这个规律，我们就可以从录像片中看出拍摄的时间。如果画面上主体物投影很明显，又很短，则拍摄时间一般是中午；如果画面上主体投影较长，景调层次比较柔和，则拍摄时间一般是下午。

（2）利用光线效果突出被摄体。利用光线效果突出主体，可以把观众的视觉注意力引导到特定的地点和事物上。还可以利用光线造成不同的明、暗背景去衬托主体。

（3）利用光线创造气氛。光线造成的明暗可以影响人们的情绪，明亮的色调使人感到欢快，黑暗的色调让人沉闷。如人们面对火红的太阳时就会感到精神振奋，而看到日暮暗淡的景色时，常常勾起伤感的思绪，这种手法在电视片里常被使用。

（4）利用光线增强画面的立体感和空间感。光线在画面构图和造型上能够突出和表现出被摄物的立体形状和空间感，这是光线在构图中的主要作用。画面中的明暗层次能充分表现出画面中的立体形状和空间纵深感。物体的立体感是靠物体表面在亮度上的差异形成的，空间感则是由物体形状与前后景的明暗反差建立的。

六、色彩

电视画面表现的是五彩缤纷的大千世界，摄像人员创造出的画面影调、气氛的艺术感染力既是其对外界长期观察的结果，更是其对所见事物形态环境的深刻理解的结果，同时也得益于其对一些色彩的基本表现手法的熟练运用。

色彩既是构图的主要因素，又是电视画面的基本表现手段之一。色彩运用的恰当与否，将会给画面的真实感、感染力造成很大影响。

物理学告诉我们，肉眼看到的色彩是由光照射在物体上所呈现出的颜色。

人们对色彩差别的一般描述会产生一定的模糊性，所有的色彩都可以用如下三种标准划分：色相（色别）、色纯度（色饱和度）、色值（色明度）。

（一）色彩的基本特征

1. 色相

色相也叫色别，即色彩所呈现出来的本质面貌，色彩的种类由色光中的波长所决定。

色别是这一色彩区别于另一色彩的最主要的特征，也是色彩间最主要的差别。红、绿、蓝是光的三原色。

色彩在色环上的位置决定了色彩关系，是色彩搭配的依据。

色环上相邻的色彩组合为近似色，距离最远的色彩组合为互补色。

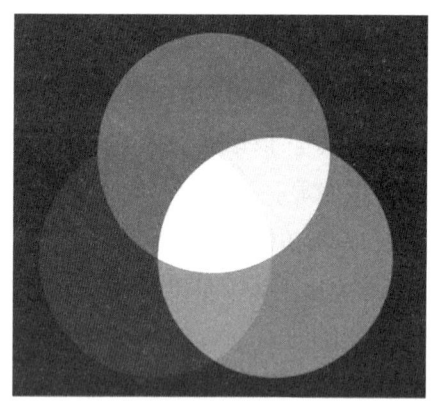 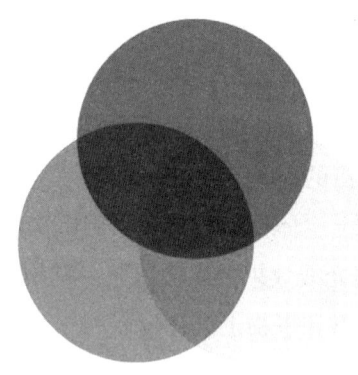

图 2-18　光的三源色　　　　图 2-19　颜料的三源色

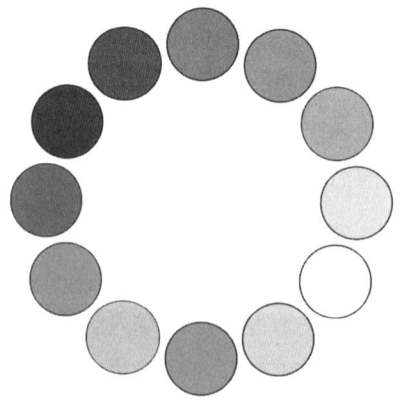

图 2-20　12 色环*

*注：扫描封底二维码可获得本书彩图。

2. 色纯度（色饱和度）

色纯度表示颜色纯正的程度，或者说掺白的程度。如果色光中白光越多，色纯度越低，色彩就越淡，看起来不鲜艳；反之，白光越少，色纯度越高，色彩越纯，越鲜艳。

3. 色值（色明度）

色值一方面是指同一色别在不同光线照射下所呈现出来的明暗程度。如同样是红色，可以有深红和浅红；同样是绿色，有暗绿和明绿。另一方面是指不同色别的颜色，互相比较也存在着明暗的差别，这是由于人眼对可见光谱中不同色光的视觉灵敏度不同而引起的。人眼对黄绿区域灵敏度高，这一区域色亮度大，而红紫区域却相反。色值是画面中亮与暗的比例关系，为了方便，我们可以将其区分为：高光、低光、中性、极暗、暗、低暗。以暗度为主创作的画面会呈现低调，以高亮度为主创作的画面会呈现高调。

(二) 色彩的特性

由于受人的生理和心理的影响，色彩还具有如下几个特性。

1. 色彩的冷暖

冷——收缩、后退。暖——扩张、前进。色彩是客观存在的，本身没有感情，但因为不同的色别刺激作用不同，当它作用到人的心理时会产生不同的影响，有的色彩刺激醒目，有的色彩柔和、悦目。

根据人们对不同色彩的心理反应，可以把颜色分为冷色和暖色两大类。冷色是指青、蓝或与青蓝相近的颜色。暖色是指红、黄或与红黄相近的颜色。

冷暖两色给人的视觉感受是不同的。冷色类色光波长较短，刺激性强，使人视觉上有后退和收缩的感觉，而暖色类色光波长较长，刺激性弱，使人们有前进和扩张的视觉感。

利用冷暖色的对比，便可以突出立体形状和空间感。暖色显得向前移近，冷色显得往后离远，似乎形成了相对的距离和深度。布景时，前景用暖色，后景用冷色处理，形成色彩对比的深度，可以使空间更深刻、更开阔一些。

2. 色彩的动静

色彩的动静与色彩的冷暖直接联系，暖色使人有跳动的感觉，冷色使人有安宁的感觉。所以在表现欢腾热闹的场面时宜选用暖色，而在表现恬静、安适的场面时要选用冷色。

3. 色彩使人产生联想，并具有某种象征意义

蓝色：使人想到天空和大海，象征着崇高和深远，优雅和冷漠。

绿色：使人联想到田野和生机勃勃的春天，象征着生命与和平。

红色：使人联想到血与火，象征着革命、暴力、危险。

黄色：使人联想到丰收的金秋，象征着富有、高贵与欢快。
白色：使人联想到白云、白雪，象征着纯净、圣洁。

（三）色彩在电视节目中的运用

首先，可以用色彩突出主体和细节。如在众多人群中，为了突出主体，可让其穿上色彩醒目的衣服，或拿着鲜艳的物品。要想突出细节，可以让道具的颜色醒目，或用色光照射细节，利用色彩的对比，突出主体，形成视觉中心。被凸显出来的色彩，往往用来表达营造较强的象征意义。

其次，根据节目主题的需要，可以运用一种色调贯穿一个段落，或一个场景，或一个镜头，从而用色彩确立整个节目的基调。

最后，可以用色彩的配置增强空间感。即用暖近冷远的特点，通过对前、后景色调的处理，加深空间感。

七、视点

视点就是摄影机的位置。每一次视点的变化，也是叙事方法的变化。主要分为客观视点、主观视点、导演视点和间接主观视点。

（一）客观视点

又叫"全能视点"，是摄影机对场景的记录。往往以作者或是旁观者的形式去讲述和表现，带给观众比较客观的认知和评判，形成一种客观公正的判断力。

客观镜头只是尽量客观、真实、自然、直接地捕捉和记录镜头前的场景和场景中发生的事，它传递给观众的情景就好像事情真的在远处发生了一样，只是观众没有被邀请并参与其中而已。客观镜头使摄像机和被摄物处于一种相对较远的情感距离，摄像机不打扰和评价场景中的人和正在发生的事，从而引导观众从客观的角度出发去观看影片，而不带任何感情色彩和个人的主观看法。

（二）主观视点

主观视点把摄像机镜头当作剧中人物的眼睛，直接"目击"场景中的人、物和事，使观众不再站在很远的"窗外"观看，而是直接参与到不断发展变化的剧情中去。

主观视点沿着画面中被摄体的视线去展现，用镜头去"目睹"事件的进程，画面中所表述的内容是被摄体看到的场景。

镜头在主观视点和客观视点之间的转换通常遵循正反打镜头模式：首先呈现给观众一个客观镜头，显示剧中人物正在观看画框外的某事物，引导观众去猜测他正在看的内容；下一个镜头从剧中人物的视点出发，显示人物所看到的场景。这样就形成了一个由客观视点到主观视点的转换，便于引导观众理解事件的发展变化并自然而然地融入剧情中。

(三) 导演视点

导演有意图地参与剧情的发展，引导观众。影视作品的制造者不仅要选择给观众看什么，而且要引导观众如何去看。如通过特定的角度、虚实对比或画面造型技巧等方式，来塑造、强化视觉形象，操纵观众的视点，迫使观众对看到的景象做出一定的情感反应（见图 2-21、图 2-22）。

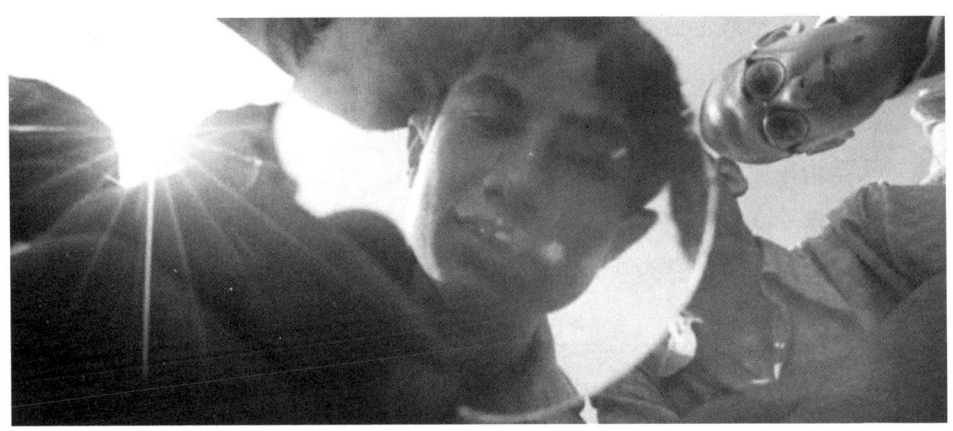

图 2-21　电影《西西里的美丽传说》截图

图 2-22　电影《西西里的美丽传说》截图

如图 2-21 所示，电影《西西里的美丽传说》中小镇青年用放大镜灼烧蚂蚁的画面，暗示着人性的丑陋与邪恶。如图 2-22 所示，电影《西西里的美丽传说》中主人公飞快骑自行车的导演视点镜头，表现出主人公拥有人生第一辆自行车后的喜悦。

(四) 间接主观视点

间接主观视点不是剧中人物的主观视点，不是参与性的视点，而是通过近景、特写镜头等方式尽可能地让观众接近剧中人物,获得即时的参与感,并被带入剧情中去,使观众在观影过程中有紧张感,达到按主观镜头的方式体验剧中人物情感的目的。

第二节 镜头形式

电视画面的镜头形式包括固定镜头、运动镜头、长镜头。

一、固定镜头

固定镜头是指摄像机在机位不动、镜头光轴不变、镜头焦距固定的情况下拍摄电视画面。固定镜头的核心在于电视画面所依附的框架不动,但画面中的被摄对象仍然可以活动,因而电视固定镜头所拍摄的画面有别于绘画作品和摄影照片(见图2-23)。

图2-23 《那些年,我们一起追的女孩》中,拍摄男女主人公火车道约会时使用的固定镜头

固定镜头也称固定画面,主要有以下几方面作用:

(一) 有利于表现静态环境

固定画面中消除了摄像机的运动和框架的移动,因此固定画面中背景和环境能够得到较长时间和较充分的关注。固定画面在视觉语言中常起到交代客观环境、反映场景特点、提示景物方位等作用。

(二) 突出表现静态人物

这里的静态是指人物不发生较大位移变化的情况,并不排除人物的语言、神态、动作及表情等的变化。当拍摄政府领导人时,如人物走动范围较小,一般都采用固定画面。拍摄被采访人物时,常以小景别固定画面为主。

(三) 利用固定画面的框架因素突出和强化动感

利用固定画面中静态的边框来反衬运动,能使运动对象的动感、动势得到突出甚至夸张的表现。如拍摄列车的行进,以低角度的固定画面来处理,就能够拍摄到列车呼啸而来,然后以高大的车头牵引着长长的车身飞速驶出画外的画面,列车飞驰的动感得到了非常醒目的强有力的表现。

(四) 固定画面在造型上有绘画作品和照片效果,富有静态造型之美及美术作品的审美体验

电视的固定画面具有绘画和拍照的形式感,这种形式感正是人类传统造型技巧和造型经验的宝贵财富,理应在电视艺术中得以发扬光大。特别是在一些风光片、纪录片中,在对山川风物、人文景观、名胜古迹等静态物体的表现上,构图精美的固定画面往往能令观众赏心悦目、历久难忘。

(五) 便于通过静态造型引发趋向于"静"的心理反应

固定画面静的形式能够强化静的内容,给观众以深沉、庄重、宁静、肃穆、压抑、郁闷等画面感受。因此,我们在实践中可以抓住固定画面给观众在心理感受上与运动画面偏向于"动"的心态的不同之处,来为所表现的内容和主题服务。

(六) 表现出一定的客观性

运动画面的一个突出特点是,在摄像者进行推、拉、摇、移、跟等运动拍摄时,观众所看到的画面外部运动过程就等于是构图、调整的过程。也就是说,这种运动是摄像者主观创作意图和实际操作情况的外化和反映,因此观众会感觉"跟着摄像机镜头"在观看,画面表现出摄制人员的创作意图和内容上的指向性,尤其是一些移、跟镜头在给观众带来临场感的同时也比较明显地展现了摄制者的主观性。固定画面虽然也是摄制人员创作意图的反映,但观众看到的是已经选择完毕的画面,没有画面运动、调整等构图过程,因此观众感觉上是自己有选择地观看,镜头是在比较客观地记录和表现着被摄对象。例如,拍摄一位政治家在讲台上演讲时,如果画面时而推至他夸张的手部动作,时而摇到他表情丰富的面部特写,那么给观众的感受就会是"导演要我看"政治家的手、脸等。

当然,固定画面在电视造型中还有其局限和不足:

一是固定画面视点单一,视域受到画面框架的限制。与运动画面多变的视点和变换的视域区相比,固定画面的画面内容被静止的框架分割、限制为单一的、半封闭的状态。显然,在一些全景式浏览、搜寻式观察的情况下,固定画面不如运动画面全面、丰富和完整。

二是固定画面在一个镜头中的构图难以发生很大变化。由于固定画面是在镜头锁定之后定向拍摄，画面框架内的造型元素是相对集中的、比较稳定的，镜头中的构图元素不易出现根本性的变化，很难像运动画面那样通过构图变化来实现场景转换、视觉形象的动态蒙太奇造型等，很难出现有意识地连续构图变化和多义性信息传递。要想在固定画面实现这一愿望，往往只能借助于后期的编辑工作。

三是固定画面难以很好地表现运动轨迹和运动范围较大的被摄主体。

四是固定画面难以表现复杂、曲折的环境和空间。比如拍摄上海狭窄拥挤的里弄，如仅用固定画面一般来说是很难直观形象地让观众有"身临其境"之感的。而移摄、跟摄在表现上可能更为奏效。再比如拍摄抗战遗迹的地道时，固定画面是很难再现出那种幽深曲折、巧妙的效果的。当用固定画面拍摄曲折的空间时，更多地需要观众根据画面大致情况去想象补充。

二、运动镜头

简单来说，通过运动摄像的方式完成的镜头叫作运动镜头。

（一）推镜头

1. 画面特点

推镜头是沿摄像机光轴方向向前移动的接近式拍摄，画面所包容的范围越来越小，是主观视点镜头中常用的手法，表现进入某一场景的感觉，有强调的意蕴。

推镜头使画框所包含的空间范围缩小，景别由远到近，被摄主体的主要部分在画幅中的比例增大，而次要部分逐渐消失（出框）。

2. 用途与用法

（1）从广阔的范围和较大的场景进入某一较小的场景，推镜头能在造型上突破屏幕的平面状态限制，增添纵深感，推镜头具有将观众带入故事中去的作用。

（2）强调、突出局部或细节，促进叙事。推镜头会产生前进感和逐渐逼近被摄对象的感觉，使原来在画面中不起眼、不明显的景物或人物逐渐变大并突显出来，将观众的注意力逐渐引导、集中到摄制者最想表现的主体上，突出主体，表现细节，表现环境与主体的关系。

（3）强调被摄主体，有助于表现、揭示人物的内心世界。推镜头对人物的强调，可较好地完成对观众的心理暗示。

（4）拍摄前进式蒙太奇镜头组合。前进式蒙太奇组接是一种从大景别逐步向小景别跳跃递进的组接方式，对事物的表现有步步深入的效果，由远到近。

（5）镜头推进速度可影响画面节奏，产生外化的情绪力量。推进速度的快慢可以调整画面节奏，"慢"显示一种安宁幽静的气氛及抒情意味；"快"显示一种紧张、紧迫感，表现一种紧张和不安的气氛和激动或气愤的情绪。

(二) 拉镜头

1. 画面特点

与"推"刚好相反，拉镜头指沿摄像机视轴方向向后移动的远离式拍摄。

拉镜头使画框所包含的空间范围扩大，景别由近到远，被摄主体在画幅中的比例缩小，而周围的环境和场景逐渐出现（入框）。

2. 用途与用法

(1) 表现主体所处的环境。镜头拉开，画面从展现主体到展现主体所处的环境，是由点到面的表现方法，空间环境越来越明显、具体，背景也由虚向实转换。

(2) 画面产生多结构变化。由于镜头画面不断拓展，新的视觉元素不断充入画面，原有的画面主体与不断充入画面的元素构成新的组合，镜头内部结构不断发生新变化，景别与构图也不断变化，画面有一种交代感、拓宽感、展开感。

(3) 容易形成对比、反衬、比喻的效果。拉镜头使纵向方位上的两个相关的事物形成某种对比、反衬或比喻的效果。

(4) 调动观众对整体形象的想象和猜测。拉镜头从局部到整体，给观众一种"原来如此"的求知满足。它能调动观众的注意力，满足观众对画面造型形象的认识，使观众不是被动接受，而是主动参与其中。

(5) 拍摄连续后退式蒙太奇镜头组合。这一点正好与推镜头相反，推镜头的景别是从大到小，拉镜头的景别是从小到大。而共同点是：都是通过镜头的运动带来景别的不断变化，而不是通过剪辑来表现景别的变化。这种表现时空的连续和完整变化，增强了画面信息的可信性和真实性。

(6) 拉镜头速度有情感的余韵。由于拉镜头起幅画面往往是主体形象，有鲜明突出、先声夺人的艺术效果，随着镜头拉出，画面越来越开阔，相应地表现出"豁然开朗"的感情色彩。同时，镜头速度快慢也有控制情感的作用。

(7) 常用于结束性或结论性镜头中。拉镜头画面表现空间的扩展，反衬出主体远离和缩小，从视觉感受来说，往往有一种退出感、凝结感和结束感。最终的落幅画面，主体的状态仿佛像戏剧中的"退场""谢幕"一样。

(8) 可以作为转场镜头。例如，可从特写拉成全景式镜头，由于起幅特写画面背景空间表现的不确定性，这种方式常在电视编辑中被当作转换场景的镜头，使场景的转换连续而不跳跃，镜头组接流畅。

(三) 摇镜头

1. 画面特点

摄像机机身没有位置的移动，而只是利用云台拍摄方向可调的功能，使摄像机沿一定方向（水平、垂直或斜方向）做弧线形移动来拍摄。

摇镜头符合人眼在自然界观察、扫视场景的生理特性。

用摇镜头拍摄广阔的场景，能给观众视野逐渐展开、环境逐渐被呈现的感觉。

摇镜头可以很好地表现空间的统一和交代空间内人与人、人与物的联系。

2. 用法与用途

（1）展示空间、扩大视野。摇镜头突破了画框的空间局限，创造了视觉夸张力，使画面空间和观众的视野更加开阔。视野开阔的摇镜头，其并不立足于具体地描述细节，而是侧重写虚，追求画面意境和气氛，有较强的抒情性。

（2）介绍、交代场景中相关联的事物。现实生活中许多事物之间会建立某种特定的联系，这种联系若同时放在一个大视野中并不容易引起人们的注意，而采用摇摄的方法常常在形式上引起人们的注意，从而达到表达作者意图的目的。

（3）形成对比、暗喻、并列和因果关系。利用性质、意义相反或相近的两个事物，通过摇镜头形成对比，表示某种暗喻、比喻、并列、因果关系等。这种对应关系的镜头，如同对列蒙太奇的表现性组接一样，将生活中富有对比因素的两个视觉形象连接起来，使其表现的意义远远超出两个单独形象本身的意义。更有意义的是，由于摇摄表现方法中人为加工的痕迹和编导者的主观表现性更少，比对列蒙太奇更具有说服力，因而，这种表现方法在纪实性节目中具有不可置疑的论证力量。

（4）间歇摇有"银线穿散珠之意"。在表现三个以上物体或事物间的联系时，镜头摇过每一点时速度减慢或者有一个短暂的停顿，在一个镜头中形成若干段落和间歇，构成一种间歇摇。其意义就是揭示一组物体由同一因素或同一原因而构成的内在联系，有"银线穿散珠"的艺术效果。快摇急停的间歇摇可以加强画面力度，强调画内情绪和气氛。

（5）外形相同、相似，易形成一种积累的效果。对一组外形相同或相似的物体用摇镜头的拍摄方式可以形成一种积累的效果。这类似于修辞学中的排比句，强化观众的印象。除大的物体之外，有时也用摇镜头表现小物体，如人的特写、手枪或其他物体，这种调动想象的形状远比直接感知的形状令人印象深刻。

（6）摇出意外之物，制造悬念，在镜头内形成视觉注意力的起伏。观众观看节目时也并不是完全被动的，有时也会主动地通过联想参与画面的猜测，当摇出预料之外的事物时，就会产生对意外之物的注意和疑问，形成悬念。

（7）表现一种主观性镜头。当前一个镜头表现的是一个人环视四周，下一个镜头用摇的方式所展现的空间就是前一个镜头里的人所看到的空间。这个摇镜头表现了戏中人的视线而成为一种主观镜头。

（8）画面转场的手法之一。通过空间的变换，引导观众视线由一处转到另一处，完成观众注意力和兴趣点的转移。这里的另一处可以是另一个场景的内容，也可以用空景或挡黑填补。

（四）移镜头

1. 画面特点

移镜头是指摄像机在沿着某个方向移动的过程中拍摄，一般为横移，即沿着水平方向左右横移。移镜头是以人们的日常生活感受为基础的，移动摄像能客观、真实地反映和还原人们生活中的这些视觉感受。

2. 用法与用途

（1）开拓画面造型空间，创造出独特的视觉艺术效果。

（2）在表现大场面、大纵深、多景物、多层次等复杂场景方面具有气势恢宏的造型效果。

（3）表现某种主观倾向，创造出有强烈主观色彩的镜头，从而表现出更加生动的真实感和现场感，比剪辑更富有主观性。例如，新闻采访中，镜头带你进入特定情境的事件中，仿佛自己亲身浏览事件过程，从而产生强烈的感受和现场参与感。移镜头是新闻节目的重要形式，能最大限度地表现一种纪实效果和真实性。移动摄影可以引起被摄主体背景、角度和视向轴线的变化。

（五）跟镜头

1. 画面特点

跟镜头指摄像机与被摄主体的运动方向一致且保持等距离跟随拍摄的镜头。跟镜头擅长表现被摄主体运动过程和状态的连续性、完整性。

跟拍时，摄像机始终紧跟处于运动状态的被摄主体，并与主体的运动趋势保持一致，能记录下被摄主体的姿态、动作等，同时不会干扰被摄主体。

在跟镜头中，通常被摄主体在画面中的位置相对稳定，且景别也保持不变，因而要求摄像者与被摄主体的运动速度基本一致，这样才能够保证被摄主体在画面中的位置相对稳定，既不会使被摄主体移出画面，也不会出现景别的变化。

2. 用法与用途

（1）能连续详尽地表现运动中的被摄主体。因镜头跟随主体运动，又交代主体运动的方向、速度、环境等，画框始终"套"住主体，有利于展示动态人物的神态和性格。

（2）随被摄主体一起运动，形成一种运动主体不变、背景变化的造型效果，有利于通过人物引出环境。

（3）观众与被摄主体视点同一，可表现出一种主观性镜头。视点的调度跟随被摄主体，表现出一种强烈的现场感和参与感。

（4）对人物、事件、场面进行跟随记录，在纪实性新闻拍摄中意义重要。摄像机置身于现场事态中，成为事件目击者，真实性非常强。

（六）升降镜头

1. 画面特点

升降镜头是摄像机借助升降装置一边升降一边拍摄的方式。升降镜头使画面的视域得到了扩展和收缩，使观众有一种新的视觉感受。升降镜头运动形式的特殊性易于形成画面构图的多样性。

2. 用法与用途

（1）有利于表现高大物体的各个局部。如：一幅巨大的竖幅广告，用竖摇只能一个字一个字地将其展示，且字的大小会发生变化，而用升降镜头，可保持画面中的字从头到尾基本一样大。

（2）常用来展示事件或场面的规模、气势和氛围。如电影《黄土地》的打腰鼓一场戏中，用升降镜头展示了群舞场面，规模浩大，现场感强，这是其他镜头难以实现的。

（3）有利于表现纵深空间中点与面的关系。视点升高，视野不断扩展，可以表现出某个点在某个面中的情况。如战争场面中，画面从首长下达命令升镜头到展示整个战争场景。

（4）可实现一个镜头内的内容转换与调度。

（5）可表现画面内容中感情状态的变化。升降镜头视点高，呈现的画面多数是俯角效果，有低下、渺小等含义。

（七）综合运动镜头

1. 画面特点

摄像机综合运动，通常使用摇臂机来完成拍摄。拍摄的画面可以从大全景到大特写，方法上可以综合使用推拉摇移，方向上则有垂直、水平、纵深，几乎可以是运动镜头的所有形式。

2. 用法与用途

（1）有利于在一个镜头中记录和表现一个场景中一段相对完整的情节。如新闻追击中，为记录一个完整的事件，往往是多种镜头运动形式结合在一起，通过各种镜头运动形式，不断转移、变换画面内容，形成一个整体。

（2）塑造电视画面造型美。如果运动形成一种流动旋律，则可以引发观众视觉注意和审美视点感受，直接带给观众画面的造型美。

（3）有利于再现实际生活中连续动态的流程。例如，运动镜头使时间、空间不间断地得到表现，可连贯而完整地表述事件，保证场面调度随意性、多样性和连续性、完整性。

（4）有利于通过画面结构多元性形成表意方面的多义性。能将事件、情节、人物和动作在几个空间平面上延伸展开，形成一个多平面、多层次、多元素的相互映衬和对比，使画面内部蒙太奇更为丰富，信息容量更大。

（5）在较长镜头的连续画面中可以与音乐的旋律"合拍"，形成画面形象与音乐一体化的节奏感。如拍摄音乐演唱会，为保持音乐的完整和连贯，又要保证现场气氛的完整和连贯，使画面和音乐结合和谐流畅，常用综合运动镜头。

三、长镜头

（一）长镜头的概念

长镜头是一种影视美学观念和拍摄手法。长镜头是指从一次开机拍摄到关机拍摄之间的镜头。长镜头并没有绝对的标准，是相对而言较长的单一镜头，有的长镜头可达 10 分钟。长镜头对一个场景、一场戏进行连续拍摄，形成一个比较完整的镜头段落，通常用来表达导演的特定构想和审美情趣。

长镜头最大的功能就在于逼真地记录现实——自然、生活和情绪。所以，在影片中运用长镜头手法可以保持整体效果，保持剧情空间、时间的完整性和统一性；可以如实、完整地再现现实影像，增加影片的可信性、说服力和感染力；还可以渲染气氛、表现人物的心理活动。

（二）长镜头的种类

1. 固定长镜头

机位固定不动、连续拍摄一个场景所形成的镜头。这种长镜头具有客观性和置身事外的观察记录者的视点，一般在纪录片中较常用。它使导演（编导）得以拥有一种不介入事件的客观视点。在画面的控制上，记录式长镜头充满了不可预知的视觉元素，镜头运动方式和轨迹好像未经设计，带有一定的随机性和偶然性。最早的电影拍摄的方法就是用固定长镜头来记录现实或舞台演出的过程。

2. 景深长镜头

用拍摄大景深的技术手段来拍摄，使处在纵深处不同位置上的景物（从前景到后景）都能被看清，这样的镜头被称为景深长镜头。例如，拍火车呼啸而来，用大景深镜头，可以使火车出现在远处（相当于远景）、逐渐驶近（相当于全景、中景、近景、特写）都能看清。一个景深长镜头实际上相当于一组远景、全景、中景、近景、特写镜头组合起来所表现的内容。

3. 运动长镜头

用摄像机的推、拉、摇、移、跟等运动拍摄的方法形成多景别、多拍摄角度（方位、高度）的变化长镜头，被称为运动长镜头。一个运动长镜头可以完成一组由不同景别、不同角度镜头构成的蒙太奇镜头的表现任务。

第三节 电视的声音系统

一、声音系统

对于纪实性的电视媒介而言，要捕捉并反映真实的生活，除了画面外，声音也必不可少。声音是我们真实生活空间中的重要元素，捕捉声音、利用声音可以有效地使观众产生身临其境的感受，有助于电视媒介传播效果的达成。电视节目的声音系统主要由语言、音响、音乐构成。

（一）语言

影视剧中的语言包括对白、独白和旁白。电视节目中的语言主要有配音（解说）和同期声。

1. 对白

对白，即电视节目中两个或两个以上人物的交谈语言，主要发挥叙述说明、传递信息、表达情感的作用。

2. 独白

独白是人物在画面中对内心活动和事实信息的表述。独白可分为两种形式：一种是内心独白，这是以第一人称"画外音"形式出现的剧中人物以自我为交流对象的内心自白，是揭示人物心理活动、刻画人物性格的基本手段之一。剧中人物不存在与观众直接交流的目的，应避免以内心独白代替动作，从而展现人物内心的做法。独白这种形式在影视剧中经常出现，是传统的文学手法在视听媒介上的展现。

在电视节目中，独白形式主要为对象独白，如朗诵演讲、被采访时的陈述、节目主持人的主持串词、新闻节目中的新闻播音等，这也被称为同期声，在电视节目中广泛存在。

3. 解说词

解说词是电视节目的主要语言形式之一，有着重要的内容表达作用，是电视节目的重要组成部分，好的解说词可使电视节目锦上添花。

旁白也即解说词：节目中以"画外音"形式出现的介绍性、解说性、评论性的语言。旁白通常在影视剧中以制作者"第二人称式"的方式陈述或以剧中人物"第一人称式"的方式出现。在电视节目中，旁白即解说词，以客观介绍的方式呈现。

(二) 音响

音响是指除语言、音乐之外的其他一切电视声音的统称。在现代视听艺术作品中，音响的作用有时甚至超过了画面的作用，特别是在立体声作品中更为突出。它利用人们熟悉的声音，经过录音创作人员的构思及创造，制造出一个典型的声音环境，并在声音的流动中使受众体验到画面所提供的内容。

根据其在视听作品中的不同作用，电视音响可以分为：自然音响、动作音响、戏剧音响及心理音响。自然音响也称客观音响，是指大自然或周围环境所发出的声响，它主要表现自然环境、生活气氛、时代背景。自然音响在纪实性节目和电视剧中被普遍使用，自然音响直接配合剧情，衬托人物情绪，渲染场面气氛，推动情节发展。

(三) 音乐

电视音乐是指专为电视节目创作或选用现成音乐作品为节目编配的音乐，包括歌曲和器乐曲。电视音乐是一种有效的编辑元素，在节目中起到渲染气氛的作用，有极强的艺术表现力。电视音乐按不同标准可分为以下两种类型：

按来源可分为资料音乐与原创音乐。资料音乐是为编配电视音乐而搜集、整理、保存的音乐作品，包括现成的各类电影音乐、电视音乐及适用于电视的各种其他音乐作品。原创音乐是指作曲家专门为了电视节目量身定制的音乐作品，在创作上更加注意与画面的有机结合、剧情的需要以及与其他声音构成系统的协调。

按在节目中出现的方式可分为有声源音乐与无声源音乐。有声源音乐，指画面内出现的声源所提供的音乐，亦称"画内音乐"或"客观音乐"，如现场演唱会的实况录播等。有声源音乐可以增强节目的真实感，在纪实性较强的节目中使用得较为广泛。无声源音乐，指画面中未出现声源的音乐，亦称"画外音乐"或"主观音乐"，主要采用后期录音方式在画面摄制、编辑完成后录配。这种音乐来自编导、作曲家对画面的内心感受，是根据电视节目表现人物和渲染环境气氛等需要而设计的，起着解释、充实和评论画面内容的作用，以增强作品的艺术感染力。

二、声画关系

声音和画面是影视艺术的两大元素。这两大元素既相互独立又互相联系，既能交融相处，又存在一定矛盾。声音和画面的结合方式主要有以下两种类型：

（一）从声画外部形式分类

声画合一（画内音）：画面中的视像和它所产生的声音同时呈现并同时消失，两者是吻合一致的。

声画分立（画外音）：画面中的声音和形象不同步而互相剥离，即声音和发声体不在同一个画面内。

（二）从声画内容相互作用上分类

声画同步是指声音基本上与画面吻合，情绪、节奏一致，视听统一，观众在观看画面时，不知不觉地接受声音，这是最常见的一种声画关系。

声画对位是指从特定的艺术目的出发，在同一时间内让声音和画面做不同侧面的表现，两者形成"对位"关系，以期更深刻地表达影片内容。

声画对位包括两种情形，一是声画对立，指声音与画面之间在情绪、气氛、节奏以及内容等方面相互对立，使声音具有寓意性，从而深化影片的主题；二是声画平行，指声音并不追随画面的具体内容，并不解释画面，也不是与画面处于对立状态，而以自己独特的表现形式从整体上揭示影片的思想内容和人物的情绪状态。声音有声音的脉络线索，图像有图像的脉络线索。声音以自身独特的表现方式，从整体上揭示思想内容和人物的情绪状态，在听觉上为观众提供更多的联想空间和潜台词，从而扩展了单位时间内的信息容量。

【思考与练习题】

1. 谈一谈学习好视听语言基本知识对于做好编导工作的意义。
2. 截取一档纪录片片段，控制在5分钟左右，做拉片练习，着重分析其运动镜头的运动方式、色彩变化规律、构图方法。
3. 试分析一场文艺晚会的色彩变化节奏。

【学习参考书目】

1. 张菁，关玲．影视视听语言［M］．2版．北京：中国传媒大学出版社，2014．
2. 宋家玲，张宗伟．电视片写作［M］．北京：中国广播电视出版社，2003．
3. 陆绍阳．视听语言［M］．2版．北京：北京大学出版社，2014．
4. 杜桦，吴秋雅．视听语言的语法［M］．北京：北京大学出版社，2013．
5. 林晓东．视听语言：观念决定技巧［M］．北京：中国传媒大学出版社，2016．

【学习参考视频】

1. 《阿飞正传》（景别）
2. 《舌尖上的中国》（景别）
3. 《公民凯恩》（角度）
4. 《大红灯笼高高挂》（角度、色彩、构图）
5. 《新龙门客栈》（角度）

第三章
电视新闻节目的编导

【学习要点】

1. 媒体融合时代电视新闻节目编导的创新思维;
2. 电视新闻专题节目编导的能力要求;
3. 电视新闻专题节目编导的要点与互联网思维。

新闻专题历来与消息类新闻并列为电视新闻报道的基本形式。新闻专题的运用频率虽然不像消息类新闻那么高,它却往往以其对新闻事实的更详尽、更深入或独特视角的报道,给观众留下更深刻的印象。电视新闻专题种类繁多,运用范围相当广泛。考虑到它的题材、表现形式和播出形式的多样性,电视新闻专题大致可以有如下界定:电视新闻专题是综合运用各种电视表现手段与播出方式,通过对重大新闻题材或围绕重大主题的详尽、深入或独特视角的报道,为观众提供深度信息的新闻报道形式。

第一节 电视新闻节目的界定与发展

在广播电视发展的历程中,新闻节目被称为是广播电视节目系统的第一语言,它在广播电视发展过程中乃至今天都占有绝对重要的地位。伴随着电视的诞生,电视新闻节目也应运而生。1948年8月15日,美国哥伦比亚广播公司设立第一个定期的简要式电视新闻节目《CBS电视新闻》,由高级记者道格拉斯·爱德华主持。1951年11月8日,该公司又增设了《现在请看》节目,由爱德华·默罗主持。哥伦比亚广播公司的《晚间新闻》和新闻报道节目《60分钟》都是美国著名的电视新闻节目。

电视新闻节目产生之后，国外电视媒体报道了许多重大事件：

1953年，英国女王伊丽莎白二世举行加冕礼；

1960年，美国总统辩论第一次电视转播；

1969年，美国"阿波罗"号宇宙飞船登月；

1986年，美国"挑战者"号航天飞机失事；

1997年，戴安娜王妃葬礼；

2001年，"9·11"事件；

2005年，伦敦地铁爆炸……

我国电视新闻节目跟我国电视的发展一样起步较晚。从1958年至今，经历了初创期、发展期、完善期。如今，我国电视新闻节目不仅节目形式多，播出时间长，覆盖面广，而且在国际国内重大新闻事件的报道中发挥了重要的作用，产生了重要的影响。播出形式也从录播逐步过渡到直播，尤其是现场新闻的直播，影响非常大，传播效果好。主要的重大报道有：

1958年庆祝中华人民共和国成立9周年时，北京电视台在天安门广场首次转播了阅兵式和盛大群众游行的实况。

1984年10月1日，中华人民共和国成立35周年，中央电视台对在天安门广场举行的盛大阅兵式和群众游行进行了现场直播。

1997年7月1日，香港回归系列直播报道。

1997年11月8日，举世瞩目的长江三峡工程实现大江截流。14小时的截流报道，让观众如同阅读了一本有关三峡工程的百科全书。

2008年，对汶川地震、北京奥运会进行全程直播报道。

2017年，十九大开幕直播报道……

每逢重大事件，中央电视台直播已成惯例。

一、电视新闻的定义扫描

什么是电视新闻？业界的定义较多。比如：

"电视新闻是利用电视传播工具，对新近发生或发现的事实所进行的报道。"（任员）

"电视新闻是以电视屏幕的图像和口头解说相配合为主要手段的新闻报道。"（何兴光）

"电视新闻是借助电视作为传播的视听符号，对变动的事实的及时报道。"（黄匡宇）

"电视新闻是凭借电视媒介传播的新闻。"（张君昌）

"电视新闻是以现代电子技术为传播手段，以声音、画面为传播符号，对新近的或正在发生的事实的报道。"（中国广播电视学会电视学研究委员会、中央电视台研究室）

"电视新闻是以现代电子技术为传播手段，以声音、画面为传播符号，对新近的或正在发生、发现的事实的报道。"（张健）

这些定义都强调了电视新闻是由电视媒介传播新闻的特点，既强调新闻及时和新鲜的特点，又体现电视新闻传播的特殊手段——现代电子技术，从而区别于其他媒介传播的新闻。声画结合、视听兼备是电视新闻的最大特点。在这些定义中，张健的定义较为全面和科学。这个定义中加入了"正在发现"这个关键词。"正在发生"强调的是事件发生与报道的同步，报道与传播的同步。电子新闻采集系统使记者可以在新闻事件发生的现场做同步报道，现场直播，使今天的新闻今天报道变成了今天的新闻现在报道。而"正在发现"则包含两层意思：一是过去发生的事情现在刚刚被发现；二是现代新闻报道中特别需要强调的，特指新的观点、新的见解被发现。今天，新闻的外延已经由对纯客观事实的报道扩展到对有新意的思想和观念的传播。新闻的竞争已经不仅仅是新事件、新消息和独家报道的竞争，而且也是"发现"的竞争。

二、中国电视新闻节目的发展历史

（一）初创期（20世纪五六十年代）

1958年5月1日，北京电视台成立；9月2日开始播出节目，这被认为是我国电视事业的开端。此后不久就开始播出新闻节目《图片新闻》。节目形式简单，采用"图片+口播"的方式，总时长为15分钟。从现在看，该节目的时效性是较差的，其播报的新闻往往发生于多日之前。它的影响力与报纸、广播等媒介相比，也相对较小。

（二）发展期（20世纪80年代）

全国电视网建立，"要闻总汇"形成：1978年1月1日，北京电视台开播《全国电视台新闻联播》，5月1日更名为《新闻联播》，标志着以首都为中心的全国电视新闻广播网的形成。至1988年，全国已成立电视台417座。

这一时期，栏目多样化，出现了午间新闻、晚间新闻，评论类节目《观察与思考》、专题类节目《专题报道》等。

时效性增强，在1989年1月《新闻联播》播出的新闻中，今日新闻占21.8%。

（三）完善期（20世纪90年代至今）

这一时期，新闻节目占总节目类型的比重增大，1996年，中央电视台已经有32个新闻节目。

栏目形式更加多样化：《东方时空》的出现标志着中国"早新闻"的出现；专题评论类节目《焦点访谈》、谈话类节目《实话实说》都在这个时期诞生；各种新闻题材进一步完善。

随着新技术的发展和网络新媒体的兴起，传统的电视新闻节目在电视媒体播出的影响力逐渐减弱。随着传统电视媒体与新媒体的深度融合，电视新闻的播出平台多样化，创作手段不断丰富，电视新闻节目的发展又进入了一个新的时期。

三、电视新闻节目的特征

电视新闻节目在电视节目中占有举足轻重的地位，这对电视新闻节目的编导提出了更高的要求。电视新闻节目的编导不但要具有一般编导具有的共性特点和能力，还要遵循电视新闻的基本规律和特性。

首先，新闻是真实的。新闻是对事实的报道，事实是新闻的本源和基础，没有事实就没有新闻。这就要求我们在报道新闻时只能按照客观事物的本来面貌做真实的陈述，对整个新闻事件的过程，包括人物、动作等内容，特别是一些细节的陈述都必须准确无误。从某种意义上来说，真实是新闻的生命，这就要求新闻从业者必须坚守自己的职业道德，不能因为各种原因而损害新闻的真实性，不能为了追求轰动效应甚而弄虚作假。

其次，新闻是新鲜的。新鲜是新闻的本质特点。对于受众来说，新闻必须是新近发生的事情：新闻，顾名思义，是"新"的，只有把大家未知的消息经过媒体传播为大众所熟知，消息才成为新闻。

再次，新闻传播是快速的。传播的快速性在电视消息类新闻节目中表现得尤为明显，且已经由今日新闻今日发布变为现场新闻同步发布，及时、快速的特点达到极致。对于新闻专题节目来讲，新闻性也是其重要特征，因此，传播的及时与快速特点依然显著。新闻讲究时效性，这已经是老生常谈的事情了。凭借着传播速度快、传播面广的特点，电视新闻让电视观众无论身处何地都能清晰地、及时地、"真实地"目击新闻事件。

最后，电视新闻画面是保真的。保真是指通过声画结合、视听兼备的方式传播的电视新闻节目是真实的，受众通过观看电视新闻节目可以产生亲临现场的真切感。这种"保真性"特点是体现电视新闻生命力的关键。

第二节 电视新闻节目的类型

新闻类电视节目包含三大类：电视新闻消息、电视新闻专题和电视新闻评论。无论是哪一类节目，都具有新闻的共同特性，即真实性、新鲜性、及时性和公开性。而电视新闻又有别于其他媒体特别是纸质媒体的新闻，有着现场声画展示的实证性、传播行为的及时性、画面情节的不完整性和画面信息的表面性、现场报道的忌干涉性等特点。

一、电视新闻消息

消息类新闻是电视新闻中最常见的节目形态,它简洁明了,迅速地报道新近发生、发现的事实,是电视新闻报道的尖兵。由于它天天同观众见面,影响面广,人们习惯性地把这种狭义的电视新闻消息称为"电视新闻"。以消息为主体构成的新闻节目是电视机构显示要闻汇总的主渠道,是受众了解国内外大事的重要窗口,在新闻类节目中占据重要位置。消息类新闻在报道上的特点是:快、短、活。代表性节目是中央电视台的《新闻联播》。

图 3-1　中央电视台《晚间新闻》片头　　　　图 3-2　中央电视台《新闻联播》片头

图 3-3　中央电视台《新闻 30 分》片头

二、电视新闻专题

新闻专题是专门针对某一新闻题材所做的充分报道,既具有新闻的时效性,又具有专题的翔实和深度,故称之为新闻专题。一般用来报道突发或者具有重要社会影响的新闻事件,通过深入挖掘,全方位地解读新闻事件。这类节目对新闻事件往往会跟踪报道,因此,报道具有延续性。

在电视媒体中，新闻专题一般表现为深度报道，通常在某个时段内会分期连续报道。作为深度报道，它更注重新闻背景材料的运用，并在此基础上对事实进行分析和解释，以深入挖掘题材的内容。电视新闻专题体现电视新闻的深度，是电视媒体体现报道水平的重要标志。一个新闻专题是否有深度，要看它是否进行了多侧面、多角度、多层次、立体化的报道。事实上，"新闻专题"是我国电视新闻题材划分的一个独特称谓，类似于西方新闻中的"深度报道"。

深度报道，顾名思义，是一种全面的、深入的新闻报道形式。《新闻学大词典》给深度报道的定义是：运用解释、分析、预测等方法，从历史渊源、因果关系、矛盾演变、影响作用、发展趋势等方面报道新闻。《中国应用电视学》提出：解释性、调查性、分析评述性、问题探讨性等一些具有思想内容深度的报道都属于广泛的深度报道范畴。深度报道不仅交代事实，更侧重于揭示、说明事实产生的原因、发展过程以及后果，它对事实进行解释、分析，使受众对新闻事实的本质与意义有全面、纵深的理解。结合电视新闻必须具备的声画兼备、现场感、实证性等媒介特点，深度报道类电视新闻节目应该是"以现代电子技术为传播手段，以多元素的图像、声音为传播符号，对新近发生的或正在发生的新闻事实或资讯进行解释性、分析性、调查性等报道的节目类型"[①]。

三、电视新闻评论

电视新闻评论节目是对重大的或有典型意义的新闻事件或问题发表言论的节目，它表明电视媒体对新闻事件、问题的立场、观点，它对于社会舆论有强烈的引导作用，是新闻类节目的旗帜和灵魂，代表着电视新闻报道的水准。在形态上，"电视评论源于报刊文体，有相当一部分样式类似于报刊评论。同时，在传播实践中也逐渐形成了诸多适应自己传播特点的节目形态和样式"[②]。电视新闻评论节目的形式又分为源于报刊的评论形式和电视评论的特殊形式。

（一）源于报刊的评论形式

1. 本台评论和本台评论员文章

本台评论和本台评论员文章相当于报纸的社论和评论员文章，是电视评论中规格最高、最具权威性的两种形式。它直接代表媒体编辑部就当前重大事件、重大典型或重大问题发言，具有鲜明的针对性、政策性和指导性。由于历史和现实的原因，目前我国电视新闻节目中的本台评论和本台评论员文章相对较少。以中央电视台为例，遇有重大问题必须发声时，多以转发《人民日报》、新华社的社论或评论员文章为主，但又不是全文照播

---

① 张健. 当代电视节目类型教程 [M]. 上海：复旦大学出版社，2011.
② 涂光晋. 广播电视评论学 [M]. 北京：新华出版社，2004.

《人民日报》评论员文章，而是有选择地摘取部分内容播出。

案例一：2019年2月3日，《新闻联播》播出《人民日报》评论员文章《在奋斗中收获更多自信和勇气》

明天（4日）出版的《人民日报》将刊发评论员文章，题目是《在奋斗中收获更多自信和勇气》。文章说，新春佳节到来之际，习近平总书记在2019年春节团拜会上，与大家一起叙友情、话国是，回望奋斗的历程、重申奋斗的意义、彰显奋斗的价值。"奋斗"这一时代主题词，激励着奔跑在追梦路上的亿万中国人民。

文章强调，伟大梦想，奋斗以成。中国人民的自信和勇气，源于奋斗历程中震撼人心的中国奇迹、温暖人心的中国故事；而无数美好生活的创造者、守护者，会在前进征途上创造振奋人心的新的更大奇迹。

该评论的《人民日报》的原文有1,100字左右，详见【拓展阅读一】。

案例二：2019年1月25日，《新闻联播》播出《人民日报》评论员文章《推动媒体深度融合 做大做强主流舆论》

明天出版的《人民日报》将发表评论员文章，题目是《推动媒体深度融合，做大做强主流舆论》。文章强调，习近平总书记在主持中央政治局集体学习时发表的重要讲话，充分彰显了我们党对信息化大势和发展机遇的敏锐把握，极大鼓舞了新闻舆论工作者的信心和斗志，对于我们深入推进媒体深度融合，进一步做好新形势下党的新闻舆论工作，具有十分重要的意义。

该评论的《人民日报》的原文有1,400字左右，详见【拓展阅读二】。

2. 编前话和编后话

编前话和编后话脱胎于报纸评论中的文前按语和编后话，是依附于新闻报道的一种画龙点睛式的、简短的编者评论，是电视媒体编辑们经常使用的一种评价、议论、建议或说明性的文字。

在电视新闻节目中，编前话的使用频率远远低于编后话，有的编前话经常和串联词融为一体，既可以作为一组报道的先导，又可以作为节目承上启下的纽带。编前话多以说明为主，起导语的作用。编后话则重在对新闻事件的点评和升华，源于报刊的评论主要集中体现在新闻资讯类电视节目中间，如《新闻联播》《共同关注》《新闻30分》《东方时空》《中国新闻》《国际时讯》《午夜新闻》等。

案例：2013年11月3日，《新闻联播》播出的《浙江省的两名基层干部为了救人不幸死亡》配发了编后话

我们无从知道这两名干部在遇难之前是怎么想的。很有可能他们什么都没想，就很本能地踩了刹车，很自然地下车，很急迫地伸出了援手，作为基层干部，他们没有眼看着

老百姓有难而置之不理。在工作的路上为救他人遇难，他们为基层干部增了光，为公民美德添了彩。

图 3-4 《新闻联播》编后话

（二）电视评论的特殊形式

电视评论的特殊形式有短消息类的快评、谈话类评论（或主持人评论）、电视述评。

1. 短消息类的快评

这类快评主要出现在以《新闻联播》为代表的节目中。

案例一：2019 年 2 月 2 日，《新闻联播》播出【央视快评】《做人民的勤务员》

本台今天刊播央视快评《做人民的勤务员》。

快评指出，在中华民族传统节日农历春节来临之际，习近平总书记在京看望慰问基层干部群众，亲切的问候、暖心的祝福、感人的情景……习近平总书记对人民群众的关怀和惦念犹如春风送暖，温暖着每个人的心田。

人民是习近平总书记心中最深的牵挂。党的十八大以来，每逢新春佳节，到人民群众当中送祝福、问冷暖、听民声、解民忧，已经成为习近平总书记的工作惯例。总书记嘘寒问暖，访贫问苦，与人民群众心心相印，以行动彰显着人民勤务员的本色。

习近平总书记的人民情怀，为广大党员领导干部立起了精神旗帜。我们要永远与人民在一起，做人民的勤务员。

案例二：2019年1月29日，《新闻联播》播出【央视快评】《以稳求进 以进固稳》

本台今天刊播央视快评《以稳求进 以进固稳》。快评指出，1月28日下午，中共中央总书记、国家主席、中央军委主席习近平在人民大会堂同各民主党派中央、全国工商联负责人和无党派人士代表欢聚一堂，共迎佳节。

习近平在讲话中强调，稳中求进是当前和今后一个时期党和国家工作总基调。我们做工作就要以稳求进、以进固稳，经济发展是这样，社会发展也是这样。习近平总书记的重要讲话，为我们科学把握、扎实贯彻稳中求进工作总基调，准确研判国内外发展大势，在新的一年持续推动经济社会健康发展提供了重要遵循。

行稳方能致远。稳中求进，稳是基础。这既是有效应对外部环境深刻变化和国内经济下行压力的需要，也是扎实推进经济社会持续健康发展的前提。

稳中求进，进是方向，进也是目标。我们要在稳的基础上，在关键和重点领域敢于进取和突破，将解决前进中突出的问题作为打开新局面开创新事业的突破口，实现以进固稳。

案例三：2019年1月26日，《新闻联播》播出【央视快评】《推动媒体融合向纵深发展》

本台今天刊播央视快评《推动媒体融合向纵深发展》。

快评指出，习近平总书记在中央政治局第十二次集体学习上的重要讲话，站在推进治理体系和治理能力现代化的高度，深刻分析了新形势下全媒体传播的重大理论和现实问题，系统阐述了媒体融合的方向、目标和任务，是我们深入推进媒体融合发展的根本遵循和重要指引。

快评强调，面对互联网这个最大的变量，主流媒体要以总书记重要讲话精神为指导，积极主动作为，以融合发展为手段，以建设全媒体为目标，将各方面受众聚拢来、吸引住、服务好，牢牢掌握舆论场的主动权和主导权，使主流媒体具有强大传播力、引导力、影响力、公信力，巩固全党全国人民共同团结奋斗的共同思想基础，不辜负党和人民的期待。

案例四：2019年1月24日，《新闻联播》播出【央视快评】《确保干一件成一件》

本台今天刊播央视快评《确保干一件成一件》。

快评指出，全面深化改革是新时代最鲜明的一个特色。在以习近平同志为核心的党中央坚强领导下，党的十八届三中全会开启了全面深化改革、系统整体设计推进改革的新篇章，开创了我国改革开放的新局面。我们要坚持思想再解放、改革再深入、工作再抓实，以逢山开路、遇水架桥的豪情尽锐出战，确保干一件成一件，谱写新时代改革开放的壮丽新篇。

图 3-5 《新闻联播》央视快评

2. 谈话类评论

谈话类评论主要是指通过主持人或记者就某一新闻热点问题同评论员或新闻人物或重要嘉宾进行访谈、讨论而制作的新闻节目。比如中央电视台新闻频道的《新闻1+1》《新闻会客厅》，财经频道的《今日观察》，中文国际频道的《今日关注》，凤凰卫视的《时事开讲》《李敖有话说》等。

谈话类评论是电视新闻评论中最常见、最纯粹的方式。在节目中主持人具有鲜明的个性化特征。不同的主持人人生经历、学识专长、内在气质、性格爱好等不同，在节目中以个人身份发表观点，使节目特色鲜明，风格各异。在这类节目中，主持人除了提供一定量的事实背景之外，还从观众的角度预设各种不同观点对评论员的表述提出质疑，从而给谈话制造某种辩论的色彩，增加可视性。

还有的谈话类评论是通过主持人的点评方式呈现的，即述后点评型。述后点评型分为三大类：

资讯组合类，以《中国周刊》《世界周刊》为典型代表，在这类节目中，除了主持人尖锐的点评外，还有节目新闻信息的特别组合，为主持人的点评起到了铺垫作用。

民生新闻类，以收视率曾经很高的《南京零距离》为典型代表，主持人通过"说新闻"，一语点醒梦中人。

读报类，以《第一时间·马斌读报》《有报天天读》为代表，主持人通过解读后的总结来树立节目的舆论导向。

3. 电视述评

电视述评类新闻节目是指叙述新闻事件与发表意见相结合的评论形式，是新闻报道与新闻评论形式的结合在电视上的具体运用，也可以叫作解析式评论。

解析式评论是依托新闻事件、一事一议的评论形式，或称之为电视新闻述评。这类评论形式在"焦点"类、舆论监督类节目中被大量运用。一般是先摆事实，后讲道理，由具体而抽象，由叙述而议论，缘事说理，理随事出。解析式评论既然是一"事"一议，首先要选准"事例"。

解析式评论常用的事实主要有两种，一种是概括性事实，一种是典型事例。典型在此表现为：普遍性、拉动性（"事实"具有较强的牵引力，能够托起道理的重量，激发理论含量）、新鲜性和贴近性。解析式评论除了善于"解"，还要善于"析"。"解"是表达，"析"是议论。议论要有的放矢，就事论理。不能脱离新闻事件空发议论，也不能牵强附会，随意发挥。这类节目便是以声画现场语言还原事实的真实情况，通过展示记者对问题的调查，让观众明白事件的来龙去脉，最后集中议论，以事实作为评论的基础。

案例：《焦点访谈》播出的《"罚"要依法》就是通过暗访调查，跟随货车司机实际走309国道等方式，报道了山西境内309国道路段比较严重的乱收费现象。节目最后的点评是这样的：

在采访的时候我们的记者注意到，在山西省309国道的路边竖着一个大大的宣传牌，这个宣传牌的一边写着"有困难找交警"，另外一边写着"视人民如父母"。我现在身后放的大屏幕就是这个画面。但我们看到的今天节目中这几个交警的所作所为难道是按照这个宗旨行事的吗？我们现在都清楚地记得济南交警、漳州110报警台，还有南昌的好民警邱娥国，他们正因为遵照了"视人民为父母，全心全意为人民服务"，他们的所作所为赢得了全国人民的赞誉。我们也知道，全国广大公安干警也是因为遵照这样的宗旨，努力地工作着，才有了今天人民热爱人民警察、信任人民警察，我们相信，今天节目中的这几个交警所作所为是极个别的，同时我们也相信，他们的所作所为不但是公路沿线的司机所无法接受的，也是全国人民不认可的，更是广大公安干警所无法容忍的。法律是有尊严的。我们相信每一个司机在出车的时候都应该要考虑到要严格地遵守这些交通法规，因为只有这样才是对自己、对他人生命的最好的保护，同时法律也要求执法者必须遵守这些法规，执法者必须先遵守法律，是公正、严格执行法律的基本前提。

节目通过对个别执法者不遵守法规的做法和路边大牌子的宣传口号进行强烈对比，来批评309国道中个别民警的违规行为。同时用漳州110报警台、南昌好民警等正面典型案例来对比，批评节目中的违法者的错误行为。论点明确，论据充分、有力。

除了拥有各类媒介述评所共有的由述而评、夹叙夹议、述为手段、评为目的等基本特征外，电视述评最大的不同之处是在于它特殊的表现手段。它综合运用画面、音响、屏幕文字和解说、论述性语言来表情达意、叙事分析，是表现手段最为丰富的述评，也是最能体现电视传播特点、发挥电视传播优势的电视评论形式。

第三节 电视新闻专题节目的特征

我国电视新闻专题节目出现于20世纪90年代前后，采用有声的画面语言，具有形象化的特征。电视新闻专题节目利用多种表现手法，展示新闻事件的细腻情节，满足了观众对新闻事件深度了解的需求，受到受众的喜欢，并形成了时效性、真实性、互动参与性强的特点。这三个特点中，互动参与性是随着电视媒体与网络新媒体的竞争而出现的。网络新媒体的发展对传统媒体造成了严重的冲击，电视新闻专题节目不断借鉴网络新媒体互动参与的特点，在让受众成为信息接收者的同时也参与到节目中来，甚至成为电视新闻专题节目中的一员。

电视新闻专题节目主要包括专题报道、专题新闻调查、专题访谈。专题报道，如人大、政协的两会报道、"3·15"专题报道等。专题新闻调查，如《新闻调查》《60分钟》等节目。专题访谈，如《面对面》《名人面对面》等节目。

电视新闻专题节目的基本特征是新闻性较强，反映当前重大新闻事件或社会普遍关注的热点和难点问题。在时效性上它和消息最为接近，是报道刚刚发生的或正在发生的事。在内容上它是消息类新闻简要报道的延伸、扩充，是较为详尽、全面的报道。报道手法上有明显的纪实风格，讲究艺术性。电视新闻专题片与电视新闻一样，强调报道词与画面的有机组合，是所谓的"双主体"的并重关系。

新闻专题，是指与某一新闻事件或新闻话题相关的新闻集合。专题片不是纯新闻，它不要求时效性，而是追求历史的、文化的和社会的价值。它兼容某些新闻的特性，但与新闻有着本体的不同。最常见的报道形式有：新闻调查型、新闻评论型、新闻述评型等。受众、内容、形式相对稳定，每一期只对一个内容进行专题报道，对事实进行深度挖掘和分析。在后期制作上尽量做到充分完整，调用多种体裁、表现手段来表现细节和情节，使故事性和艺术性完美结合。

中央电视台《新闻调查》的专题片更侧重于对事实真相的调查和对事件的记录，比如《双城的忧伤》《大官村里选村官》《生命》《桂林艺校陪酒事件》等。

中央电视台的《焦点访谈》属于评论型新闻专题节目。

中央电视台的《面对面》虽是人物访谈，但它是围绕新闻人物或新闻事件中的相关人物进行访谈，新闻的时效性依然显著。现代剪辑技术的不断创新，在某种程度上弥补了新闻专题节目实效性和现场感的不足。

电视新闻专题节目必须具备新闻性，这是新闻专题节目区别于其他专题节目的主要特点。与消息类新闻报道题材广泛不同，新闻专题节目的题材需要精选。电视新闻专题节目必须具备专题的特征。新闻专题节目可以分为以下几类：

一、专题报道

专题报道是新闻专题节目的一个种类，它主要针对某一重大事件进行具有典型意义的报道和现场报道。

（一）典型报道

电视新闻的典型报道一般是指对在一定时期出现的先进人物、先进单位的事迹和经验，或具有普遍意义的新事物所做的正面报道。这类典型人物和事件代表社会发展趋势，体现时代精神，具有多方面的示范作用和社会意义。

典型报道是电视新闻媒介引导社会舆论、激励人们奋进的一种强化报道。它以教育、启迪为目的，以典型材料为内容，以感动人心、影响思想为宣传手段来发挥媒体的社会导向作用。每个时代都有每个时代的典型代表，对于这些典型代表的报道反映了不同时代的精神特征和精神追求。如：社会各战线出现的众多先进人物，像北京优秀售票员李素丽、上海管道维修工徐虎都曾是电视新闻专题的主人公。除此之外，一些典型的急民之苦、解民之困的优秀干部也往往是电视专题报道的主人公。如公安局局长任长霞、"百姓书记"梁雨润等。电视新闻中的这些典型人物身上体现着中华民族的优良品德，折射着每一个时代的精神所向，反映着每一个时代的政治宣传需求。

中央电视台的《新闻联播》是中国新闻专题典型报道的代表。自1987年国庆节推出《改革在你身边》这一"开创了具有中国特色的电视新闻深度报道的新形式"之后，每到具有标志性重大事件之前，《新闻联播》都会密集地推出各类典型报道。报道频率不断加快，内容越来越丰富，既有围绕党和国家大政方针的高大上的系列典型报道，又有反映普通百姓生活的感人报道。通过对典型人物和典型事件的报道，反映社会的变化与成就。如1989年9月至11月之间，为了讴歌新中国成立40周年的成就，《新闻联播》推出了创记录的180集系列报道《弹指一挥间》，此后，这种报道形式一直被沿用，出现了《时代先锋》《劳动者之歌》《百姓纪事》《道德楷模》等系列报道。特别是2015年，围绕《推动共建丝绸之路经济带和21世纪海上丝绸之路的愿景与行动》，《新闻联播》推出了系列报道《一带一路共建繁荣》，全方位呈现中国与沿线国家为实现互联互通所做的不懈努力，让普通人读懂中央的大政方针。还有以普通人为报道对象的《新春走基层》系列报道，集中报道了平凡岗位、平凡人物的故事，感人至深。

总结起来看，我国的典型报道经过几十年的发展，基本摆脱了说教式的宣传方式，百姓视角的表达、故事化的叙事方式，使报道达到了新闻宣传与新闻价值的高度融合，舆论导向正确。

1. 新闻宣传与新闻价值的高度融合

典型报道本质是"报道"，因此必须遵循新闻规律，去除宣传化基因，尽量淡化宣传痕迹，用新闻的话语表达方式达到宣传的目的和效果。一个很有效的手段是尝试让新闻故事化。新闻故事化并不是要改变新闻的内容和事实，而是在新闻"五W"要素的基础上，寻求新闻表达方式的创新，以便让受众喜闻乐见。如今，朴实的叙述方式和语态被电视媒体广为运用，最具代表性的有中央电视台的《寻找最美乡村医生》《寻找最美乡村教师》等"最美系列"以及《凡人善举》等。通过对报道主题的深刻认识和把握，对所涉人和事的用心采访，对报道技巧的灵活运用，便可以从典型报道中寻找好故事，继而讲好好故事。再如《出彩人生：中国梦·我的梦》系列典型报道中呈现了一个个栩栩如生的人物，节目通过讲述一个个出彩而感人的励志故事，激励更多人去勇敢实现自己的梦想，进而实现家庭的梦想、国家的梦想。

2. 宏大叙事与百姓视角结合的表达

典型报道的背后，多为较复杂的社会背景和当下的时代特征，只传递宏大而深刻的主题，受众不会买账，立足新闻现场和百姓立场，从微观切入说事论理，才会赢得受众的关注，产生共鸣。比如，在2013年关于"史上最难就业年"的报道中，中央电视台没有单纯报道政府为缓解就业压力出台了哪些政策措施、各部门如何贯彻执行，而是连续推出了关于年轻人实现创业梦想的系列故事。如《给盲人一双"眼睛"》《失恋33天开启收获之门》等，让观众从新闻人物身上找到自己的影子，通过由点及面、点面结合的铺陈叙述，话题的传播性由单纯的新闻事件推及整个社会层面。

（二）重大新闻事件的现场报道

重大新闻事件的现场报道一般都采用直播的方式。现场直播重大新闻事件，一般可以分为：

1. 可预知性的新闻事件

这是对重要会议的过程、重大活动的全程记录。如《国庆60周年盛典特别报道》中，节目通过现场报道、现场连线报道、人物专访等方式尽可能多地把国庆60周年大阅兵和联欢晚会背后鲜为人知的故事和与之相关的信息详尽地报道出来。通过前期的人物专访、嘉宾演播室访问、录播报道、资料收集等方式将这一重大事件背后的秘密第一时间向观众披露出来。

2. 未知的突发事件特别是灾难性重大事件的现场直播

重大新闻事件的现场报道特别是重大突发新闻事件的报道，能够让观众记住并产生较大的影响，如"9·11"事件、汶川大地震等。重大突发事件主要涵盖重大突发的自然灾害、社会安全事件、交通事件、安全生产事件、公共卫生事件、国家安全事件六类。从报道方式看，可分为即时消息报道、连续报道和现场报道三类。广泛性与集中性并存、及时性与准确性并行、深刻性与复杂性糅合、人文关怀与客观公正同步是重大突发事件新闻报道的显著特点。对重大的未预知事件的直播报道，是受众喜欢的一种电视传播节目形态。

作为专题类重大事件的现场报道，更多地体现了时效性、连续性、答疑性、教育性等特点。从1997年开始，以中央电视台为代表的中国电视媒体开始对重大事件的现场直播进行大胆的尝试和全新的开拓，中国媒体第一次以大型直播为表现形式，在世界传媒舞台亮相。2003年3月20日10点43分到4月20日的一个月时间里，中央电视台第一套节目《伊拉克战争直播报道》共播出150小时，同时第四套和第九套节目也展开了全方位的直播报道。这一次直播充分地体现了中央电视台作为中国主流电视媒体的较强的新闻报道实力。中央电视台对伊拉克战争的报道，是我国主流媒体在重大突发事件的报道上主动出击的范例，体现了新闻理念与时俱进的特点。历经二十余年的磨练，如今中国电视媒体在重大事件发生时，能够及时反应、快速传播，成为最具影响力的媒体。随着传播技术的日益发展，重大事件的直播已经成为一种常态。

二、深度报道

深度报道类电视新闻节目，是运用真实的声画材料，对重大新闻事件、社会问题，以及社会现象的背景、根源、实质、内外因、影响等一系列问题从纵向和横向两个维度所进行的深入调查、采访和报道。深度报道类电视新闻节目每条新闻的播出时间较长，节目的组成结构和形式也更加复杂多变。

专题新闻调查节目是深度报道的重要体裁。美国调查性报道编辑记者协会对"调查性报道"的定义是"一种通过记者个人的新闻作品去揭发一些人或组织希望不为人知的重要事实的报道"。通常来说，调查性报道必须具备三个基本要素：调查由报道者而不是别人来完成；报道的主体包含某些对读者或观众而言有一定重要性的事实；其他人正企图对公众隐瞒这些事实。调查性报道的基本要求：掌握翔实的材料，做好准备；实施采访，展现调查过程；客观公正，融观点于调查过程中，能够调动观众参与思考；目的是揭示真相，采访手段一般是隐性采访。国外调查报道的代表节目是CBS的《60分钟》，国内代表节目是中央电视台的《新闻调查》。

这类节目既承担着提供深度信息的任务，更要反映、阐释、分析乃至预测新闻事件的原因、背景与未来等。特点鲜明：突出思想性和思辨性，注重对新闻事件的整合，强调对调查过程的展示，报道方式和表现手法多样化。

归纳起来，电视新闻深度报道有如下三个特点：

(一) 极强的思辨性

深度报道作为一种特殊的新闻报道形式，与动态新闻相比，加强了报道深度，更多地注入了报道者的理性思考，它是在分析新闻事实的基础上，通过评述结合的方式，交代背景、提出问题、揭示趋势的一种文体。其中，思辨性是其重要特征。随着社会的发展，一些新问题、新变化也随之出现，人们在观察和思考的同时，也要求新闻媒介能对此进行深刻的反映和揭示，担负起分析和解释社会现象和问题的职责。电视新闻深度报道节目也正是在这一社会需求下应运而生，并逐步发展的。

深度报道的思辨性的实现，需要编导掌握理论政策，善于观察，具有较强的思辨能力，能够洞悉所报道事物的社会政治文化背景，并且通过对新闻事实的报道和新闻背景材料的运用使报道达到一定的思想深度。但要注意，深度报道蕴含的理论思想是以新闻事实为载体来揭示的。因此要做到既不单纯记载事实，又不让理论色彩过于浓重。只有通过对典型人和事件的深度报道，将理性思辨寄于报道过程中，通过层层剖析和探索，才能带给观众一个有理有据的事实样态，实现"用事实说话"的理性报道。如《焦点访谈》播出的《揭秘泔水油》等节目，就是通过深度调查，揭开了那些隐藏在社会阴暗角落的罪恶勾当，给观众以深刻警示。

(二) 报道内容立体化

电视新闻深度报道的理性思辨特点决定了报道不能单一，必须立体化。这种立体化的重点就在于对新闻事件进行过程和原因的探索和分析，要对矛盾的各方面进行再现，让事件的各方都有展示和说话的机会。因此，不仅要采访当事人，对与事件有着直接或间接关系的人士，尤其是矛盾的双方及相应的主管部门都要做深入的采访调查工作，必要时还要求教于有关方面的专家、学者、权威人士，从不同角度、不同侧面全方位地反映新闻事实，揭示事物产生、发展、演变的来龙去脉和前因后果，把事实的原委和矛盾的方方面面展现出来，为记者的理性分析、解释、评判提供坚实的客观依据。通过层层剥茧般多角度、多层次地分析，报道才会变得有理有据。

(三) 表现手法多样性

电视新闻深度报道节目在形式上的显著特点之一，就是表现手法的多样性。电视深度报道节目时长一般都在10分钟以上，对于一档专门探讨某一话题的节目来讲，内容虽说可以通过纵深挖掘，得以丰富，但是，在表现形式上，如果手法单一，必然会让观众出现审美疲劳。虽然"内容为王"，但"形式是金"。面对不同的题材，选择不同的报道手法，既是节目本身的需要，也是服务观众、提升收视效果的要求。

三、专题访谈节目

所谓电视专访，一般指由电视记者或节目主持人就某一重要新闻事件或热点问题，对新闻人物或有关人士进行的专门访问。根据访问对象和内容，又分为人物访问和专题访问。电视专访不是对新闻事件现场的展示和传播，而是以新闻采访过程为传播对象。

（一）人物访问

人物访问就是对新闻人物所做的专访。这类访问的对象都具有一定的知名度和社会影响力。如党和国家领导人、专家学者或英雄模范人物等。中央电视台开播于2003年的《面对面》节目就是人物专访类节目的代表。《面对面》主持人王志曾说："我们试图用'人'来解读新闻，见证历史，所以，我们渴望了解这些新闻中的人——他们知道什么？做了什么？为什么？所以我们需要和他们面对面地交流，面对面地印证，所以才有了《面对面》——用人物解读新闻。"

（二）专题访问

专题访问是就某一新闻事件或社会问题、社会现象，对有关人士所进行的访问。其中，事态性专访着眼于为观众提供他们所关注的新闻事实和对事实的看法，如就中国人民银行决定降息问题访问有关人士，就房改问题访问住建部负责人等。观念性专访是报道有识之士的真知灼见，以传播某一方面的新观点、新见解，如对麻省理工学院媒体实验室主任尼葛洛庞帝的专访、对微软总裁比尔·盖茨的专访等。

电视专访的主要特征是使新闻采访活动从幕后走向台前。在形式的呈现上表现为以镜前呈现为主，背景资料的影像展示为辅。形式既可以是一对一的，也可以是一对多的，还可以是多对一的。

专访的特点在于一个"专"字，重点是一个"访"字。电视人物专访既要强调新闻性、政治性，又要强调可视性，相对于其他新闻形式，更具有得天独厚的亲和力。中国内地的第一个新闻专访节目是《东方时空》中的《东方之子》，它使观众第一次看到记者采访嘉宾的全过程。电视新闻人物专访节目按照入手点的不同可大致划分为三类——以人物为入手点、以事件为入手点、人事结合的人物专访。无论哪一种类别，人物专访节目的落脚点都在"人"。在电视人物专访节目中，主持人均担当着重要职责。主持人是否能成功地驾驭话题、把握现场，是决定节目成败的关键。

第四节　电视新闻专题节目的编导

一、电视新闻专题节目编导的能力要求

电视新闻专题节目的新闻特性，对编导能力提出了特殊的要求。

（一）观察、发现和凝练选题的能力

戈公振曾说过：记者要有"新闻鼻"，因为空气中充满着新闻，到处都在等候新闻采访人。电视新闻专题节目编导要具备发现的能力。意义重大、群众关心且具有轰动性的新闻并不是天天发生的，社会每天发生大大小小、五花八门的事件，哪些可以作为有价值的新闻选题，必须靠编导凭借自己的新闻敏感性去发现、抓住和挖掘，从最平常的事件中找出有价值的新闻，并对其进行独家报道。

有新闻传播价值的选题并不是靠编导坐在办公室内闭门造车想出来的，是编导深入社会、深入生活，用自己发现的眼光寻找到的。也就是说，好的新闻节目主要是靠编导的观察、发现得来的。

1997年春节前夕，山西电视台新闻中心策划组织了以《咱们山西老百姓》为主题的大型采访活动，要求人人出精品、个个创佳作，深入基层、奔赴一线，从老百姓中挖掘有故事的人，用镜头展现他们的平凡与伟大。记者张安国、王新宇等组成采访小分队，来到太原市残联举行的"并州自强谱"活动现场，一位名叫高志鹏的盲人青年自创自弹自唱的《满天繁星属于你》在活动中获奖，这位盲人青年由此进入了采访小分队的视野。"那天，他穿着闪亮的演出服站在领奖台上，脸上挂着幸福的笑意，腰板挺得笔直，但他那空茫的眼神让我敏锐地感觉到，他的背后一定有着

图 3-6　《他的生命里没有盲区》片中盲人青年高志鹏

超乎常人的坎坷与沧桑。我意识到这是一个好题材，绝对不能放过。"① 好题材就这样产生了。

当然，编导在抓取所发现的有价值的新闻线索的同时，还要能够对其进行统筹概括，运用真实的素材背景，用不同的视角和声音进行报道，将事实进行有效的还原，从而使得整个节目具有真实感，能够使得观众深有感触，如身临其境一般。

(二) 克服困难、揭示真相的能力

新闻专题节目特别是舆论监督类的深度报道，在采访拍摄过程中，由于要进行追根究底的调查，有时不仅拍摄环境恶劣，还会碰到采访对象不配合，甚至百般阻挠或恐吓的现象。因此，作为编导，除了要具有深厚的思想修养和文化涵养、丰富的知识、敏锐的眼光、巧妙的构思等这些一般编导应该具有的能力特点之外，还应该具有面对黑恶势力的威逼利诱时迎难而上，揭示事实真相的特殊能力。

(三) 讲故事的能力

麦克卢汉认为，媒介所凝聚的受众的注意力资源是传媒的真正价值所在，对于电视而言，注意是最好的奖赏，有了观众的注意，一切才有可能。因此，一个能够吸引人的开头至关重要。

"用好的方法讲一个好的故事"是《60分钟》节目成功的核心所在，这样，既讲述了新闻，又采用作秀的方式，达到揭露与娱乐的目的。即要把真实的新闻故事呈现得像好莱坞的虚构包装一样引人注目，即新闻与娱乐的结合。

感动中国年度人物展播片的编导们个个都是被精挑细选出来的，其中一个很重要的能力考量就是"会讲故事"。从每年颁奖现场展播的感动人物片来看，几乎每个人的故事都让人感动落泪，每个故事都有高潮内容呈现，让人动容。《感动中国》年度人物杜富国展播片中，表现杜富国父亲对于儿子受重伤的心情时，不仅用父亲看着儿子沉默的画面，同时让杜富国战友来讲述他见到的一个父亲的形象："他（父亲）一个人在楼梯口，眼泪一直在那流，然后一直在抽烟，那个手，他那个烟直接都没揣回兜里，拿出来的时候，手都是抖的。"把一个父亲在处理"大家与小家"关系时的胸怀充分展现，感人至深。

电视新闻专题节目的所有素材都是真实的，不能编故事。编导在创作中要注重对过程的记录，体现故事性、情节性，使得新闻事件的情节线索和主要任务的情感流动交融在一起。充分运用新闻报道中"矛盾、悬念、人物、命运"这些动人的因素进行交织，产生叠加的效果，令深度报道引人入胜，让观众能从中汲取一些观念，从而指导生活，实现作品的传播效果。

---

① 张荣青. 发现平凡中的美——新闻专题《他的生命里没有盲区》的纪实特色 [J]. 新闻战线，2015 (17).

图 3-7 《感动中国》年度人物杜富国

(四) 运用新媒体帮助创作的能力

传统媒体与新媒体的融合，让内容的传播平台多样化。借助网络新媒体的传播，倒逼传统媒体的采编人员在创作的过程中必须具有利用新媒体发现新闻报道的线索，从用户出发，运用互联网思维进行创作的能力。

首先是关注微博、微信等各类新媒体、自媒体，寻找报道的线索。新媒体的隐匿性特点使得用户可以借助网络进行爆料，反映问题。这些极有可能是很好的舆论监督题材的线索。其次是运用新媒体获取深度报道的佐证材料，甄选网络论坛中的言论作为信息佐证，等等。

二、编导意识

(一) 强烈的新闻意识和正确的舆论导向责任意识

电视新闻节目编导作为电视新闻宣传工作具体实施环节的重要角色，首先要秉持正确的政治导向，做到对党和政府负责，善于发掘具有强烈社会意识的核心主题。既要深入了解党和国家的大政方针、吃透时代和社会发展大背景，还要了解和掌握人民群众的愿望和诉求，关注广大群众最关心的各种热点、疑难问题。合理运用处理新闻的技巧，营造正确的舆论导向。

责任意识是电视新闻专题节目编导最根本的精神品质。电视新闻专题节目编导应当端正自己的立场，确立良好的责任意识，坚持以人为本的基本工作理念，从群众的愿望和诉求出发，增强社会责任感，充分发挥电视新闻的社会效果。

电视新闻专题节目编导的责任意识主要体现在两个方面，一是要对社会有着深刻的观察与认识,掌握时代的主流思想,引领正确的舆论。如《焦点访谈》的选题无论是"时事追踪报道,新闻背景分析",还是"社会热点透视,大众话题评说",都高度体现了该栏目编导的新闻意识和舆论导向与社会责任意识。二是要将更多的关注点指向民生。新闻的选题、策划和制作都要体现出明确的社会责任感。

《焦点访谈》20190622 重要读本的重要价值　《焦点访谈》20190621 "被冒名"如何解套　《焦点访谈》20190620 "被老板"让人烦　《焦点访谈》20190619 永不熄灭的理想之火

《焦点访谈》20190618 共创上合美好明天　《焦点访谈》20190617 越走越宽的合作之路　《焦点访谈》20190612 舌尖上的安全　《焦点访谈》20190611 公益还是生意?

《焦点访谈》20190610 守正创新 激发视听新活力　《焦点访谈》20190609 乡土中国农村系列调查:老郑家的春天　《焦点访谈》20190608 中俄关系迈入新时代　《焦点访谈》20190607 从"走出去"到"走进去"

 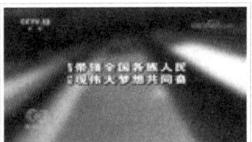  
《焦点访谈》20190606 美国对华贸易逆差的背后　《焦点访谈》20190605 明差距 强肌体 守初心　《焦点访谈》20190604 中国为什么行 潜力无限的市场空间　《焦点访谈》20190603 中国为什么行 坚实有力的产业基础

图 3-8　《焦点访谈》部分播出节目

(二) 策划意识

电视新闻专题节目编导良好的策化意识,是电视新闻专题节目可持续发展且获得成功的重要前提条件。

随着数字化时代的到来,微信、腾讯 QQ、新浪微博等互联网新媒体迅速崛起,人们获取社会信息的渠道变得丰富起来。传统的电视新闻节目受到了强大的冲击,在这种激烈的竞争环境下,传统的电视新闻节目从形式到内容的选择,必须常变常新。

新闻专题节目编导应当具备开放的新闻策划思维，并且具有一定的创新能力。电视新闻专题节目策划是新闻从业人员在长期的理论和实践的积累中，为了挖掘新闻的潜在价值，主动参与，组织设计的一套完整的社会活动采访方案。

(三)"受众第一"的市场意识

电视作为"产业"已经成为大家的共识。电视节目是产品，受众是消费者。从电视是产业的角度讲，这是一个标准的买卖市场。同时，随着新媒体的出现与发展，电视媒体的竞争压力变得越来越大，市场逐渐缩小，受众流失严重。在这一背景下，电视节目在发挥传统功能的基础上，要想进一步吸引受众的注意力，提升收视效果，就要求编导在注重大局意识的基础上，转变原来的观念及做法，增加市场意识，即受众意识，满足受众的互动需求和参与需求。

(四) 创新意识

电视编导的创新意识，实际就是思维创新。从主体、内容到展示形式，都可以体现节目的创新。电视编导要不断适应观众的审美需求和收视需求，保持创新思维的活跃性，结合新时代背景下观众对电视节目的需要，运用新方法、新思维进行创作，最终形成一个有价值的节目作品供观众欣赏。

比如创新报道的形式。如何打破常规的新闻报道形式？可以策划创新报道形态，从多角度、多层次进行节目报道，为大众展示节目。例如，以 2017 年浙江卫视的《蹲点衢州改革试点》报道为例，这档节目属于严肃的时政类节目，但却被节目组创出了新意。节目先以记者体验的形式报道，给观众身临其境的体验感，之后又穿插了纪录片的拍摄过程展示，让观众了解节目拍摄的细节，并且每次节目结束前还会有悬念式的预告，提升观众的期待感，这样一档融合了多种报道形式的节目给观众带来了新奇的观感。

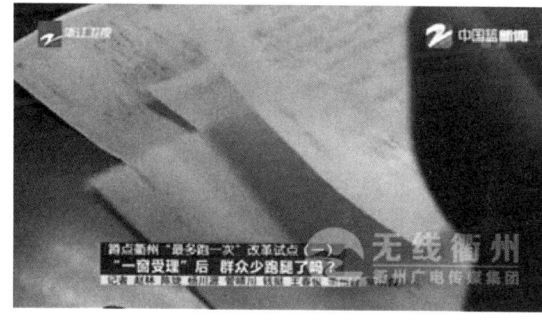

图 3-9　《蹲点衢州改革试点》报道形式创新

三、电视新闻专题节目的编导要点

作为新闻类专题节目，无论是专题报道还是专题新闻调查（深度报道）、专题访谈节目、专题评论，在编导的过程中，新闻性这一共性的特点是编导必须要考虑的要素。在"新闻"的总体框架内，不同的专题节目编导要点又各有差异。

（一）电视深度报道的编导要点

电视深度报道是媒介竞争的产物，其因综合运用同期声、现场画面真实展示、追踪拍摄、直播记录、隐藏拍摄等手法而深受观众的喜爱，更由于选题的重要性和广泛性，新闻价值比较重大，从而社会影响力广泛。其特征是：理性思辨较强，报道立体化，手法多样化。

1. 精选题材——民众关注，事关全局，有新鲜性、典型性

新闻专题主要以传达党和政府的声音，报道国内外重大时事为基本内容（即使人物访谈也不例外），承担着舆论宣传、上情下达，在政府和人民之间架起沟通桥梁的使命。因此，节目需要符合政治体制的要求，编导要能够把握节目的分寸和舆论导向，并使内容具有感染力，达到传播效果的最大化。

精选题材不仅指题材要抓住重大新闻事实，而且要致力于抓人们普遍关心的"热点"，以及社会现实生活中迫切需要解决的问题。也就是说，编导除了考量新闻事实本身的新闻价值，还要善于从看似平常的事物中，发掘、发现具有重大时代、社会意义的题材和主题。

如《焦点访谈》播出的《难圆绿色梦》选题既重大又微小，大在环保是国家大计，小在聚焦沙漠化使园子塔拉人的小家园能否继续生存。该选题是编导充分理解了中央的大政方针、宣传精神之后，通过具体的实际调查研究，在掌握大量的具体事实材料和信息的基础上，从观众关心、熟悉的角度出发，对内容进行深度挖掘报道而形成的，达到了电视新闻专题报道的社会效果。这一类型的选题，无论在什么时候，都是"热点"：百姓关注的热点，国家关注的热点。

以《焦点访谈》为代表的节目在选题时坚守"政府重视、群众关心、普遍存在"三原则，坚持"用事实说话"的方针，反映和推动解决了大量社会进步与发展过程中存在的问题。下面是2019年5月《焦点访谈》播出的部分节目：

2019年5月8日《绿水青山脱贫路》

2019年5月7日《畅享绿色生活》

2019年5月6日《盗版影片背后的"幽灵"》

2019年5月5日《"一带一路"期待更好明天》

图 3-10　《难圆绿色梦》

2019 年 5 月 16 日《交流互鉴 共建亚洲命运共同体》
2019 年 5 月 17 日《谁在出尔反尔 背信弃义》
2019 年 5 月 12 日《保健品成了"坑老品"》
2019 年 5 月 14 日《"套路贷"里的套路》
2019 年 5 月 23 日《让远程医疗走近患者》
2019 年 5 月 24 日《食品里居然掺进原料药》
2019 年 5 月 25 日《诚信建设万里行 网络短剧揭穿网络骗局》

这些选题中，既有政府重视、事关全局的，也有民众关注、典型性强的。

2. 内容创作注重深度

新闻专题强调内容的深度，主要着眼于说明"为什么"和"怎么样"，注重详尽和全面。编导对客观事实要有整体的把握和高度的认识，用多维角度和发展的眼光看问题，深入挖掘新闻事件的背景和内容，给观众呈现出一个有深度的报道。可以说，优秀的电视新闻专题节目是以某一新闻事件为由头，通过由此及彼、由表及里的深入采访和深刻揭示，展现更为广阔背景上的社会问题，从而使对一个新闻专题的披露和分析既有典型性，又有普遍性。

在《难圆绿色梦》这部电视片中，我们看到，记者来到一座纪念碑前站定，指着碑文说道："这座碑就是当年达拉特旗人民政府为表彰徐治民老人植树治沙的业绩而立的碑。"随后，记者又走到了碑的背面，整块碑上镌刻着几个大字"造（）（）（）先锋徐治民同志碑"。从残留的痕迹和意思上推断，完整的碑文应该是"造林治沙先锋徐治民同志碑"。这时记者接着说道："但碑的这一面有三个字没有了，据说有人在林子里砍树，徐治民老人制止他们，他们就把这三个字砍掉了，而这三个字恰恰是最重要的。'林'没了，'治''沙'不要了，那我们的家园又怎么样了呢？"记者不仅在现场敏锐地发现碑文中有三个字被人砍掉了，而且一针见血地提出了蕴含深刻思想内涵的问题，切中实质和要害。

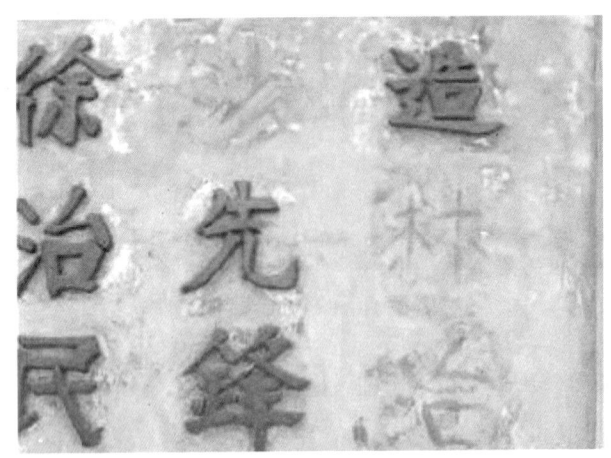

图 3-11 《难圆绿色梦》纪念碑画面醒目显示缺字：林、治、沙

专题不能简单地报道事件结果，简单地介绍事件过程，简单地进行是非判断，简单地传达某种结论；它要着重于对过程和原因的分析，要再现生活的复杂性和矛盾性，要展现生活的丰富性和种种出人意料又在情理之中的一些特性。

一般来讲，深度报道的内容是以今日之事态，通过核对昨日之背景，达到揭示明日之意义的目的；弄清来龙去脉、前因后果，经过分析，达到预见未来发展之目的；突出点和面的结合，从表层切入，进行理性分析，展示潜藏的深度信息和意义。

3. 注重舆论导向

广播电视新闻节目的主要功能是：宣传政策、传播信息、引导舆论、传授知识。在专题性新闻节目中，除了宣传政策、传播信息之外，还有一个更加突出的引导舆论功能。

舆论是一种社会思潮，它一旦形成，便会成为一种无形的巨大的社会力量，对有关事态的发展产生重要影响。林肯曾对舆论的力量深有体会，他说："有舆论的支持，则无往而不胜；没有舆论的支持，必将一事无成。"

舆论导向正确与否是一个于党于民利害攸关的话题。2016 年 2 月 19 日，习近平总书记在北京主持召开党的新闻舆论工作座谈会并发表重要讲话。他强调，党的新闻舆论工作是党的一项重要工作，是治国理政、定国安邦的大事，要适应国内外形势发展，从党的工作全局出发把握定位，坚持党的领导，坚持正确政治方向，坚持以人民为中心的工作导向，尊重新闻传播规律，创新方法手段，切实提高党的新闻舆论传播力、引导力、影响力、公信力。

《焦点访谈》2019 年 5 月 20 日播出的《自强者的别样人生》节目，导向性就非常明显。节目开头语是这样的：

5 月 19 日是全国助残日。今年助残日的主题是"自强脱贫，助残共享"。我国现有约

8 500万残疾人,他们是一个特殊的群体,需要社会格外关注。但是,残疾人并不等同于就是弱者。有很多残疾人身残志坚,身体的缺陷、行动的不便,或者生活的艰难,统统不能打败他们。他们遭遇的是常人难以想象的困境,但是,却在困境中迸发出常人难以想象的顽强意志。几天前,一批残疾人自强模范和社会扶残助残先进受到了表彰。

图 3-12　全国自强模范夏伯渝

4. 弄清"上情""闲情",起好"桥梁""纽带"作用

编导工作一个很重要的作用就是通过节目传播事实来发表意见。在创作新闻节目的过程中要做到:弄清上情,传达政令,沟通政府和群众,发挥桥梁和纽带的作用。编导要充分发挥大众传播媒介传播速度快、传播范围广、传播效果好的优势,结合自己的创作报道,一方面通过节目准确地向上反映民情,提出人民群众的呼声和诉求;另一方面及时向下传播和传达党和政府的方针、政策及精神,使之家喻户晓并得以贯彻执行。通过节目内容的信息传播,起到上传下达的作用,既能为公众说话,对政府及其工作人员进行舆论监督,又能使上下更好地协调起来,有利于国家和各级政府的管理。

如:2017年6月浙江卫视推出的系列报道的《蹲点衢州》:

《蹲点衢州"最多跑一次"改革试点(一):"一窗受理"后 群众少跑腿了吗?》

《蹲点衢州"最多跑一次"改革试点(二):让数据跑腿 跑得怎么样?》

《蹲点衢州"最多跑一次"改革试点(三):让企业少跑腿"硬骨头"怎么啃?》

该系列报道就起到了很好的桥梁和纽带作用。

5. 把握好"度"

新闻舆论监督，指公众通过作为舆论载体的新闻传媒对社会生活进行制约与监督。电视新闻节目客观、真实的报道原则，以点带面、以小见大的说理风格，不仅契合了舆论监督的内在价值取向，同时也成为主流媒体利用其巨大影响力进行舆论监督的最有力方式。美国著名报人普利策曾说："倘若一个国家是一条航行在大海上的船，新闻记者就是船头的瞭望者，他要在一望无际的海面上观察一切，审视海上的不测风云和浅滩暗礁，及时发出警报"。这正是对新闻舆论监督功能最形象和诗意的描述。

电视新闻专题节目在报道中如何做到把握好"度"？

度，是指对负面材料的选择要注意量的把握，不能单纯追求报道的轰动效应而一味展示负面材料。这样会造成观众的负面心理，与报道的目的背道而驰。

度，也指报道的时间把握上要适时。

把握好度，必须恪守新闻的真实性。首先，编导在确定舆论监督的对象和批评报道的选材中，必须具有政治家的敏感意识，决不能为批评而批评。其次，要预见到批评报道所产生的后果。新闻舆论监督的出发点应该是积极的、有建设性的。监督的结果应该是促进事情的解决，完善有关部门的工作。

案例：

1994年12月8日，新疆克拉玛依市发生恶性火灾事故，造成325人死亡、132人受伤。其中，中小学生288人，干部、教师及工作人员37人，受伤住院者130人。虽然这次报道节目做得很好，很感人，但节目送给台长杨伟光审核时还是被压下来了。杨台长说，克拉玛依的群众情绪躁动得很厉害，这个节目播出后是能平息当地群众的情绪，还是火上浇油，引起闹事？尽管当地政府要求播出，但是，杨台长还是决定暂时不播，先等等看。果然，三天后，中宣部发出正式通知，克拉玛依有关报道不要再报。①

(二) 电视评论的编导要点

新闻评论的题材十分广泛，可以包括政治、经济、文化、法制各个方面。但选题要具有鲜明的时代特征，能够体现社会发展中出现的进步和遇到的问题。优秀的电视评论节目应该具有明显的时代特征，在反映社会发展潮流、坚持正确的舆论导向、引导社会舆论、树立媒体形象等方面发挥重要作用。

1. 选题的重大性和典型性

新闻评论的选题是新闻评论成败的关键。邓拓同志曾经说过："社论的选题计划乃是所有选题计划中最重要的，它的完善与否将影响整个报纸宣传的政治效果。"报纸评论是

---

① 赵华. 央视《新闻调查》幕后解密[M]. 北京：中国广播电视出版社，2008：14-15.

这样，电视评论亦如此。一篇好的新闻评论，就是要选取题材重大、有新闻价值的事件或问题。

重大题材是所有新闻形式关注的内容，电视新闻评论也不例外。从"申奥"到入世谈判到"一带一路"，再到2019年的中美贸易战，凡是社会发生的重大事件，都会成为电视新闻评论的对象。如：

《焦点访谈》2019年6月6日播出的《美国对华贸易逆差的背后》

《焦点访谈》2019年5月17日播出的《谁在出尔反尔 背信弃义》

《焦点访谈》2019年6月18日播出的《共创上合美好明天》

《焦点访谈》2019年5月16日播出的《交流互鉴 共建亚洲命运共同体》

《焦点访谈》2019年5月5日播出的《"一带一路"期待更好明天》

当然，重大题材毕竟有限，因此，新闻评论更多选取的还是典型环境中的典型新闻事件。有些看似小事，但以小见大，评论引申之下，扩大了外延，凸现了内涵，起到令人思索、警示社会的作用。有些苗头性的新闻事件，编导敏锐地观察到其发展前景，在节目中做适度评论，可以达到前瞻性的指导作用。

如北京电视台1995年的获奖评论《合资，引进来更要利用好》的中心论题就是如何正确地对待合资、用好外资，通过大量的采访、对比，最后得出结论：我们不能盲目地为了合资而合资，而应做到真正利用外资发展民族工业和国有名牌；现在到了该提高利用外资质量的时候了。这些论点正确、鲜明，事实充足，立论有据，针对性和指导性很强，播出后在社会各界引起了强烈反响，并受到中央领导的重视。

由此可见，选题好，有题可议，电视新闻评论就能不尚空谈，言之有物，在社会上反响大、渗透力强。

2. 凸显舆论监督作用

电视新闻评论在舆论监督方面发挥着重要的、不可替代的作用。评论节目在客观报道的基础上加入了明确的舆论导向和鲜明的媒体观点，更加符合现代观众的收视心理，更具震撼力和影响力，效果更好。

《焦点访谈》曾经播出的《"罚"要依法》节目就是舆论监督的典型代表。朱镕基同志认为那个报道太精彩了，国务院讨论公路费改税的决定时，先播放了《"罚"要依法》。山西省委书记胡富国指示山西电视台从1997年11月26日至28日在《山西新闻》节目中连续播放三天《"罚"要依法》节目。节目播出后，有7名违纪民警被清除或调离公安队伍，相关部门对10名有关领导给予行政处分。一些常跑309国道的司机派代表到北京给记者送上"斩三乱保国道畅通，除不平赢万众称颂"的锦旗。

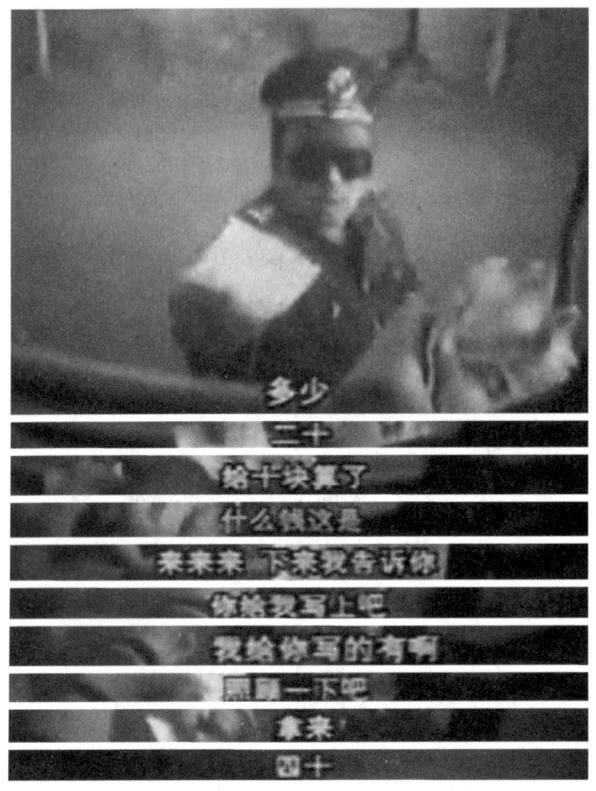

图 3-13 从《"罚"要依法》片段中,我们可以看出
交警罚款 20 元还是 40 元的标准是什么

湖北十堰电视台的《造林还是"造字"》节目把一个国家级贫困县劳民伤财地大搞形式主义、做表面文章的行为揭露得淋漓尽致。四川电视台的《"欺"房是怎样产生的》节目对某些不法房地产商设套欺诈、一些政府部门监管不力等问题进行了鞭挞。

应该说,电视评论在舆论监督方面有着独特的优势,因为它拥有多种论证手段,如画面、同期采访等,尤其是绝大多数评论节目都在追求"用事实说话"的理念,使评论更加可信。

3. 切点巧妙

优秀的电视评论都以适合表达评论主题的最佳点作为突破的入口,把报道和议论结合得紧凑而简洁,单刀直入,眉目清晰。这不仅增加了内在逻辑性,使人一目了然,而且,也增强了内容的可信性和厚重感。

中央电视台 2001 年的评论节目《违法收缴违民心》,谈的是乱收费现象。这本来是个屡见不鲜的老问题,属于老生常谈,但由于选取了河南某地以"严打"的名义胡作非为,用极端不合理的手段,违法向农民收取费用这一典型事件为切入点,区别于其他乱收费的做法，因此格外引人注目。再加上节目中有大量的情节和细节做铺垫，扣人心弦，颇见深度。

4. 评论内容电视化

电视评论不同于报纸评论，它必须具备电视的特性。视听兼备、声画结合是电视评论的优势。因此，运用综合性的视听语言进行电视评论，使我国的电视新闻评论越来越具有鲜明的电视特色：电视特色的语言、富有内涵的画面、精彩的同期声、丰富的特技、恰到好处的音乐音效、提纲挈领的字幕等，各种电视制作手段运用得越来越自如、到位，结合得越来越巧妙。尤其是作为电视特有的现场同期声采访手段的运用，越来越精彩，给人留下极为深刻的印象。

比如，《造林还是"造字"》节目中揭露当地一些干部大搞形式主义、做表面文章时有一段采访："（一位干部说）每个乡镇都暗暗下了决心，他们的口号就是叫作'下定决心、不怕花钱、迎头赶上、去争取更大的表扬'"，短短几句话，对盲目搞攀比、搞花架子、做表面文章的行为批评得入木三分。

又如《违法收缴违民心》，充分发挥画面、解说词、同期声、环境声等电视要素的协调作用，这些元素都是节目的成功之笔。

（画面：群众围观，高堡乡干部正在跟一位农民说话）

高堡乡干部：我跟你说，长锁，只要你有本事，你今天可以不交"公粮"。

解说：这位乡干部还真不是在吓唬人，高堡乡政府有足够的手段让农民交钱交粮。这户村民没有按要求交钱，在他家没人的时候，严打队伍撬开了他的家门，抢走了农用三轮车等物品。

农民：（指着门上的锁）这样穿进去的，这儿挂了一个锁，把门鼻弄没有了，他们把锁砸了。

解说：在这次严打中，遭殃的不仅仅是农民，就连上学的孩子们也受到了牵连，记者发现在应该上课的时间，高堡乡所有小学的大门都是紧闭的。

（画面：小学生们在一起玩扑克）

学生：该你了，调主。

学生：从一年级到二年级，一二三四五都不让上学。

记者：什么时候跟你们说的？

学生：星期一说的。

记者：什么时候可以上课？

学生：不知道，老师让听通知。

记者：老师都干什么去了？

学生：收"公粮"去了。

解说：原来进村入户的许多严打工作人员竟是老师，高堡乡政府强迫为人师表、教书育人的老师，来向农民收取这些不合理的钱，并规定收的钱与老师的工资挂钩。

片子中展现的一组组捕捉于现场的画面，一处处出自乡政府宣传车和村里广播喇叭的现场声，一声声来自村民的同期声，一句句补充或延伸画面内涵的解说声，都构成了一个个画龙点睛的论据。它们相互交融，相互印证，既有力度，又有亮色，让人在真实生动的感受中接受着作品的观点。

总之，以新闻评论为代表的新闻专题节目的特点就是重在"评"。"评"什么？电视新闻评论是电视台对国内外新近发生的重大新闻事件，以及当前社会生活中存在的思想倾向、公众普遍关注的现象和问题，表明立场、观点、态度的节目形式，是电视新闻的重要组成部分，主要针对各大领域重大新闻事件、有代表性、典型性的问题，以及广大群众普遍感兴趣的话题，发表有分量、有指导性意义的言论。

因为作为载体的电视有声画符号的优势，电视新闻评论节目更多地用纪实性的表述方式替代客观性的表述方式。电视评论应该通过一个个新闻事件或现象，由表及里地剖析出事件的本质意义。有的节目不仅把新闻事实本身的内涵揭示出来，评论到位，而且，让人一举反三，引申得当，使其升华到普遍意义。

【思考与练习题】

1. 电视新闻专题节目编导应有什么样的政治素质要求？
2. 新闻评论与深度报道的编导工作的异同？
3. 收集正在发生的新闻事件资料，策划一条深度报道，体现编导要点。

【学习参考书目】

赵华．央视《新闻调查》幕后解密［M］．北京：中国广播电视出版社，2008.

【学习参考视频】

1. 中央电视台：《焦点访谈》
2. 中央电视台：《新闻调查》
3. 中央电视台：《新闻联播》中的系列报道
4. 中央电视台：《新闻1+1》

【拓展阅读一】

人民日报评论员：在奋斗中收获更多自信和勇气

奋斗者永不停歇的脚步，在时间的长河中刻印下自己的坐标。

"过去的一年，我们在前进路上奋力奔跑，跨过许多沟沟坎坎，越过不少激流险滩，很辛苦、也很充实，有付出、更有收获"，"我们的党、我们的国家、我们的人民在奋斗中收获了更多自信和勇气"……新春佳节到来之际，习近平总书记在2019年春节团拜会上，与大家一起叙友情、话国是，回望奋斗的历程、重申奋斗的意义、彰显奋斗的价值。"奋斗"这一时代主题词，激励着奔跑在追梦路上的亿万中国人民。

时序更替，梦想前行。过去的一年，是辛勤耕耘的一年，也是岁物丰成的一年。这极不平凡的一年，我们交出了一份扎扎实实的成绩单：一年来，中国经济仍是世界的发动机，增长稳居世界前列；一年来，78个重点改革任务基本完成，329个改革方案陆续出台，各项改革措施落地生根；一年来，125个贫困县通过验收脱贫，1 000万农村贫困人口摆脱贫困，人民群众获得感、幸福感、安全感持续增强……人间万事出艰辛，"奋斗"二字，写在决胜全面小康的奋力冲刺中，写在走向伟大复兴的如虹气势里。

在奋斗中，我们收获坚实的自信。习近平总书记强调，"新时代是奋斗者的时代"，"每一个人都是新时代的见证者、开创者、建设者"。超过1亿户市场主体，书写发展的活力；世界上最大的社保网络，构筑追梦的基座。亿万人民用勤劳的双手和辛勤的汗水，创造了自己的美好生活，也推动着时代的发展前行。过去，中国人民在奋斗中让不可能成为了可能；未来，中国人民将以奋斗创造新的辉煌。我们有这个自信，更有这个能力。

在奋斗中，我们鼓起前行的勇气。中国经济的巨轮已经进入更加开阔的水域，由高速增长阶段迈向高质量发展阶段；中国日益走近世界舞台中央，成为世界和平的建设者、全球发展的贡献者、国际秩序的维护者。70年艰辛奋斗、40年披荆斩棘、6年多来砥砺前行，中国既有物质财富的积累，也有经验方法的沉淀，更有无穷的潜力尚待挖掘。"踏平坎坷成大道，斗罢艰险又出发。"奋力跑好接力赛中的这一棒，我们信心满怀。

伟大梦想，奋斗以成。2019年，我们将迎来新中国成立70周年，也将为全面建成小康社会收官打下决定性基础。当此之时，更需勇立潮头、奋勇搏击。中国人民的自信和勇气，源于奋斗历程中震撼人心的中国奇迹、温暖人心的中国故事；而无数美好生活的创造者、守护者，会在前进征途上创造振奋人心的新的更大奇迹。把奋斗精神融入岗位、融入日常、融入人生，奋斗将不仅定义我们的生活，更将定义我们生活的时代。

春天播种，秋天收获。今日中国，960多万平方公里土地上生机勃发、春意盎然，近14亿中国人民意气风发、豪情满怀。让我们踏着春天的脚步，高扬奋斗之帆、紧握奋斗之桨，以奋斗成就梦想，在奔跑中开创未来，书写新时代的崭新篇章。

【拓展阅读二】

人民日报评论员：推动媒体深度融合，做大做强主流舆论

全媒体时代是个大趋势，媒体融合发展是篇大文章。

1月25日，中央政治局就全媒体时代和媒体融合发展举行第十二次集体学习。这次中央政治局集体学习把"课堂"设在了人民日报社媒体融合发展的第一线，采取调研、讲解、讨论相结合的形式进行。习近平总书记在主持学习时发表重要讲话，着眼党和国家事业长远发展，深刻分析全媒体时代的挑战和机遇，科学把握媒体融合发展的趋势和规律，明确提出了推动媒体融合向纵深发展的重大要求。习近平总书记对全媒体时代的深刻洞察，对媒体融合发展的科学谋划，充分彰显了我们党对信息化大势和发展机遇的敏锐把握，极大鼓舞了新闻舆论工作者的信心和斗志，对于我们深入推进媒体深度融合，进一步做好新形势下党的新闻舆论工作，具有十分重要的意义。

党的新闻舆论工作是治国理政、定国安邦的大事。党的十八大以来，以习近平同志为核心的党中央把新闻舆论工作摆在重要位置，做出了加快传统媒体和新兴媒体融合发展的战略部署。习近平总书记多次深入考察调研，多次主持召开重要会议，亲自谋划、亲自部署、亲自推动媒体融合发展。经过几年努力，我们在体制机制、政策措施、流程管理、人才技术等方面加快融合步伐，建立融合传播矩阵，打造"爆款"融合产品，融合发展局面大开，舆论生态气象一新。实践充分表明，党中央关于推动媒体融合发展的战略部署是完全正确的。唯有抓住新一轮科技革命和产业变革带来的机遇，运用信息革命成果，推动媒体融合向纵深发展，做大做强主流舆论，让正能量更强劲、主旋律更高昂，才能巩固全党全国人民团结奋斗的共同思想基础。

"所当乘者势也，不可失者时也。"在当今信息革命中，我们把握这一历史机遇，抓住科技创新这个关键，总体赶上了时代。在这一历史进程中，互联网作为划时代的工具，推动人类进行新的传播革命，推动我们进入全媒体时代，信息无处不在、无所不及、无人不用，导致舆论生态、媒体格局和传播方式深刻变化，新闻舆论工作面临新的挑战和机遇。截至去年6月，我国网民超过8亿，其中手机网民占98.3%。在相当意义上说，谁掌握了互联网，谁就把握住了时代主动权。面对信息化发展的历史机遇，我们要因势而谋、应势而动、顺势而为，加快推动媒体融合发展，使主流媒体具有强大传播力、引导力、影响力、公信力，形成网上网下同心圆，使全体人民在理想信念、价值理念、道德观念上紧紧团结在一起。

推动媒体融合发展、建设全媒体是我们面临的一项紧迫课题。我们要按照习近平总书记提出的明确要求，坚持一体化发展方向，打造一批具有强大影响力、竞争力的新型主流

媒体;坚持移动优先策略,让主流媒体借助移动传播牢牢占据传播制高点;探索人工智能的运用,全面提高舆论引导能力;统筹处理好传统媒体和新兴媒体等的关系,形成全媒体传播体系;依法加强新兴媒体管理,使我们的网络空间更加清朗。实践告诉我们,积极推动媒体融合发展,不断扩大主流价值影响力版图,继续提高正面宣传质量和水平,我们就能牢牢掌握舆论场主动权和主导权,让党的声音传得更开、传得更广、传得更深入。

媒体融合是时代所向、大势所趋。谁能顺应大势引领全媒体时代,谁就把握了战略主动。善于在浪潮中勇立潮头,勇于在变革中创新发展,以深化改革推进深度融合,以融合力壮大主流阵地影响力,我们就一定能展现新闻舆论新气象,赢得主流媒体新未来,为实现"两个一百年"奋斗目标、实现中华民族伟大复兴的中国梦提供强大精神力量和舆论支持。

【拓展阅读三】

《感动中国》年度人物杜富国展播片文稿

探雷器的刺耳声开头。2018年10月11日下午,南部战区陆军云南扫雷大队四队在雷场开展扫雷作业,这是中越边境第三次大扫雷人工搜排的最后一块雷场。27岁的杜富国和战友艾岩沿山坡搜排时,发现了一枚67式加重手榴弹,其杀伤力半径可达7至9米。

同期声(杜富国战友 艾岩):当时他发现手榴弹的时候,(他说)艾岩,你离我远一点,由我来检查。

配音:当杜富国轻轻地剥开手榴弹周围的伪装层时,突然,一声轰响,现场发生了爆炸。

同期声(现场战友呼唤):杜富国,清醒点,杜富国,杜富国……

配音:爆炸瞬间,杜富国下意识地往艾岩一侧倒下,阻挡了爆炸的弹片和冲击波。距他身后仅有两米多远的艾岩仅面部受了轻微擦伤,杜富国炸成重伤,就连身上的防护服都被冲击波撕成碎片。

同期声(杜富国战友 艾岩):没有他我可能命都没有了。10月11日这一天,真的是我,让我这辈子忘记是不可能的,真是永生难忘的。

配音:经过两天的抢救,杜富国终于被从死亡线上救回来。他醒来的第一时间最关心的是爆炸时距离自己最近的战友艾岩。

同期声(杜富国):我的战友就告诉我,艾岩没事,只受了轻伤,当时,我的心才落了下来。

配音:2015年,杜富国得知要在中越边境地区开展第三次大规模扫雷,他主动报名要求去最前线。雷场茂密的草木之下,隐藏着巨大的危险。三年来,杜富国1 000多次进出生死雷场，拆除2 400多枚爆炸物，处置各类险情20多起。"你退后，让我来"，是杜富国每次与死神打交道时，都会对战友说的口头禅。

同期声（杜富国）：与其伤两个，还不如伤我一个。

同期声（杜富国战友 艾岩）：把危险的都留给自己，安全的都留给我了。这就是兄弟和他生死战友的那种情谊。

配音：为挽救杜富国的生命，医生迫不得已为他进行了双眼眼球摘除和双手截肢手术。苏醒过来的杜富国并不知道这残酷的现实，他向战友说出了自己的请求。

同期声（杜富国）：我的手能不能不截肢，等我长好了还可以继续排雷。

配音：在医院里，战友们轮流陪护，杜富国从未喊过一声疼，他更多的请求是战友们打饭时多加点肉和蔬菜，争取早日康复。

同期声（杜富国战友 张波）：他没想到会伤得这么重，他说长肉长好，然后好得快一点，雷还没有扫完呢，他说他想回去，想跟我们一起把这些雷扫完。

配音：重症监护室，杜富国的父亲见到了全身黑乎乎的杜富国，那个帅气的儿子如今永远失去了明亮的双眸，灵巧的双手。他是含着泪告知杜富国全部的伤情。

同期声（杜富国战友 庞海洋）：他（父亲）一个人在楼梯口，眼泪一直在流，然后一直在抽烟，那个手，他那个烟直接都没揣回兜里，拿出来的时候，手都是抖的。

配音：面对残酷的现实，杜富国没有发泄，反而安慰起亲人和战友们。

同期声（庞海洋战友 张波）：你们都不要太担心，我会坚强的。

同期声（杜富国妻子 王静）：他可以把所有的痛苦都一个人咽下去，他就是为了让我们大家不再继续担心他。他想让我们大家活得跟他一样阳光。

同期声（杜富国战友）：杜富国。

同期声（杜富国）：到。

同期声（杜富国战友）：今天，南部战区陆军授予你一等功。

配音：（2018年）11月16日下午，已扫雷场的移交仪式上，杜富国的战友们手牵着手，唱着军歌，趟过雷场，用这种特殊的方式向老百姓说明，脚下的每一寸土地都是安全的，战友将这个信息告知了杜富国。

同期声（杜富国战友 张波）：他很欣慰，他说，当时就说，终于大家都安全了。

配音：杜富国再也无法用眼睛看到祖国的美丽河山，也无法用眼睛看到最后一块雷场移交，但他和战友们三年来征服的57.6平方公里雷区，如今已变成田园。

同期声（杜富国）：成为军人特别自豪，能够保卫国家，保卫人民！

第四章
电视社教节目的编导

【学习要点】
1. 了解电视社教类节目的定义、功能、传播特性；
2. 学习经济类专题节目的策划、执行、编导；
3. 学习法制类专题节目的策划、执行、编导；
4. 学习文化类专题节目的策划、执行、编导。

  电视社教节目的全称是社会科学教育类节目，是电视节目中对观众进行社会教育、文化教育的一类节目样式。电视社教类节目自开播至今，一直担负着丰富大众文化知识、陶冶大众道德情操、提高大众审美情趣的社会教育功能，同时也是电视传播社会主流意识形态的主要手段。有学者把社教类电视节目的价值概括为记录价值、档案价值和审美价值。

  电视社教类节目内容制作包含以下几个要素：第一，以传播科学知识、先进文化、社会主流价值观为主要任务；第二，以教育人、服务人为主要宗旨；第三，以纪实与表现、谈话与调查、报道与评论等为主要手段。

  从形式上看，电视社教节目往往设置固定的专栏和节目主持人，注重与观众的交流，吸引观众参与节目，能调动各种艺术手段，进行潜移默化的宣传教育和知识传授，它比较全面地担当了电视传媒所具有的"新闻窗、百花园、知识库、服务台"等多种社会功能。在发挥电视的社会教育功能的过程中，社教节目还承担着政治思想教育（思想教育、理论教育、政策教育）、文化知识教育、科学技术教育、职业技能教育四大重要的任务。

第一节　社教节目的社会功能与传播特性

一、社教节目的社会功能

依据传播学者赖特提出的大众传播的"四功能说"：环境监视、解释与规定、教育、提供娱乐，电视社教类节目发挥了其社会教育的作用，寓教于乐。相比传统的社会教育方式，电视社教类节目以生动的方式对受众进行潜移默化的教育，节目所具有的亲和力也更容易被受众所接受。一档优秀的电视社教类节目，不仅丰富了受众的精神文化生活，培养了受众的科学文化素养，还有利于发展受众的兴趣爱好。

就社教节目本身在社会中发挥的作用而言，它也有四大功能：信息传播、知识分享、艺术审美、大众娱乐。

（一）信息传播

大众传播媒介的首要功能即信息传播功能。电视社教类节目同新闻节目一样，也承担着信息传播、新闻传送、宣传党和政府政策的任务。一些政策性较强、内容严肃的经济类、法律类节目，就是通过社教类节目来进行宣传和报道的。比如中央电视台的《今日说法》《法制》等节目通过对复杂案情的分析报道，来向大众普及法律知识；中央电视台经济频道推出的《创业英雄汇》《精品财经纪录》则是新闻融合社教的节目形式，向公众普及经济常识，引导公众理性看待市场行情，理性投资。

（二）知识分享

除了信息传播、意识形态宣传功能外，一部分电视社教类节目突出了知识分享、服务社会的特点和优势。这类节目的题材广泛，涉及健康、旅游、生活、少儿、烹饪、情感等，内容丰富，形式多样。如中央电视台的《走近科学》是以一档以传播科学知识为主的节目，通过巧妙的故事安排、编导构思，设置悬念，引人入胜，探究"神秘"现象背后的知识问题，深受观众喜爱。再比如中央电视台的《健康之路》是一档普及健康医药知识的节目，《生活空间》则主要传播家装知识。

（三）艺术审美

电视是声画合一的传播媒介，电视编导工作不仅是编导自身知识技能的反映，也是一种艺术的表达。一档优秀的电视社教类节目，在传播信息、分享知识之外，还要满足受众的审美追求，让受众在观看节目时获得艺术的陶冶。社教类节目的艺术审美特性体现在节目制作的诸多方面，比如室内谈话节目的舞台布置、主持人嘉宾的形象；节目的画面镜头美感，配音解说的声音美；节目内容所传达的思想美、心灵美等。

（四）大众娱乐

娱乐功能是大众传媒的重要功能之一，电视是大众文化传播的重要载体。为人们提供消遣和休闲的空间，让受众在观看电视时获得身心愉悦，是社教类节目编导策划需要考虑的重要方面。与娱乐节目相比，社教类节目在娱乐大众的功能发挥上具有自己独特的方式。比如，江苏卫视的《最强大脑》将智力竞赛融入了游戏等环节，使节目的趣味性、娱乐性、可观赏性大大加强；中央电视台的《中国诗词大会》节目竞赛环节设置合理，嘉宾的点评、主持人与选手的对话幽默、有趣，增加了节目的"好看度"；中央电视台随后推出的《经典咏流传》通过给古典诗词重新谱曲创作，邀请各类音乐人歌唱，唱出了古典诗词新的生命力，获得了各方面观众的一致好评。

二、社教节目的传播特性

无论如何分类，在传播过程中，以承载社会教育功能为显性特点的经济、法制、文化三大类电视教育类节目依然具有"传播对象的广泛性、内容的多样性、传授方式的易受性"这些传统社教节目的特性。

（一）传授方式易受性和传播对象的广泛性

声画结合、视听兼备的呈现方式，使电视节目具有了易受性的传播特点，使得电视这个"空中大课堂"在教学内容、传授方式方面都有着特殊的易受性优势。受众可以在一种自由灵活的环境下观看节目，获取知识，有着完全的自由选择权，可以根据自己的兴趣爱好或者学习需求来自主学习。

（二）内容的多样性

电视行业的竞争加剧以及互联网新媒体的兴起使得社教节目不得不从内容上进行创新，以满足受众的需求。这从另一个角度来讲，又丰富了电视节目的内容。如今，职业技能类的讲座节目已经被各种知识竞赛类节目所代替，社会、人文、历史、地理、科技、法律、经济（特别是金融知识）、文化、生活、旅游、美食等，无所不包。我们可以看出，节目传授内容多样性方面的巨大进步有力地凸显了电视教育节目的地位和作用，并推动了电视产业的不断发展壮大。

（三）传播对象的兼容性

新媒体已经成为传统媒体的主要竞争对手。为了应对新媒体的竞争，传统电视媒体主动与新媒体融合，加上国外节目形态的引进，国内电视媒体的各类节目都出现了形式相互借鉴与融合、内容相互渗透与交叉的特点。节目样态的多变性与节目内容的融合性，显著提升了社教节目的传播效果。

第二节 经济类专题节目的编导

随着改革开放的深入，民众对经济问题的关注度越来越高，电视媒体为了适应受众的需求，从中央级电视台到省级电视台再到地市级城市台，纷纷推出经济类节目，国内第一个经济类节目是1985年中央电视台推出的《经济生活》。到1996年，中央电视台的经济类节目已经增加到十几个了。随后，各省级电视媒体也纷纷推出重量级的经济类节目。如2001年4月，湖南电广传媒集团投资8600万元，推出每天120分钟的大型直播财经节目《财富中国》；浙江卫视推出四个经济类节目《今日证券》《生活新主张》《财富人生》《时尚百分百》。经济类节目成为各频道争夺收视市场的新宠。与此同时，随着经济类节目数量的增加和频道专业化的需求，开设"经济频道"在全国范围内成为趋势。各级电视媒体几乎都有自己的"经济频道"这样的专业频道。2003年10月，中央电视台第二套节目改版，全新定位为"经济频道"，将"经济·生活·服务频道"改为"经济频道"。频道节目形式多样，内容丰富，但经济类节目是龙头。通过打造频道的名牌栏目，注重频道的整体包装和展现主持人的个性化，经济频道在国内受众中产生了很大的影响，不少栏目家喻户晓。影响较大的还有上海文广集团2003年7月7日开播的"第一财经"频道。而其他省级电视经济频道，由于种种条件限制，难以自制系列经济类节目，主要采用购买引进社会制作公司制作的经济类节目的方式，丰富自己的节目设置，比较有代表性的是深圳财经生活频道。由于各家电视台对"经济"的理解和定义不同，我国现有的经济频道特别是地市级城市台大多以大经济的形象出现，真正专业化的经济频道寥寥无几，只有中央电视台经济频道和上海文广传媒的第一财经频道是真正的专业频道。因此，现阶段的国内电视频道中，以"经济频道"为名的泛经济化频道占据了电视频道的主流。

一、经济类节目的特点

经济类节目，就是关注社会生活中各类经济现象、经济问题，解读国家的经济方针、政策，引导百姓正确思考和关注经济问题的节目类型。当下，中国电视经济节目承担着创造消费、引导消费的社会功能。具体来说，经济类节目在电视传播过程中有着重要的作用。一是通过对国内外各种经济问题的报道，阐释我国经济政策，分析多种现象，普及各种经济知识，提供各种经济信息，有效地服务于经济建设和各项社会活动。二是经济类节目提供的信息不仅能够指导人们用先进的手段从事生产活动，还能对受众的经济行为和观念进行引导，促进受众经济意识的更新，从而引导消费、沟通社会、服务人民生活。三是经济类节目具有一定的宏观性和前瞻性，对现实中的经济生活具有积极的引导、监督和预警作用,被称为社会经济的"瞭望哨"。这些作用的体现,主要由经济节目的核心要素即"经济性"决定的。

(一) 内容的经济特性

随着改革开放的不断深入和经济的蓬勃发展,经济从方方面面渗透和改变着寻常百姓的生活,这也更让人们不得不从身边的点点滴滴感受经济、关注经济、关心经济。而且,富裕起来的中国百姓把积攒起来的财富进行投资理财也成为一种普遍的生活态度和生活方式。作为为百姓服务的经济节目,无论是解读国家的经济方针、政策,还是普及经济知识,讲述经济故事,介绍理财方法等,内容都不能离开经济二字,都体现经济特性。

(二) 视角的经济属性

社会生活纷繁复杂,很多事情看似和经济无关,但是,若以经济视角去审视、分析,那么,很多问题都是和经济关系密切的。如三农问题、旅游问题、收藏问题,表面看来似乎经济的属性不明显,但是,透过表面,实质都是经济问题。如 2016 年开年《经济半小时》栏目推出的 13 集系列报道《乙未农村纪事》:《小秸秆的大生意》(2016 年 1 月 3 日播出)、《翻山越岭租地忙》(2016 年 1 月 12 日播出)、《宅基地变身新良田》(2016 年 1 月 13 日播出)、《老村寨亮"新招"》(2016 年 1 月 14 日)、《改造农田的魔术师》(2016 年 1 月 15 日播出),2015 年国庆前后推出的《聚焦十一黄金周旅游市场 张家界:强卖套票有猫腻》(2015 年 10 月 9 日播出)、《广西桂林阳朔体验之旅》(2015 年 10 月 12 日播出)、《聚焦十一黄金周旅游市场 西安:"变味"耳朵一日游》(2015 年 10 月 10 日播出)、《四川:暗访峨嵋乐山纯玩团》(2015 年 10 月 11 日播出)、《收藏市场调查:崖柏为何成为收藏新宠?》(2015 年 5 月 23 日播出) 等报道,都是以经济的视角来审视选题的。

(三) 内容的服务性与实用性

经济类节目的内容具有服务性,能够直接给受众带来实用的信息,这是经济类节目的根本,也是其获得受众的法宝。就拿中央电视台的《经济半小时》这个社教功能显著的经济类节目来说,由于节目以市场为"切入点",变换角度,寓指导性于服务性之中,通过分析市场、传递信息、沟通销售渠道,引导观众去了解、分析纷繁复杂的经济生活现象,引导生产者去闯市场,按照市场需求进行合理的资源配置、调整产业结构,使动态的经济新闻在这里得到延伸,服务特征和实用性表现明显。服务性与实用性的特点在财经资讯、财经深度报道、财经访谈节目中表现得更加突出。如第一财经的《今日股市》节目宗旨是倡导"把握趋势,理性投资",针对市场的参与主体,选用券商、机构和散户的观点供投资者参考,分为"股市评述""市场声音""券商机构看市""连线深圳演播室""B 股(港股)时间"等部分,强大的服务和实用特点使该节目成为股民的最爱,收视率居第一财经电视频道首位。无论是传播经济信息、分析经济问题还是传播经济知识、传授致富技能和经验,经济类节目都能够让受众获得益处,这也正是经济类节目为受众所喜爱的重要原因。

二、经济类节目的编导意识

有学者总结当前我国电视经济节目的基本状态是:社会有着强烈广泛的需求,电视媒体也表现出对经济类节目的关注,但节目的收视效果不能与观众的需求相适应。节目制作中,有五种立场比较突出:政府立场、记者立场、学者立场、商家立场、百姓立场,这几个立场往往是自说自话。电视观众在收看经济类节目的时候,其目的与收看文艺性节目不同,经济类节目带给观众的无论是经济信息政策,还是商品优劣信息,以及投资理财故事,让受众从中获取的是能够直接与自己的生活息息相关的有用信息。因此,避免经济类节目的死板与枯燥,增加可视性,准确把握受众的收视需求和收视目的,及时、有效地传递各类经济信息,解读经济问题和经济现象,是对电视经济类节目编导提出的特殊要求。

(一) 大局意识

所谓大局意识,就是要求经济类节目的编导要站在国家宏观的高度,选择和传递对国家、对受众都有价值的经济信息。同时,也体现在具体节目的创作中,每个具体选题,即使再小,都要放在国家经济政策的尺子下来衡量,并且做到正确解读,通俗解读。

(二) 服务意识

经济类节目的服务意识是由经济类节目的自身特点决定的。长期以来,经济类节目具有典型的专业性特征,数字、专业术语较多,画面单一,解说词生硬,导致外行看不懂,内行不愿看。

20世纪80年代的新闻改革,首先是从经济类节目开始的,在市场经济的背景下,要求电视呈现最新的财经讯息、最全面的分析观点、最高端的前瞻预见、最深入的洞察研究,从纷繁的财经现象背后发现内在规律,预测前瞻趋势,向观众提供高度提纯的财经报道与分析等,帮助观众理性投资、理性消费,促进经济发展。作为编导,必须把握经济类节目的特点,立足观众,满足观众获取有用和感兴趣信息的需求。

(三) 人文意识

经济类节目表现的主要是经济活动和经济关系,其根本还是表现人的活动和人与人之间的关系。经济类节目包含对人的行为、心理的探索,可以通过展现人物内心、情感、命运的遭遇来折射社会经济生活的状态。因此,编导要立足于人,坚守人文立场,突显人文意识,体现人文关怀。比如,在经济案件报道中要融入人文关怀,体现以人为本的思想;在节目中多从观众的角度提出问题,了解观众的需求;在财经分析中,为作为基层市场主体的劳动者想出路、想办法等。

(四) 创新意识

创新是电视节目发展过程中的永恒话题。在当前媒介技术更迭、社会转型加剧的状态下，创新内容生产方式、创新节目形式、创新播发流程，对电视节目的长久发展来说尤为重要。经济类节目题材丰富，与观众生活的融合度高，创新的空间大。比如，中央电视台的《财富故事会》一改以前介绍成功人士的传统做法，改为由主持人主讲，采用带有说书特点的讲述，配合以适当的背景资料介绍，加上科学合理的结构设计，使得节目深受观众喜欢；《经济半小时》在节目内容和形式上也不断创新，把内容伸向非经济领域，形式上呈现出平民风格，兼容民生节目的特点，增强了节目的观众黏性。

三、经济类节目的编导方法

(一) 经济类节目的故事化

经济类节目的故事化就是要把故事性与沉重的经济问题联系起来。做好电视经济类专题节目的突破点就是把握"可视性"，即让节目好看，这是做好经济类节目的核心问题。所以，思考如何将节目做得好看，是经济类节目编导工作的要点之一。经济类节目的故事化有两种体现方式，一是从题目到内容都能够体现故事化的特点。如《财富故事会》《财富大赢家》，节目最显著的特点就是讲故事。这也是经济类节目故事化的最直接体现——编导从题目开始就告诉观众这是一个经济故事。凡是故事都有情节，因此，观众的兴趣自然会高。另一种故事化就是在节目内容上，尽量融入故事化的创作手法，来提升节目的可视性，改变节目的刻板与严肃。电视经济类专题节目的故事化叙事，就是一种在节目中突出个性鲜明的人物、营造跌宕起伏的情节，强调悬念设置、注重情境展示的叙事方式。

《华尔街日报》是美国一家具有较长历史的金融大报，针对非事件性新闻，它形成了一套惯用的叙述模式。这个模式的基本特征是，首先以一个具体的事例（小故事、小人物、小场景、小细节）开头，然后再自然过渡，进入新闻主体部分，接下来将所要传递的新闻大主题、大背景和盘托出，集中力量深化主题，结尾再呼应开头，回归到开头的人物身上，进行主题升华，意味深长。这种写法从小处落笔、向大处扩展，感性、生动，符合读者认识事物从具体到抽象的过程，颇受读者青睐。它分为四个部分：一是开头，具象化，形成非事件性新闻报道的故事悬念，引发读者兴趣；二是过渡，将开头的例子转引到所要报道的非事件性新闻上，并初涉新闻主题，点破悬念；三是主体，具体地、有条理地、对新闻主体事实、现象进行剖析阐释；四是回归，以呼应的笔法回到开头的案例上，笔调意味深长，令人回味深思。这种写作方式同样可以运用到经济类社教节目的编导上，比如中央电视台的《财经在线》节目就是采用故事化的叙事方式。在《养鱼赚大钱》这期节目中，当主持人兼外景记者李晓东在鸭绿江上养鱼的网箱前抱起体型硕大的鲤鱼感叹时，鲤鱼蹦跳着从他手中滑入水中，他搞怪地说"没关系"，还说："兄弟们，起！"紧接着，围在网箱周围的工人把网箱往上收起，成千上万条 5 斤重的大鲤鱼纷纷跃出水面，那场景真是蔚为壮观，连主持人都一时语塞："这个场面，这个，这个场面太壮观了！"这样的场景虽有一定的设计，但却也提升了节目的趣味性和观赏性。

(二) 表现手法多样化

相对于娱乐节目来讲，经济类节目许多内容既专业，又相对枯燥，只有采用多种方法进行表达，调动字幕、动画、图表等各种视听元素，创新画面的视觉传达方式才能吸引观众的注意力。近些年来，数据新闻可视化呈现的方式在经济类节目的制作中被广泛运用。它为我们传播、接受信息提供了新的视角，形成了一种创新性的内容表达方式。

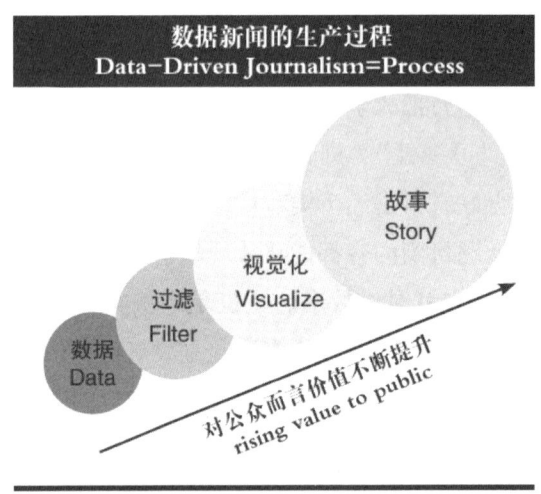

图 4-1　数据新闻记者 Mirko Lorenz 曾经提出的数据新闻工作流程

随着数字技术的不断发展，VR、AI 技术的使用使得节目内容的表达形式也越来越多样化、形象化，真正体现了"传媒是科学、技术和艺术的集合"[①]，深受观众的欢迎。

(三) 增强节目的互动性

增强经济类节目的互动性，一方面是把深奥的经济理论转化为具体的生活现象，通过人的活动和思想加以展示；另一方面是在节目设计和进展中，吸引观众参与。纵观中央电视台的所有经济类节目，互动已经成为常态。最为典型的当属《交换空间》，节目倡导自主动手、节俭装修的理念，参与性强，让所有将要家装的、正在家装的、已经家装的，热爱生活、热爱家庭的人都成为该节目的忠实收视对象。

---

① 辛梓，杜志红. 可视化"数据新闻"：电视新闻报道新形态 [J]. 中国传媒科技，2015 (2).

由于谈话类节目场景单一、镜头较为单调、节目时间较长，观众容易产生审美疲劳。在这类以语言为主的节目中，若语言再不吸引人，节目的吸引力就可想而知了。要改变这种状况，编导在谈话场景、现场嘉宾的设计上要多动脑筋。比如，增加现场观众与嘉宾、主持人之间的互动，甚至设计表演环节，以活跃现场气氛，调动观众的收视兴趣。《对话》是中央电视台创立最早、影响力最大的一档高端精英谈话节目。它致力于为新闻人物、企业精英、政府官员、经济专家和投资者提供一个交流和对话的平台。《对话》的受邀嘉宾多数为世界政要、行业领先者等具有强势话语权的标志性人物，为了避免嘉宾和观众不对称而造成曲高和寡的场面，节目不仅让观众带着问题去现场，而且会在观众席上安排一些与嘉宾同样重量级的人物。《对话》先发制人的互动模式让它在激烈的媒介市场竞争中占据一席之地。

（四）注重选题视角的独特性

选题视角的独特性，一是指把眼界扩展，不能仅仅盯住题材中显性的"经济"特征，而是要通过经济的视角，审视所有新闻事件，从中寻找经济的因素和内容。比如，2001年《经济半小时》改版时，通过调整节目形态，"放下架子"和"降低门槛"，采用与老百姓利益最为相关的点切入；拓宽报道领域，不局限于财经领域而拓宽到"民生"新闻，从焦点新闻中寻找经济视角，使节目既区别于一般的专业经济新闻，也有别于时政新闻和社会新闻，因视角独特，增强了《经济半小时》节目的竞争力。二是指以经济视角解读非经济领域的内容。如环保与经济、文化与经济、灾难与经济、健康与经济、知识产权与经济等，从这些看似本不凸显经济特质的话题里，寻找百姓关心的经济话题，能够达到更好的收视效果。因为本身环保、文化、灾难、法律等话题观众的直接关注度就高，在这一前提下寻找的经济问题，能够很好地吸引观众的注意力，引起观众的高度关注与参与。比如中央电视台的《经济与法》节目主要给观众传递经济领域内的法律知识，旨在帮助观众解决日常经济生活中的一些涉法难题，是"以经济视角"解读"非经济类内容"的典型代表节目。

（五）找准专业化与大众化的结合点

经济类节目的内容如果过于专业化，观众很难理解和接受。电视节目解读经济问题，必须要让观众喜欢看，而且还要能看懂。对于编导来说，如何把专业枯燥的概念变成观众喜欢的内容？大众化是重要的途径之一。也就是说，要让观众觉得经济节目是和他的生活密切相关的，编导要通过电视声画结合和多样化的表达手段，达到让大众喜欢的目的。

第三节　法制类专题节目的编导

我国法制建设同我国政治、经济、文化发展一样，在随着社会的进步和人民素质的提高一步步地发展、成熟起来。电视法制节目在电视传播中具有独特的地位和作用，由于其反映内容所具有的视觉和听觉的冲击力使得电视法制节目从一开始就受到社会的广泛关注，并已经成为各电视台激烈竞争的一个重要领域。

我国电视法制节目的开始是 1980 年 7 月 12 日开播的《观察与思考》。这个带有评论性节目既可以被视为我国电视评论节目的开始，亦可被视为我国法制类电视节目的开端，节目内容带有一定的探索性。1985 年 5 月 22 日，上海电视台创办了全国第一个电视法制类节目《法律与道德》，自此标志着电视法制节目成为一种新形态的节目出现在中国电视荧屏。如今，越来越多的电视法制节目涌现，形式也越来越多样化。这些节目主要以普及法律知识、弘扬法治精神为宗旨，引导人们合理、合法表达自身的利益诉求。

依法治国作为社会主义国家建设发展的决策与理念，是电视法制类节目繁荣发展的坚实基础。在我国建设社会主义法治国家的大背景下，人民群众的法律意识越来越强，电视法制类节目必将会受到越来越多的电视观众的收看。法制节目广泛而深刻地影响人民群众的生活及工作，也能承担起时代变迁的记录者的身份，将会更加有力地推动中国依法治国建设的进程。

一、法制节目的功能定位

法制节目是社教类节目的重要版块，它具有大众传媒的一般功能，同时因为节目内容属性，它还具有一些特殊的功能，比如普法功能、法制信息传递功能、公众法律启蒙功能、实用法律信息公共服务功能等。具体来说，有三个方面的显著功能：

（一）宣传舆论导向

随着我国法制建设的不断完善，普法工作已由最初的"威慑"转向以提高群众法律意识为目标，向让群众知法、懂法、守法、用法方向过渡。法制节目能及时报道我国法治建设的新成就，增强人民群众的法律观念，弘扬社会主义法治精神，构建社会主义法治文化。比如中央电视台社会与法频道的一些案例素材从公民"日常事件"和"日常行为"着眼，遴选看似无关紧要但又与公民日常生活密切相关的事件和行为，进行法治化处理，通过以小见大的手法，提升日常事件和日常行为的法治价值，从公民自身的角度培养社会主义法治意识。

（二）提供法律援助

法制节目的法律援助功能主要是通过互动性法律节目来实现。观众通过收看法制节目，积累了基础的法律知识，在遇到具体法律问题时，通过互动性法制节目寻求帮助。如中央电视台的《今日说法》的许多案例来自观众的求诉，选题贴近生活、贴近公众日常生活实际，涉及行政、刑事、民事等层面，有婚姻纠纷、知识产权纠纷、诈骗犯罪、交通事故、青少年犯罪等，非常注重功用性。法制节目的互动举措，为社会弱势群体开启了一扇正义的大门，提供了一条便捷的法律途径，最大限度地维护了公民的合法权益。

（三）舆论监督功能

大众媒介法制传播的目的不仅是普及法律知识、进行法制教育，而且还要监督法律实施、促进法治实践完善、预警引导。大众媒介的舆论监督功能主要是指当某种可能触犯法制尊严或危害社会治安和人民群众生命财产安全的事件、现象出现时，大众媒介通过及时报道与评价这些事件和现象，传播有关信息，向社会发出警告，从而引起公众的关注和警惕，并引导公众采取相应救济措施，从而减轻、减少或者避免由此带来的损失和灾难。

二、法制类节目的分类

目前，我国法制类节目经过30多年的发展，从开始的类型单一到现在的丰富多样，逐渐形成了具有中国特色的法制节目类型，大致来看有以下几类：

（一）法制新闻节目

法制新闻节目包括法制信息、法制新闻事件报道等。其体裁既有新闻信息类节目，也有以正在发生的法制事件为主导线索的新闻直播节目，如庭审直播节目。这一类型的电视法制节目最显著的特点是新闻性、时效性，表达的方式更强调现场感和真实感。以《法治在线》为例，其"第一现场"的定义就很好地诠释了这一节目特征，《法治在线》抓住了电视的本质特征，以真实记录的方式介入案件，使该类节目具有了其他类型节目无法比拟的优势。

（二）法制专题节目

包括犯罪、刑侦和法庭的纪实追踪、以案说法等方面的专题节目。

这种节目类型不着重于新近发生、正在发展的事件，而是着重于观众所关心的有特定社会意义的某个主题，并对其加以分析、解剖。虽然法制专题节目在新闻性、时效性上不及法制新闻节目，但由于其表现的主题一般是在事件结束以后，是经过社会沉淀的，因而更具有全方位、多角度、深层次的思想保障。在表现方式上也有更多的可选择性，在法制新闻节目中不能使用的一些电视手法，如模拟现场和情景再现等方法，在法制专题节目中却可以有限制地加以运用，从而更好地为整个节目服务。如中央电视台的《天网》《第一线》以及品牌栏目《今日说法》等就属于这一类型。

(三) 普法栏目剧

普法栏目剧即以法制题材的真实内容改编的、在固定节目时段播出的电视系列剧。

栏目剧在我国电视界当属新的概念，准确表达其要素应该有以下几个方面。首先它是剧，即经过文艺创作加工的、由演员表演的，而非我们分析的前面两种类型的法制节目。其次，它有固定的播出时间、固定的栏目名称，具有电视栏目的特征。再者，目前现有的栏目剧多是以真人真事为蓝本加以改造的，多为非专业人员表演，具备一定的贴近性，同时也避免了节目制作成本的高昂等问题。我国最早的栏目剧是重庆电视台创办于 1994 年《雾都夜话》。其后，各地电视台纷纷效仿，湖北经视的《经视故事会》、陕西电视台的《都市碎戏》，以及湖南经视的《故事会》等栏目剧都创下了不俗的收视成绩。江苏卫视的周播栏目剧《新三言二拍》和江苏影视频道的日播栏目剧《百姓聊斋》的收视率甚至超过了许多黄金时段的电视剧。还有上海文广传媒在广播剧《刑警 803》的基础上打造的一档电视栏目剧《疑案追踪》等。中央电视台 7 频道的周播节目《法制编辑部》是比较成熟的法制类栏目剧。

(四) 法制讲座类节目

这类节目通过名家讲座的形式，将复杂的案例演绎成曲折动人的法律故事，通过主讲人声情并茂的讲述，再配以生动的模拟画面和短片，以案说法，寓法理于故事，将现实生活中普遍存在的法律问题展现在普通百姓面前，告诉观众遇到事情该怎么办，解决的途径有哪些，最大限度地发挥电视的教育引导作用，是百姓学法、用法的"指导手册"。河南电视台法治频道的《法治讲堂》是代表性节目。

(五) 举案说法类节目

从操作上来看，这个类型的节目的操作方式是当前法制类电视节目的典型方式，它往往对受众普遍关心、关注、具有典型意义的法制事件、现象进行深入报道，并从法律的角度进行透彻的评析，经常采用电视访谈的方式，用对话的方式展开叙述。因为它具有较强的针对性、纪实性，且专家的点评较为接地气，这类节目一般有固定的受众群体，普法效果较好。如《社会经纬》《今日说法》《文涛拍案》《大家看法》等是代表性节目。

三、法制节目的编导要求

(一) 选题注重均衡性

因法律类节目具有故事性且社会公众法律意识不断增强，法律类节目在近几年电视荧屏上日益增多，在选题方面，法律类节目应注意多种法律案件的均衡布局。有学者对两档王牌法律节目《今日说法》和《案件聚焦》进行选题统计发现，两档节目的选题上都存在严重失衡：刑事案件报道较多，民事案件和经济类案件报道较少，并忽视其他类案件。①根据观众需求，加强与资深法律专家合作，优化法制节目选题结构，多寻找一些与观众结合点更多的选题，是创新法制类节目发展的必然之路。

（二）结合社会热点，满足观众需要，学会"讲故事"

电视法制节目，是以普及法律知识，分析案件前后的法律意义，为电视观众提供法律服务为宗旨的社教类节目。当今许多社会热点里就包含着许多法律知识，善于从热点中挖掘，将生硬的法律知识融合在丰富的社会故事里，能取得不错的传播效果。

法制节目的讲故事实际就是通过策划，把已经发生或正在发生的案例原本的事件顺序改变，通过层层设置悬念来展示的形式技巧。比如通过悬念，利用"峰谷技巧"，可以保持观众的观看兴趣。以中央电视台的《庭审现场》为例。《庭审现场》节目在坚持法律理性的同时兼顾了故事性。每期节目的开始，《庭审现场》常常从一个强有力的悬念引入，同时把许多未解问题留给观众。江西电视台的《传奇故事》也因故事讲得好而迅速走红，中央电视台的《经济与法》改版后以讲故事为宗旨，成功实现收视翻番。还有江苏卫视的《人间》等无一不是在讲述一个个已经发生或正在发生的真情故事。会讲故事，成为各大卫视法制类专题节目获得成功的关键。

（三）增强社会责任意识，适度减少暴力血腥，增强节目的人文情怀

法制类节目易涉及暴力犯罪等社会题材，大众传媒具有"聚焦镜"与"放大镜"的功能，在报道某一事件的同时也会放大该事件的社会影响力。因此，在法制类节目的选题安排上，要适度压缩暴力血腥犯罪题材的比例，即使涉及该类题材，也应该用恰当的编导方式组织节目内容。

法制节目要遵守基本的新闻价值与新闻伦理，在报道涉法故事内容的同时要注意引导正确的社会价值观，注意人文情怀的加入。比如，许多犯下罪行的人并不是他们有多么十恶不赦，而是与他们所处的环境、情境有一定关系，他们身上有许多令人遗憾和悲哀之处，这类节目要挖掘犯罪的社会原因，警示更多人不越雷池一步。一些优秀的法制节目重视对犯罪者和其他案件相关人员的精神关照，剖析他们在庭审之前和庭审之后的生活状态和心理状态，并以尊重的态度详细分析犯罪者精神层面所发生的一点一滴的变化，分析其滑向深渊的原因，同时对案件相关人员的生活给予一定的关怀，使其对生活的前景充满寄托与希望。这样的节目既有法律警示力，又有人文感召力。

（四）提高选题创新和内容的深度开掘意识

长期以来，法制节目的选题来源一般有以下四种：一是经法院审理完毕的民事案件；

---

① 陈叶艳.法制类新闻节目选题特点及对策研究［J］.视听，2018（2）：43.

二是公安题材的侦破案件；三是法律援助类的内容；四是对社会热点、新闻故事的法律解读。

以前一般只依靠前两类题材，通过以案说法，就可以牢牢地控制观众的眼球。但是现在，观众的收视预期越来越高，对节目更加挑剔，常规的案件已经不能激起观众的收视兴趣了。那些带有直播性质的大的案件又不是每个节目都有机会去报道，还有很多案件的报道因隐私问题而遭到报道对象的拒绝。在传统题材成色渐失的情况下，编导必须深挖题材，另辟蹊径，创新选题，才能开创法制节目的新天地。对于中央电视台的法制节目来说，题材选择范围广，但对于大多数地方电视台的法制节目来说，选题虽有地方贴近性的优势，但题材的选择范围窄、题材的量小是普遍存在的问题。因此，作为地方电视台的法制节目，更应该创新题材、精选题材。比如青岛电视台的《传奇故事》等节目讲述的大多是市井逸事，凡人小事，不仅情节曲折动人，而且选题基本是全国精选，保证了新鲜度，效果很好。有了选题，还要在节目内容的深度上进行开掘。电视法制节目不能在讲述完案例后，仅仅用具体的法律条文去套具体的案例，进行简单的案例分析，而不去挖掘法律事件发生的社会背景、犯罪嫌疑人的犯罪动机和心路历程等深层次的东西。深度挖掘是吸引受众的重要手段。法制类节目只有从选题上有广度，内容上有深度，把法制新闻故事化、故事人物化、人物细节化，才能做出节目的个性。

第四节　文化类专题节目的编导

文化类节目是将文化与电视相结合的一种节目形式，通过视频将文化知识和价值观念传达给观众，不仅提供了娱乐产品，也担负着传递优质文化和教育的作用。[①] 电视文化节目在经过几十年的发展之后，在 2013 年迎来了再次辉煌。有人甚至把 2013 年称为中国电视文化节目再度复兴的元年。伴随着《汉字英雄》《成语英雄》《中国汉字听写大会》等电视文化节目的出现，电视文化节目正在以全新的形式和面貌呈现给观众，成为中国文化传播的主力战场。在日益丰富的电视节目形态中，文化类节目特色鲜明，拥有相对稳定的细分市场，是电视观众喜闻乐见的节目类型之一。

一、文化类节目的概述

（一）关于文化的定义

文化的定义分为广义和狭义两种。广义的文化是指人类创造的所有物质财富与精神财

---

① 肖杰，张鑫智. 从《国家宝藏》看文化类节目的创新［J］. 新闻战线，2018（10）：85-86.

富的总和。狭义的文化是指社会的意识形态以及与之相适应的制度和组织机构，包括制度文化以及宗教、文学、哲学、政治等，作为意识形态的文化是一定社会的政治和经济的反映。在人与自然的关系中，人类改造自然、征服自然的活动与成果构成了物质文化。人类在社会实践中组建的各种社会行为规范，社会的典章制度、家庭制度等形成了制度文化。在人与自我的关系中，人类主体意识创造活动的过程和成果，构成了精神文化。

（二）文化类节目的特征

文化类节目的基本特征在于节目的思想性、知识性、欣赏性：以知识贯穿始终，形式娱乐而不庸俗，内容具有教育性而不呆板。它通过不同的艺术形式和手段对知识进行加工，将知识、科技与观众融合在一起，实现了寓教于乐的目标。从大众传播的基本功能角度来说，电视文化类节目的主要任务是传承历史文化。它是提升观众文化素养的重要渠道，纵观电视文化类节目的发展，知识性、互动性、竞赛性等特征显而易见。早期的电视文化类节目如中央电视台的《开心辞典》《走近科学》，带有较为强烈的精英色彩，近几年地方卫视不断加强对文化类节目的创新力度，涌现了《一站到底》《最强大脑》等节目，娱乐性、互动性明显增强，市场叫卖度也较好。

（三）文化类节目的分类

传统的对文化类节目的分类主要根据节目的内容来划分，分为文化教育类、文化赏析类、文化现象与文化生活类、文化人物类和文化风情类五种。经过多年的发展，节目形式多样化。在媒介节目形态不断融合，节目之间形式相互借鉴和吸收的过程中，中国的文化类节目衍生出多种表现形式，划分得越来越细。根据电视文化类节目的内容创作及表现形式，可以将近年来热播的电视文化类节目分为以下四大类。

1. 专题类文化节目

专题类文化节目涵盖了纪实片、访谈、文化风情的旅游专题等以专题形式出现的文化节目，它们的共同特征是专题。文化类纪录片能够深刻、生动并翔实地传达文化信息，主要是指记录或诠释历史、自然、宗教、文化典籍以及区域文化等方面的纪录片节目，《话说运河》《望长城》《大国崛起》《再说长江》等经典纪录片都是纪实类文化节目最好的代表。访谈节目，一般针对文化现象、文化热点问题等进行专门的探讨，如《锵锵三人行》《文化访谈录》等，其核心元素是文化视角和人文探究。而以展示文化风情的旅游专题节目则以介绍、赞美某一地域、民族、地区独特的山水风光和民俗风情为主要内容。其核心元素是地域性、民族性、人文性和观赏性，中央电视台的《远方的家》是比较典型的代表节目。

2. 竞技类文化节目

以《中国汉字听写大会》《成语大会》《中国诗词大会》等为代表，节目通过竞技夺冠的方式让观众了解传统文化知识。以《中国汉字听写大会》为例，节目以听写形式考查青少年的汉字书写能力，同时，还通过邀请专家释义点评等现场交流方式来介绍汉字起源、解读文化内涵，让观众在听写游戏中了解汉字的精髓，领略汉字之美。《中国诗词大会》节目以"赏中华诗词、寻文化基因、品生活之美"为基本宗旨，设置海选报名、百人团答题、"攻擂"、"守擂"、嘉宾点评等环节，通过对诗词知识的比拼及赏析，带动全民学习古诗词，分享诗词之美，感受诗词之趣。

3. 读书讲座类文化节目

这类节目的特点是以"读和讲"的方式来传递文化知识。节目通过主讲人结合自身的深刻研读、人生阅历、生活感悟、时代议题、社会热点等对文化知识进行讲解和阐述，在思想的交流与碰撞中唤起观众的思考与共鸣，用人文关怀的视角探寻时代文化内涵。该类节目的代表之作有中央电视台的《百家讲坛》、凤凰卫视的《世纪大讲坛》、中央电视台的《子午书简》、河北卫视的《读书》和凤凰卫视中文台的《开卷八分钟》等。

以中央电视台的《开讲啦》为例，节目的现场观众基本是由青年大学生组成，邀请的嘉宾一般是在某一领域有特别建树，有丰富人生阅历和高尚人格情操的科学家、学者、社会知名人士等，嘉宾通过演讲表达出自己的思想观念，把自己的故事分享给青年人，帮助他们树立正确的世界观、人生观、价值观。

4. 鉴宝类文化节目

2003年，中央电视台经济频道在原《艺术品投资》节目的基础上推出了周末版《鉴宝》，收藏类电视节目迅即成为电视媒体中的标志性节目。之后，国内电视媒体也都纷纷效仿，开设不同风格的与文物有关的收藏、鉴定类节目。观众比较熟悉的节目主要有中央电视台的《鉴宝》《收藏故事》，河南卫视的《华豫之门》，北京台的《天下收藏》，深圳卫视的《盛世收藏》，广东卫视的《盛世话收藏》，凤凰卫视的《投资收藏》，等等。该类节目大都邀请知名文物专家对藏品进行鉴赏点评，并介绍藏品的历史文化背景、收藏艺术经济价值，让更多的电视观众了解古代中华文明，因此这类节目的文化特征也比较显性。

二、文化类节目的编导策略

深厚的文化功底、广泛的文化知识、较高的文化素养是文化类节目编导必须具备的素质。

文化类节目的编导要处理好传播知识、传播文化，提升节目趣味，与增强传播效果之间的关系。文化类节目的编导要想让节目"高雅与通俗共存、深度与广度并重"，集"实用、可视、欣赏于一体"，必须把握好以下几点：

（一）重视节目的视听语言的元素，以声画之美吸引观众

电视是视听结合的艺术，电视文化类节目更是以优美的视听内容形式，追求社会价值、审美价值与思想价值的统一。在电视文化类节目中，尤其是文化类纪录片节目往往需要通过画面与声音的蒙太奇组接进行形式多样、内涵生动的言说。精致的画面拍摄、契合主旨的音乐音响，巧妙的画面剪辑编排有利于作品传递文化知识、表达文化情感，近些年来，这类文化纪录片成为电视荧屏上一道亮丽的风景，比如《舌尖上的中国》《寻味顺德》《大黄山》《航拍中国》就比较有代表性。

今天，新媒体融入电视节目制作中已成为常态。在节目形态上的创新，可以改变过去一贯存在的灌输式传播方法，采用脱口秀、综艺竞赛等方式，实现文化与娱乐的对接，满足观众形式新颖的收视需求，同时重视新媒体在文化类节目内容生产与传播中的应用。例如在中央电视台的《中华好诗词》《经典咏流传》节目中，充分利用新媒体互动传播、快速传播、场景传播的特点，实现了电视媒体与新媒体时代内容产品的结合，将改编的诗词歌谣通过微信扫码、摇一摇等手段，实现了节目的预告、传播、扩散、保存。

（二）重视节目的故事性，以内容之美引领观众

文化类节目由于其自身独特的文化品位和科学价值，往往代表着一种精英文化。如不在编导上巧妙加工，就可能陷入曲高和寡的境地。增加节目的故事性是增强文化类节目观赏性的有效办法。强调文化节目表达形式的情节叙事因素，用"讲故事"的方式替代自然主义的刻板记录，用通俗易懂的形式展现出来，能产生独特的吸引力、感染力。中央电视台的《国宝档案》节目在讲故事手法的运用上表现得非常突出。每期节目都展示一个具体的国宝文物，讲述该件国宝的艺术价值与文化内涵，讲述国宝辗转、曲折的传承故事，讲述国宝背后应当被铭记的人物与历史。该节目最大的编导特色在于，介绍国宝的同时把传奇故事融入其中，通过再现、模拟、影视镜头穿插的方式，在引人入胜、跌宕起伏的故事中，使观众身临其境，让观众领略中华国宝不朽的价值与魅力。

（三）重视节目的思想性，以精神之美启迪观众

电视文化类节目区别于娱乐节目的最大之处在于节目的思想性，传承文化、社会教化是这类型节目的根本宗旨。在电视产业受过度消费主义浪潮的冲击下，一些文化类节目也慢慢变得庸俗、媚俗、哗众取宠，消解了其本身的意义。当下社会，多元社会思潮、多种利益诉求交织而成的社会文化景象就是众声喧哗、意义嘈杂，越是这种情况，越需要大众传媒发挥文化引领、价值观引领、意识形态引领的作用。相比其他电视节目形态，电视文化类节目应以文化、艺术为核心，体现出思想内涵和人文关怀。2018年10月，腾讯综艺台上线了一档文化类节目《一本好书》，节目形式并不复杂，以书为主题，选择一本书中

的关键情节改编成戏剧,以一种演绎的方式把书本里的内容搬上荧幕,为观众营造一种沉浸感,从而引导观众重视经典阅读,提升阅读与思考的能力。①

《百家讲坛》系列特别节目《平"语"近人——习近平总书记用典》(摘选)

主持人康辉: 大家好!欢迎收看《百家讲坛》系列特别节目《平"语"近人——习近平总书记用典》。我是主持人康辉。首先要欢迎今天来到节目现场的北京大学和北京理工大学的同学们,欢迎各位。

图4-2 节目开头画面

文化自信是一个国家、一个民族发展中更基本、更深沉、更持久的力量,我们的文化自信当然和中华优秀传统文化密切关联。习近平总书记也曾经强调,在新时代要推动中华文化实现创造性转化和创新性发展。在这方面,习近平总书记本人率先垂范。我想大家都会有非常深刻的印象,就是在他一系列的重要讲话,还有文章当中,无论是谈治国理政的重大问题,还是在国际场合阐明中国的原则、观点、立场,抑或是在基层和干部群众倾心地交谈,总书记经常会引用一些中国的经史典籍当中的华章佳句。不仅对这些中华优秀传统文化的精髓有精准的阐释,而且赋予了新的时代内涵,闪烁着新时代的思想光芒。而这些华章佳句,又和习近平总书记朴素的大众化的语言,鲜活地融合在了一起,真正实现了让古籍里的文字活了起来。《百家讲坛》的这个系列节目,就是想邀请大家,来重温习近平总书记重要的讲话和论述当中的那些用典。每一期节目我们会邀请一位思想解读人,一位经典释义人,和大家一起学习思想,领悟经典,感受平"语"近人。每一期的节目都会有一个主题,这期节目的主题,那就是"一枝一叶总关情",为民,以人民为中心。坚持以人民为中心的发展思想,这是习近平总书记情到深处,自然而然的一种思想流露,同时

---

① 闫雨濛. 全民娱乐时代文化类节目的困境与突围——以《一本好书》为例[J]. 艺术评鉴,2019(7):167-168.

它也充分地体现了习近平新时代中国特色社会主义思想的理论基石。那么在"为民"这个大的主题之下,总书记有过哪些重要的论述?这些论述当中的那些用典体现着怎样的治国之道、文化精髓?习近平总书记又是怎样身体力行、切实为百姓做实事的呢?这就是今天我们这期节目要解读的内容。好。现在让我们用热烈的掌声欢迎本期的思想解读人——北京大学中国特色社会主义理论体系研究中心副主任郭建宁教授。

思想解读人郭建宁: 大家好,中国特色社会主义进入了新时代。习近平新时代中国特色社会主义思想有一个显著特征,那就是善于从中华优秀传统文化里面,汲取治国理政的智慧与经验。不忘本来才能开辟未来,善于继承才能更好创新。在中华优秀传统文化里面,有许多关于"为民"的精彩的论述,习近平总书记不仅很熟悉,也经常引用,而最为重要的是实现了创造性转化、创新性发展。比如,人民对美好生活的向往,就是我们的奋斗目标。这是2012年11月15号,他当选为总书记之后,在会见媒体记者朋友时的深情表述。在十九大报告中,"人民"这个概念出现了203次。困难群众是他始终的牵挂,让人民过上好日子是他执着的坚守。习近平总书记一系列关于"为民"的论述,集中起来就是今天以人民为中心的发展思想。这个思想的内容特别丰富,它的要点大概包括这么几个方面:第一,什么是为民;第二,为什么要为民;第三,怎样为民。现在我们就来听一听总书记是怎么说的。

图4-3 郭建宁教授在节目中解读思想

【总书记讲话微视频一】

清代的郑板桥,以画家、文学家著称于世,长期在河南范县、山东潍县担任知县。他重视农桑、赈济灾民、案无留牍、室无贿赂、清正廉明,深得百姓拥戴,其诗句"衙斋卧听萧萧竹,疑是民间疾苦声。些小吾曹州县吏,一枝一叶总关情",成为千古流传的爱民心声。

主持人康辉：刚刚总书记的这段讲话，是在2014年的5月9号，他参加河南省兰考县县委常委班子的专题民主生活会的时候，讲到的一段话。就是在这次讲话当中，总书记引用了清代郑板桥的一首诗。这首诗是习近平总书记特别喜欢的一首诗，所以他在很多场合都引用过。为什么这首诗会让总书记如此地重视，这首诗当中体现的是怎样的一种爱民和为民的心声呢？接下来我们请出本期节目的经典释义人，河南大学王立群教授为大家做讲解。

经典释义人王立群：郑板桥是清代的著名诗人、学者、画家。总书记所引的这首诗，是郑板桥在山东潍县担任知县的时候所写的。这个诗的题目比较长，题目叫《潍县署中画竹呈年伯包大中丞括》。"潍县"是他工作的地方，就是今天山东的潍坊。"署中"就是在县令的县政府的办公地点。"画竹"是因为郑板桥本身就是一个著名的画家，而且特别喜欢画竹子，所以他画了一个《风竹图》。在这个《风竹图》上，他题了一首诗，这种诗古代叫题画诗。"呈"是呈送。"年伯"是当时的一个说法。什么叫年伯呢？有两种解释：一种解释是说，同一年科考考中的人，这些人的长辈叫年伯；第二种说法呢，就是说自己的父辈，当年考中进士了，那么自己的父辈同榜的进士也叫年伯。"包"是这个巡抚的姓，他姓包。这个"大"是个敬称。"中丞"是个职官，在清代是指巡抚一类的官。最后的"括"是他的名字，叫包括。所以郑板桥就写了这首诗送给包括。"衙斋卧听萧萧竹"，在衙中，官府之中，听见外面的萧萧的竹声，萧萧形容竹声的。"疑是民间疾苦声"，"疑是"，用得非常妙。好像我听到的是民间的百姓的呻吟之声。"些小吾曹州县吏"，我们这些地方上的州县小吏。最后一句，"一枝一叶总关情"，是说这个外面的这些竹子，无论哪一枝哪一叶，都关（乎）着我的感情。郑板桥写这首诗的时候，潍县正在闹大灾。怎么解决当时灾民的生活问题呢？他搞基建、搞土建，让老百姓、灾民参加土建。你来这儿干活，我就给你钱，就管你饭，解决灾民的这个没有粮食吃的问题，所以郑板桥这首诗表达了他非常深切的爱民之情。

主持人康辉：好。谢谢王立群教授的讲解。王立群教授的讲解让我们对于习近平总书记引用的这首诗，有了更深入的了解。总书记浓厚的为民情怀，你从他的话语，从他的眼神当中都能够体会到。那这种深沉的为民情怀，又来自于哪里呢？习近平总书记经常会回忆起他在陕北梁家河那七年知青岁月，他曾经这样说：不要小看梁家河，这是有大学问的地方。那么总书记说的这个大学问到底是什么？教给他这些大学问的又是谁？总书记的为民情怀和梁家河又有着怎样的渊源呢？我们继续请思想解读人郭建宁教授为大家解读。

思想解读人郭建宁：首先，我们大家一起来看，什么是为民？为民就要把老百姓的冷暖时刻挂在心头，以人民为中心。我看过一段关于总书记在梁家河的采访。他是这样说的，在我这一生中，我觉得对我帮助最大的是两种人：一种就是那革命老前辈。还有一种，就是我那陕北老乡。2015年2月13日，习近平总书记回到陕西延川梁家河看望父老

图 4-4　王立群教授在节目中讲解古诗文

乡亲,他说了这样一段话,他说那时候我离开了梁家河,人虽然走了,但是我的心留在那里。那时候我就想,以后如果有条件、有机会,我要做一些为老百姓办好事的工作。那是 1974 年,习近平同志在梁家河修建了当时陕西省第一个沼气池,后来呢又陆续地修建了 42 个沼气池,这就为当地老百姓的照明做饭排忧解难,解决了大问题,这个沼气池反响很好,效果很好。这是习近平同志为当地老百姓办的许多实事其中之一。那么习近平总书记和梁家河到底有怎样的血脉联系?背后还有哪些令人难以忘怀的故事和细节?这些问题应该说梁家河的老乡最有发言权。

主持人康辉:那今天我们在节目现场呢就特别请到了梁家河的一位村民,张卫庞张大爷。我们掌声欢迎他。要给大家介绍一下,张卫庞张大爷呢,当年总书记在梁家河插队的时候,有将近一年的时间,是在张大爷家搭伙的,现在的年轻小朋友可能不知道什么叫搭伙,搭伙就是把饭钱交到张大爷家里,然后每天一个锅里吃饭。那张大爷跟我们年轻的朋友讲一讲,当年总书记怎么开始到您家去搭伙的?

图 4-5　节目相关画面

嘉宾张卫庞:他每个月拿 40 斤粮,粮食都搁我们家,就跟我们家一块儿吃饭,将近吃了一年吧，直到（19）75年上清华大学走为止。

主持人康辉： 总书记当时去上大学的时候，村里的人特别舍不得他。全村人都去送他。您是那几个送他到县城的年轻后生之一。

嘉宾张卫庞： 因为总书记在梁家河当党支部书记的时候，他对梁家河做了很多的好事，给农民带来了很多幸福的事情，所以的话，农民都不想叫他走。就在照相馆，延川县一个照相馆照张相。14个人，是你三毛、他五毛。凑的五块多钱，照这个相。

主持人康辉： 四十几年过去了，大爷，后来您和总书记又见过面吗？

嘉宾张卫庞： 后来的话见过，总书记（19）93年回来过一回。2015年，他又回来了一次。

主持人康辉： 他跟您都聊什么了？

嘉宾张卫庞： 张卫庞你收入在哪儿？关心收入。我现在有十亩果园，我的果园就是收入。张卫庞，那你发了吧，那就去看你的果园吧。他跟过去比没有变，再糙的饭他都能咽得下，再穷的老百姓他都看得起。现在还是这个样。

主持人康辉： 再糙的饭他都咽得下，再穷的人他都看得起，一直都没变。

嘉宾张卫庞： 一直就没变。

主持人康辉： 所以总书记和梁家河的这样一种深厚的渊源，也就奠定了他以人民为中心的发展思想。一直到今天，还和梁家河的乡亲、梁家河的人民，有着这样的一种血肉联系。所以我们也衷心地祝愿我们梁家河，能够发展得越来越好，所有梁家河的乡亲，也都能像总书记希望的那样，和您一样都能发了。

嘉宾张卫庞： 一个发了不行，要大家发了才算发了，才算共同致富。

主持人康辉： 没错没错。谢谢您，谢谢！谢谢！确实，四十多年过去了。无论是做梁家河的支书，还是做党的总书记、国家领导人，习近平同志都没有变，他始终是黄土地的儿子。那么习近平总书记以人民为中心的发展思想，还有哪些重要的论述呢？我们再一起来看一段短片。

......

【总书记讲话微视频二】

"利民之事，丝发必兴；厉民之事，毫末必去。"就是说有利于百姓的事，再小也要做，危害百姓的事，再小也要除。

历史是人民书写的，一切成就归功于人民。只要我们深深扎根人民，紧紧依靠人民，就可以获得无穷的力量，风雨无阻，奋勇向前。

主持人康辉： 在这段讲话当中，总书记也有一处用典，就是"利民之事，丝发必兴；厉民之事，毫末必去"。两个利（厉）字不一样，那么接下来做的也就截然不同。那这句话又出自哪里？又有什么样的深刻的含义？我们请我们的经典释义人王立群教授为大家讲解。

经典释义人王立群：这两句话出自清代著名的经学家万斯大。万斯大有一本书叫《周官辨非》。其中《周官辨非·天官》讲到了这两句话。有利于百姓的事，再小也是大事；危害百姓的事，再小也是大事。就是说一个要兴，一个要去！下面呢，我们可以举历史上非常有名的故事来说明这个观点。这个人号称"一钱太守"，叫刘宠。刘宠也是一个官员，他做官的时候，非常爱民啊。所有利民的事都去办，所有害民的事，他都要把它废掉。所以深受当地百姓的喜爱。做会稽太守的任上，由于他干得很出色，升官到中央政府去任官。听说他要走，有五六个头发胡须都花白的老人，一个人拿了一百钱来送他。这老人见到刘宠以后就说，他说我们过去的那些官员来到这儿以后，你只听见半夜甚至于通宵狗叫，为什么呢，官员专等着晚上老百姓在家休息的时候，到你家逮住你，找你要钱，找你收租，他说我们过去的官员在这为官期间，整夜都是狗叫，现在你在这儿为官几年，天天晚上听不到狗叫，百姓的负担大大减轻了，所以你现在走了，我们太感谢你了，又留不住你，那么我们表一表心意吧。刘宠很受感动，他说我要不收吧，你们一片心意，我要收了吧，我又很难收那么多。这样吧，我取一文钱，收一钱。这就是中国历史上非常有名的"一钱太守"刘宠。这一钱，殚精竭虑，为百姓造福；这一钱，呕心沥血，堵住了恶吏搜刮民财；这一钱，富可敌国，这一钱，可值家财万贯。

主持人康辉：谢谢王立群教授给我们的解读。那郭老师，您觉得我们经常说以史为鉴，那么，又从刚刚王立群老师的经典释义当中，我们从过去历史这面镜子当中，我们看到的又是什么？

思想解读人郭建宁：以史为鉴，历史是一面镜子。所以我们广大群众，包括我们青年学生，尤其是党员干部，应该学习历史、了解历史，了解我们几千年的中华民族的文明史，了解我们的党史、国史。从中汲取治国理政的智慧和经验，给社会、给国家做出更好的、更多的、更大的贡献。

主持人康辉：确实，一枝一叶总关情，一点一滴见初心。那今天我们要为人民谋更多的幸福，在当前我们又有哪些主要的任务呢？接下来我们继续请思想解读人郭建宁教授为大家讲解。

思想解读人郭建宁：怎样为民？那就是要为人民谋幸福，多做利民之事。中国特色社会主义进入了新时代，我国社会的主要矛盾已经转化为人民日益增长的美好生活需要和不平衡不充分的发展之间的矛盾。那么怎样来适应这个主要矛盾的转化？当前，一个特别重要的事情、重要的工作，那就是决胜全面建成小康社会。关于全面建成小康社会，习近平总书记有许多重要的论述。比如说，"真扶贫，扶真贫""精准扶贫，精准脱贫""全面建成小康社会一个不能少，共同富裕的路上一个不能掉队"。"精准扶贫"这个概念，就是习近平总书记在考察十八洞村的时候，首次正式提出来的。他在十八洞村还提出，十八洞村的这个扶贫不栽盆景，不搭风景，不能搞特殊化，但是不能没有变化。十八洞村的扶贫经验,要可复制,可推广。小康不小康,关键看老乡。习近平总书记提到,到 2020 年,在我国现行标准下,农村贫困人口实现脱贫,这是我们的庄严承诺。讲完这段话以后,他又特别加重语气说了四个字"一诺千金"。到 2020 年,几千万贫困人口脱贫,贫困县摘帽。让我们大家一起来努力,完成这样一个对中华民族、对整个世界都具有重大意义的历史伟业。精准扶贫、精准脱贫、全面小康,集中体现了我们党全心全意为人民服务的宗旨,体现了习近平总书记以人民为中心的发展思想。以人民为中心是习近平新时代中国特色社会主义思想的重要内容、显著特征。它的内容丰富、思想深刻,其中还不乏很多金句。比如说"依靠人民创造历史伟业,带领人民创造美好生活","人民对美好生活的向往就是我们的奋斗目标","以造福人民为最大政绩","时代是出卷人,我们是答卷人,人民是阅卷人"。我们要牢记总书记的指示,把以人民为中心的发展思想贯彻到我们改革开放、社会实践的方方面面。要拜人民为师,向人民学习,欢乐着人民的欢乐,忧患着人民的忧患,永远同人民群众同呼吸、共命运、心连心。向人民交出满意的答卷,谱写新时代人民美好生活的新篇章!

主持人康辉:谢谢我们的思想解读人、经典释义人。"一枝一叶总关情",在这期节目的最后,让我们再重温习近平总书记曾经引用过的那些经典,我们再度感受习近平新时代中国特色社会主义思想的独特魅力!

【经典诵读环节 经典诵读人方亮】

《潍县署中画竹呈年伯包大中丞括》·〔清〕郑板桥

衙斋卧听萧萧竹,疑是民间疾苦声。

些小吾曹州县吏,一枝一叶总关情。

《念奴娇·追思焦裕禄》·习近平

魂飞万里,盼归来,此水此山此地。百姓谁不爱好官?把泪焦桐成雨。生也沙丘,死

图 4-6 方亮在节目中诵读

也沙丘，父老生死系。暮雪朝霜，毋改英雄意气！

依然月明如昔，思君夜夜，肝胆长如洗。路漫漫其修远矣，两袖清风来去。为官一任，造福一方，遂了平生意。绿我涓滴，会它千顷澄碧。

2018年10月，中央电视台《百家讲坛》推出特别节目《平"语"近人——习近平总书记用典》，分为"为民""仁政""立德""家风""孝道""修身""笃行""学习""廉政""人才""信念""天下"12个主题，以习近平总书记一系列重要讲话、文章、谈话中所引用的古代典籍和经典名句为切入点，生动阐释了习近平新时代中国特色社会主义思想。节目一经推出，就获得了不错的社会评价。从编导角度来看，该档节目有以下特色：

1. **选题有价值，契合社会热点**

电视文化类节目的最终目的是通过电视直观性的传播优势，传播优秀的中外文化，此次特别节目《平"语"近人——习近平总书记用典》的推出，无疑将中国优秀传统文化的推进与普及工作推向了新的高度，彰显了泱泱大国的文化自信。本集围绕"以人民为中心"这一主题展开，"一枝一叶总关情"这正是习总书记在工作的点点滴滴中流露出的对国家和全民族前途和命运的关心，是实现中华民族伟大复兴中国梦的政治抱负和伟大的胸襟胆魄。

2. **电视表现手法多样，策划得当**

将传统文化元素用现代方式呈现，节目中将这些箴言哲语以画面结合朗诵的方式播出，其中既有总书记的原音呈现，又有文史学者和播音专家的激情朗诵。作为"经典释义人"的王立群、康震、杨雨、毛佩琦、蒙曼、赵冬梅均为从《百家讲坛》走出的"明星学者"，他们以受众熟悉的课堂讲授的形式，诠释典故背后的故事；作为"思想解读人"的郭建宁、王杰、艾四林、徐川、黄一冰等均为研究马克思主义和中国特色社会主义思想的专家学者，由专家们为观众进行权威解读，通俗解读，该节目让人们深刻学习与领会到习近平新时代中国特色社会主义理论，让人们见识到中国的马列主义专家学者们的理论水平。

3. **平民化视角和互动性特点增加节目人气**

该节目不但将进一步让人们走近经典，更加热爱传统文化，而且可以让亿万人民近距离感受到领袖的风采和心声，节目现场有各个高校的大学生，进行思想解读时主持人、嘉宾和观众直接进行现场互动，节目中还新增了"经典诵读人"，在节目结束前，由一位经典诵读人带领现场同学共同诵读当期节目的相关典故和文章，进一步加深受众对节目内容的感知。每期节目的经典诵读人都是中央广播电视总台的优秀主持人，他们的声音圆润动听，典故表达准确，成为节目传播者中的一个重要组成元素，是本次特别节目的一大亮点。

4. 运用新媒体，创新节目传播形式

新媒体的传播速度快，覆盖面广，互动性强。为适应碎片化的新媒体传播要求，每集节目中设置了原声微视频、思想解读、经典释义、现场访谈、互动问答、经典诵读六个环节，每一个环节都可以被单独拆分，做成微视频放到网上传播。节目特别设置"互动问答"环节，现场的学生发表观点，与场上教授或者主持人交流互动，保留了《百家讲坛》一以贯之的课堂形态，增强了现场观众的节目参与感，向世人展示了中国青年一代的智慧与魅力。

【思考与练习题】

1. 新媒体的蓬勃发展给社教类节目的编排带来哪些改变，能否以一档收视率较高的社教类节目为例，分析新老媒体融合带来的节目编导的新变化。

2. 观看当前一档火爆的社教类节目，分析其情景化编导的方式和过程。

【学习参考书目】

1. 王润兰. 电视节目编导与制作 [M]. 北京：高等教育出版社，2010.

2. 刘萍. 电视文艺编导教程 [M]. 武汉：武汉大学出版社，2015.

3. 霍庄. 编导实训案例 [M]. 北京：北京师范大学出版社，2016.

【学习参考视频】

1. 经济类社教节目《经济半小时》《波士堂》《生财有道》《致富经》

2. 法制类社教节目《今日说法》《法制进行时》《一线》《社会与法》

3. 文化类社教节目《百家讲坛》《开讲啦》《朗读者》《走近科学》《探索发现》

第五章
电视服务类节目的编导

【学习要点】
1. 不同类型的服务节目之间的共性特点；
2. 融媒体时代服务类节目编导的创新思维；
3. 调解类服务节目。

在传统的电视节目按照功能划分的四分法中，服务类节目是其中的一个重要组成部分。

《广播电视辞典》（1999年版）关于服务类节目的定义是："以实用性内容为主，直接为观众日常生活、学习、工作服务的电视节目。这类节目通过传播信息、解答问题和反映群众呼声，帮助受众解决日常生活、工作和学习中的各种实际问题，为社会提供直接、具体的服务。节目注重使用价值，力求满足现实生活中的各种服务需求。"

简单而言，凡是能够显性提供与生活（如消费）服务相关的内容，并且直接提供帮助的电视节目，我们都可以称为服务类节目。从以上的定义我们可以看出，传统的电视服务节目更加注重实用服务的显性特点，忽视了用户娱乐的服务需求。随着时代的发展，用户需求的不断变化，娱乐形式下的内容服务成为当下服务节目的新的功能定位。

国内电视屏幕上传统的服务类节目主要有健康、时尚、美食、气象、旅游、购物、装修等。近年来，随着电视节目创作的不断变化，特别是服务节目内容与真人秀的形式结合之后，荧屏上出现了以调解为主要目的的、观众参与互动性强的新型服务类节目，节目的专业性、针对性较强。

第一节 电视服务类节目的发展与特点

一、电视服务类节目的发展

国内电视节目中，服务类节目的发展可以以中央电视台曾经引领国内生活服务类节目潮流的《为你服务》《生活》《天天饮食》为代表，来梳理中国电视服务类节目发展的脉络。

初期的生活服务类节目以传递实用的生活经验与技巧为主。中央电视台1979年8月12日开播的《为您服务》，可以被认作是中国电视媒体服务型节目的标志。一开始，该节目主要用来介绍其他电视节目，另外再介绍一些烹饪、穿衣、养花等生活常识，节目的内容、长度、播出时间都不规范。1983年1月1日开始，《为您服务》不仅有了节目主持人，播出时间也开始固定化。节目的内容也从集邮、摄影、市场信息的介绍拓展到举办活动。如时装设计、编织绒线帽等比赛。1990年，《为您服务》获得了社教节目的优秀栏目奖，成为全国服务类节目的第一品牌，创下了中央电视台的最高收视纪录。《为您服务》也成为地方电视媒体模仿与复制的样本栏目。

到了20世纪90年代中期，随着改革开放的深入发展，《为您服务》因形式和内容处于原地踏步，没有跟上受众的需求，最终在开播14年后的1993年停播。虽然之后再改版，再播出，但最终还是停播了。

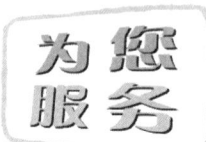

图 5-1 《为您服务》节目片头

图 5-2 《生活》节目片头

1996年7月1日在中央电视台第二套开播的杂志类节目《生活》，主要介绍老百姓的衣食住行，这些服务内容能够很好地切入老百姓的生活中，对老百姓的生活起到很好的引导作用，用文明、科学、健康的方式去引导老百姓认识生活。

《生活》设有《背景》《百姓》《消费驿站》等子版块。节目没有局限于对日常生活知识和技能的传播，而是重在表现在时代更迭中，人们日常的新的生活方式、新的生活观念。《生活》的内容贴近百姓消费生活，制作方式令人耳目一新，获得了很高的收视率。1996年年底，该节目的收视率跃居中央电视台经济类节目的首位。

随着《生活》节目的热播，很多省、市电视台不断追捧并制作相关的服务型节目，甚至开始开设生活服务频道。自1996年，北京专门开设了生活频道后，湖南生活频道、河南生活频道、福州生活频道、浙江经济生活频道、山东生活频道都陆续开播，这些频道使得生活服务类节目完全脱离了过去电视台节目的从属地位，而成为十分重要的节目，并成为四大节目类型之一。

2000年前后，国内电视荧屏上的服务类节目从形式上有了突破性的发展，节目开始与娱乐结合，融入了真人秀、竞赛、娱乐元素。节目功能由过去的实用性过渡到实用性+娱乐性。这一阶段，美食类节目和竞猜类节目成为服务类节目中的亮点。刘仪伟作为第一任主持人的《天天饮食》节目就是代表。

《天天饮食》是中央电视台1999年2月22日推出的一档以介绍做菜方法、畅谈做菜体会为主要内容的集知识性、趣味性、服务性为一体的节目，也是中央电视台开播最早的一档饮食节目。节目每期介绍一道家常菜的做法，手法上打破了以往由专业厨师单纯传授烹饪技艺的传统节目形态，代之以主持人与观众边聊天边介绍的样式，场景设计也颇具现代色彩。节目好看、好玩、好"吃"，娱乐性与实用性兼顾。

有数据显示，到2004年之前，仅仅中央电视台就开播了近二十种生活服务类电视节目：《前沿》《绝对挑战》《道德观察》《公益行动》《天天饮食》《劳动就业》《夕阳红》

图5-3 《天天饮食》节目片头与节目主持人

《半边天》《家庭》《生活》《生活行动》《健康之旅》等。

这一时期，地方台的生活服务类电视节目遍地开花。北京电视台有《精品生活》《生活面对面》《生活帮助热线》，浙江电视台有《生活新主张》《时尚》《旅行时间》，河南电视台有《车行天下》等。有数据统计显示，在全国所有卫星频道中，平均计算，至少每个频道都有一个生活服务类节目。

服务类节目的兴起，和中国整体的经济发展腾飞有着很重要的关系，当人们在生活上处于物质较为充裕的阶段，需要较多的生活服务，服务类节目便应时而生。从整体的服务类节目的发展中我们也可以看出，人们的经济水平对服务类节目成为四大节目类型之一有着至关重要的作用。

随着 2003 年江苏电视台以"美容、美体、服饰、礼仪"等时尚流行元素为内容定位的"靓妆频道"的开播，地产家居、旅游频道、美食频道等专业频道纷纷出现。"靓妆频道"还创造了付费收看的专业模式。

进入 21 世纪，随着互联网的兴起，特别是新媒体的快速发展，传统的电视媒体生存空间被挤占，在人们形成浅阅读、快速阅读的习惯后，不同时期曾经很火的电视服务类节目在当下已经无法生存，代之而起的是融入互联网思维的、节目形式杂糅的新型服务类节目，即采用"服务+情感+互动"的节目模式，兼容多种节目类型和表达形式，如现场调解类节目。代表节目有江西卫视的《金牌调解》、浙江卫视的《钱塘老娘舅》、徐州电视台的《彭城和事佬》等。

图 5-4 《金牌调解》节目片头与节目主持人

二、电视服务类节目的特点

电视服务类节目的主要特点有：实用性、人文性、地域性等。

（一）节目内容的实用性

实用性是生活服务类节目的首要特点。不管是过去形式相对简单的对生活技巧的传授，还是后来对生活经验的分享，传递科学、健康的生活理念，对精神与情感的疏解，以及用娱乐的形式达到服务的目的等，实用性是生活服务类节目最为显性的特点。

（二）人文性

人文性，是一种平民视角，内涵是尊重每个平民，关爱每个平民，突出并高扬每个平民的主体地位，选择观众乐于接受的方式，本着针对每个老百姓日常生活中的问题和需求进行节目定位和制作。比如，选题要着眼于时下老百姓最关心的问题，叙述方式要"平民化"等。如20世纪末21世纪初开始出现并一直持续受到观众欢迎的"调解类"电视服务节目，其着眼点就是民生的情感和心理的诉求。

（三）地域性

国内电视媒体因为覆盖面大小和行政级别的差异，除了国家级电视台的服务节目需要考虑到普泛和兼容的需求外，不同地方的电视媒体服务类节目在内容的选择上都比较注重本地特点，因而，节目之间有着较强的地域差异性。

中央电视台的《生活》是国家层面的电视节目，适宜进行宏观透视。湖南卫视等地方媒体应该着眼地方特点选择服务内容。如《百科全说》节目就根据湖南本地人和周边地区的受众喜欢吃辣的习惯，选择制作了节目《教你如何远离上火的日子》，特别邀请了著名的中医给观众讲解如何避免上火的问题，这个选题对于湖南本地人是很有价值的。

第二节　电视服务类节目的类型

对于服务类节目的分类方式，历来多种多样，如果按照节目形态进行分类，大体可以分为综合类服务节目和专业类服务节目，其中，在专业类服务节目中，常见类型包括气象节目、购物节目、健康节目、时尚节目、美食节目、旅游节目、解调类节目等。

一、综合类服务节目

所谓综合类服务节目的"综合"，一是指节目内容"包罗万象"。如辽宁电视台生活频道的《生活导报》节目，下设《个案解说》《资讯点击》《特别参考》《在线沟通》等多个子版块，每个子版块呈现不同的服务内容。二是指节目的服务对象的综合。即不同年龄、性别、职业、收入的人群，都可以作为此类节目的收视对象，且都能从节目中获得自己所需的实用生活信息知识或生活技能等。如中央电视台的《为您服务》《生活》《健康之路》等节目。

二、专业类服务节目

所谓专业类服务节目，一是指节目内容的专门化。作为专业服务类节目，知识性强、实用性强、针对性更强。节目内容包括天气预报、卫生健康、旅游休闲、购物、美食等。二是指节目的服务对象的职业、年龄、知识结构、性别等有着较为明显的针对性。如中央电视台的《夕阳红》等节目。主要代表节目介绍如下：

(一)《天气预报》——气象节目的代表

气象服务节目是国内最早的一种信息服务节目，也是最受观众欢迎的一种服务节目类型。

图 5-5 《天气预报》节目主持人

1980年7月7日,中央电视台的《天气预报》节目诞生了,由于紧跟着中央电视台《新闻联播》播出,因此被称为"新闻联播天气预报"。三十多个年头中,《天气预报》节目本着"权威预报,真诚服务"的理念,为人们生产、生活提供及时、准确的气象服务,领航式地开启了公共气象服务的先河。宋英杰、杨丹、王蓝一等著名气象节目主持人也成为家喻户晓的电视人物。

图 5-6 《天气预报》节目片头

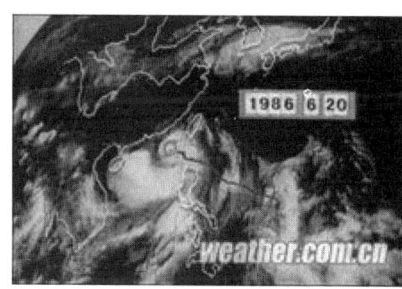 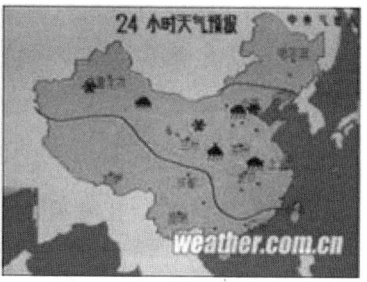

图 5-7 《天气预报》节目中的部分内容

随着数字技术的不断发展与广泛应用,《天气预报》节目制作的手法不断翻新,内容的宽度加大,服务的贴近性更强。该节目的片头前后就进行了 8 次更换。2009 年 9 月 28 日,因 CCTV-1 高清频道开播,《天气预报》更换片头,片头至今未变。《天气预报》节目的内容有:24 小时天气预报、暴雨、雾霾、沙尘暴、森林火灾、地质灾害等灾害天气预警播报提醒,主要城市天气预报等。

(二) 购物节目

我国的电视购物节目最初诞生于20世纪90年代。1992年广东电视台珠江频道播出了中国内地第一个购物节目，1996年，内地第一个专业的购物频道北京BTV开播。之后，随着各家电视台的不断学习，到1997年，国内城市电视台和省级电视台开设的电视购物节目总数达到60多档。

随着2006年12月28日中央电视台中视购物频道的开播，以及上海电视台东方购物频道、湖南广电"快乐购"、安徽电视台家家购物频道的先后开播，曾经一度低迷的电视购物频道在我国迅猛发展起来。"打造无店铺销售通路，降低消费者购物成本，让消费者真正体验便携、舒适、安全的购物体验和生活方式"是以中视购物为代表的电视购物频道（节目）的宗旨。

如今，电视购物节目已经由过去的录播变成了在线直播，这既是适应形势，满足与观众互动的需要，也是商家通过主持人的现场气氛的调动，获得最佳销售效果的需要。

电视购物主要采用在节目现场进行产品展示、导购介绍、真人示范、购买电话结合的方式，用十分直观的形式与解说介绍产品，刺激观众的购买欲。

(三) 《健康之路》——健康节目的代表

健康服务节目主要以传播卫生健康知识、健康生活信息为主要内容，旨在提高人们的健康意识，提高人们对健康问题的重视度，普及健康卫生知识，指导健康生活，改变人们的健康观念。

早在20世纪60年代，中央电视台就开设了国内第一个电视健康节目《卫生与健康》。从20世纪80年代开始，国内各电视台陆续开设医疗节目，比如上海电视台的《健康与长寿》、河北电视台的《幼儿保健》、山西电视台的《卫生与健康》，这些都是当时比较有影响力的健康节目。

1996年7月，中央电视台的《健康之路》节目开播，以话题讨论、解读的方式，传递健康知识，是中央电视台唯一一档大型日播医学科普类节目，是以关注大众身心、保健

图5-8 《健康之路》的节目片头、演播室部分设计、节目主持人

意识、倡导健康生活为主旨的谈话类服务节目。节目凭借鲜明的节目定位、权威的专家解讲、科学的现场演示，为大众传播最实用、最科学的健康知识。2000年，《健康之路》采用直播的方式，增强和现场观众的互动，收视率不断提升，成为后来中国电视界十分具备活力的品牌节目。

（四）时尚节目

国内的时尚服务类节目以2006年开始在多个电视台开播的制播分离节目《美丽俏佳人》为代表。这是东方风行集团出品的中国第一档全演播室制作的大型时尚美妆节目。

节目以年轻观众为核心，用谈话的形式展开。节目参与者包括嘉宾、主持人、时尚专家等，一般由有一定名望的男女主持人进行主持，并邀请在时尚界具有一定名气的人来担任指导，向嘉宾和观众展示具体的操作步骤。主题围绕时尚展开，基本上是讨论或讲授如何进行穿衣搭配、打扮化妆、保养护肤等内容，旨在培养当代人对于时尚美丽的追求，具有很强的信息服务功能。

节目的收视对象为在校大学生、都市白领、时尚主妇以及所有爱美、追求时尚并渴望不断提升自己的年轻女性。

（五）美食节目

自从1999年，中央电视台首次将《天天饮食》节目带入观众面前后，美食类节目在国内电视上出现的频率十分高。在一个追求美食的今天，美食类节目的出现很好地体现了服务类节目的服务性。《天天饮食》每期向观众介绍一道家常菜，在十分轻松的氛围中向观众介绍家常菜的制作方法。

国内美食节目的表现形态有：

一是录播专业厨师烹饪制作美味佳肴的整个过程，以教人做菜为主要目的。如中央电视台的《天天饮食》节目。

二是以讲解烹饪过程为主要内容。比如东方卫视的《味道中国》。主持人老周作为美食评论家，采用讲座式的方法给观众讲解美食的名堂，点出美食背后的故事，发掘美味佳肴背后的各种文化韵味。

三是寻味式地介绍美食。例如，上海新娱乐频道的《淘最上海》节目以排行榜倒数的形式，将上海"吃、喝、玩、乐"等特色内容进行大盘点，大总结，大归类，让观众对上海的风土人情无比陶醉。

除了固定栏目的美食节目外，一些专题类的美食节目开始出现。如中央电视台的《一城一味》十分清晰地将各地历史文化和美食放置于一起进行介绍。《一城一味·香港》中，一开始就用了快节奏剪辑，展示了香港的快文化和多元文化，引起观众的兴趣。而在《一城一味·扬州》中，节目用了缓和的音乐、浓浓的水乡风情和热腾腾的早点，展示了扬州的慢生活。

随着时代的发展，美食节目出现新的发展趋势，以美食为载体，以争霸赛的真人秀形式展开，获得了电视观众的喜欢。特别是2014年，浙江卫视推出《十二道锋味》这档美食类节目，以名人（谢霆锋）的美食旅游体验，吸引了大批年轻观众。这档节目是服务类节目、真人秀、广告片、微电影的结合体。

（六）旅游节目

电视旅游服务类节目，是指以向观众提供旅游行业及其相关的活动为主体传播内容的节目。经济的迅速发展催生了旅游节目的发展。不少旅游节目在国内产生了很大的影响力，如北京卫视的《好山好水好心情》、山东电视台的《快乐旅游365》、中央电视台四套的《走遍中国》等。

《祖国各地》是我国早期电视旅游节目代表，节目风格较为简单，主要用于介绍各地自然风情，各地的地理状况、文化民情、历史特点。

进入20世纪90年代中期，国内推出"旅游黄金周"，国人旅游热情呈井喷态势。中央电视台的《正大综艺》顺势推出。《正大综艺》开辟了世界的景点介绍，该节目组走到了近130个国家和地区，让喜欢旅游的人能够欣赏世界各地的风情。

之后，省级电视台、地市级电视台的旅游节目遍地开花。如浙江卫视的《旅游周刊》是占用频道分量较多的大型旅游节目。各地区的旅游节目从原先的简单景观介绍发展到对旅游政策法规、旅游技巧、人文特点等的推介，特别是2002年，上星旅游频道——海南旅游卫视正式开播（2019年5月1日更名为海南卫视）。旅游节目热度达到顶峰。

综观国内旅游节目，主要有以下几种类型：

（1）风光欣赏类，如早期的《祖国各地》《请您欣赏》；

（2）人文旅游类，如云南卫视的《走遍云南》；

（3）娱乐旅游类，如《正大综艺》。

随着网络新媒体的兴起，电视媒体为了争取更多的收视用户，不断创新旅游节目的形式，"旅游+真人秀+冒险体验"等娱乐元素逐渐融入旅游节目中。

（七）调解类节目

调解类节目在化解矛盾纠纷、维护社会稳定方面发挥了重要作用，受到观众的欢迎。正如《金牌调解》宗旨所言："调解，相关生活的方方面面；调解，是一种生活态度；调解，影响幸福指数。"

从2003年国内第一档调解类节目《心灵花园》开播至今，调解类节目大致发展成两种形态，一是用演播厅融合谈话节目和真人秀，如《金牌调解》《幸福魔方》等。二是将镜头对准生活中矛盾纠纷的第一线，记者和调解员走进双方当事人的生活空间，还原新闻现场，现场提供帮助，如《钱塘老娘舅》。

国内调解类节目数量众多，形式多样，内容涵盖了家庭纠纷、情感生活等，涉及心理、法律等方面的问题。有湖南经视的《真情》、东方卫视的《幸福魔方》等情感访谈类；有以江西卫视的《金牌调解》、贵州卫视的《调解现场》、上海电视台新娱乐频道的《新老娘舅》、北京电视台的《第三调解室》、浙江电视台的《钱塘老娘舅》、济南电视台的《有话好好说》等为代表的以解决家庭矛盾和邻里矛盾、法律纠纷为主的现场调解类。全国各省乃至地市电视媒体都纷纷开设了调解类电视服务节目。

随着服务节目类型多样化，栏目数量增加，在竞争变得更加激烈的情况下，电视媒体不断创新，在适应民生需求的同时，在形式上也不断和当下观众的观看喜好结合，借助综艺娱乐节目的形式，完成调解目标的达成。

比较有代表性的节目是东方卫视 2016 年开播的《四大名助》，它以综艺的节目风格使人们日常生活的压力负担和人际间矛盾冲突的紧张感得到释放。该节目由孟非担任主持人，并搭档三位一线名嘴嘉宾，组成"四大名助"阵容。"四大名助"的根本任务是调解每期"烦恼者"和"制造烦恼者"之间的矛盾——亦即节目本身的目的所在。四位名助脱口秀式的调解方式与节目力求用轻松幽默氛围讨论帮助普通百姓解决各种烦恼问题的定位相契合，从而创造出与以往调解类电视节目截然不同的观看体验。《四大名助》代表着调解类电视节目的创新升级。

第三节　电视服务类节目的编导

无论是过去的展示生活技能的服务还是现在的以情感疏导服务、精神心理调节服务、生活理念打造服务为主，兼顾展示实用生活信息与技能，服务类节目重心都在服务，但又必须要考虑收视效果。因此，注重服务性功能与传播效果的结合是服务类节目编导在创作节目时必须要兼顾考虑的。

一、服务意识

"服务性"是生活服务类电视节目的天然优势，从选题到内容的呈现方式，编导需要在节目中充分体现服务节目的服务性特点。生活服务类节目的服务对象是"人"，因此，了解人的生活需求、关注人的生存状况，提高人的生活情趣、生活质量，帮助解决个体在生活中遇到的难题，并采用平民化的视角将这一关注的过程集中地展现出来，为满足大众群体的物质需求和精神需求提供直接的或者间接的服务。

从最早的《为您服务》节目内容关注普通的烹饪、衣着服饰、花草种植等小常识，到后来的以《天天饮食》为代表的节目专门教人学做美食，再到后来的《生活》节目关注经济生活发展过程中，人们在面对新的生活方式、生活理念时遇到的疑难困惑，再到现在的以《金牌调解》为代表的节目关注社会和谐，满足人的精神生活、情感需求等。服务类节目满足了不同时代人的不同需求，充分体现了节目服务"人"的第一特点。

最初的《为您服务》设置的子栏目有三个。《生活情报站》：贴近百姓生活，从当下百姓关注的热门生活资讯入手，用生动、有趣的表现方式，满足了那个时代家庭观众对生活资讯的迫切需要，实用信息，生活热点，一网打尽。《生活智多星》：一个用智慧当家的互动生活平台。为观众出招/支招，解决生活里的小难题。同时，也会为观众积极验证一些生活里的小窍门是否有效、管用。《旅游风向标》：一个以记者"体验式报道"为主的旅游专题节目，直指旅游休闲最前端，在外景主持人透过主观视角进行旅游体验，寻找、体味旅游乐趣的同时，为观众提供全面的旅游出行服务。

《健康之路》锁定"医疗健康"这一明确主题，着眼于观众实际的医疗需求，选取典型医学案例，突出"服务性"。

《金牌调解》节目则是以调解纠纷、化解矛盾、促进和谐为宗旨。节目中总是紧紧抓住双方的需求，并满足新时代服务对象的诉求。如《相煎何太急》一集中双方的需求是各人都要讨个说法，因为每人心理都憋屈：弟弟希望获得哥哥的理解，消除误会。哥哥希望得到弟弟的道歉，得到尊重。通过节目现场的调解专家、金牌调解观察团、家庭成员等的现场互动，全方位、多角度帮助当事人解开心结。既有知识的普及，也探讨了人与人之间的相处之道，服务双方主体，惠及其他用户。

二、引导意识

早期的生活服务类电视节目体现了消费社会的时代属性，就其属性而言，服务类节目通过对生活理念的传输，潜移默化地影响着它的受众，从《生活》节目开始，服务类节目逐渐关注广大群众的消费需求，引导广大群众的消费习惯、消费方式，帮助广大群众树立"健康生活、科学生活、文明生活"的消费观。随着社会的发展，社会大众的精神服务需求的增加，引导大众树立文明、和谐的生活理念和人际处理方式，成为调解类服务节目创作中需要着重体现的一种意识。

《金牌调解》节目每期邀请一对（或多个）有矛盾的当事人进入演播室，主持人和人民调解员现场为当事人排忧解难，通过节目告诉观众面对纠纷的智慧和解决矛盾的艺术，将真实事件和综艺手段完美交融，塑造全新节目模式。节目中体现了人文关怀精神，注重心理疏导，倡导文明积极、健康向上的社会风尚。引导人们树立健康的生活理念，促进形成和谐的家庭关系。

调解类节目中，调解员一般会对当事双方在思想、行为、性格上需要改进的地方做出分析，提出建议，这些分析不仅能使当事人对整件事有更全面和透彻的认识，反思自己，在道德上得到提升，对观众也能起到很好的价值导向作用。这种导向作用和示范效应可以说比调解一个矛盾、解决一个问题意义更大。

《金牌调解》节目《相煎何太急》一期节目中，针对当事双方争父母遗产的问题，在现场的一位调解员说："……那么，我的意思就是什么呢？弟弟，弟媳妇啊，你们当年哥哥让给你们了，得了便宜要领情，明白吧？他（哥哥）就会舒服，懂吗？因为房子升值了，哥哥心里不平衡了，可以理解。那么，你们占了这个便宜，沾了这个光，真的要领这个情……"

另一位调解员给出了自己的看法："……我想我给哥哥一个意见就是说，真正要接受

图 5-9 《金牌调解》之《相煎何太急》中观察员的语言起到很好的引导作用

评理就要打开心胸，完全听别人怎么说，而不是听你自己怎么说。第二件事我要提的是，我觉得我们在分财产的时候，父母的财产，我们常常太过于（坚持）法是怎么分，我们就决定怎么分，其实我觉得法之外很应该重视的一点是，最后是谁在尽孝养的责任。通常这也是会跟着父母的，为什么（父母会）把房子多给谁一份的原因。如果这一份不考虑进去的话，我们就会看到一个现象，那谁愿意照顾父母呢？所以，我觉得，不能完全把法看成是一个遗产分配的一个（唯一）根据，否则呢，天底下没有人要孝养父母了，因为，每个人都可以根据权利来争，反正到时候我即使在天涯海角，都要有我的一份嘛。我们今天做的决策或者支持，或者说我们今天希望哪一方的一个让步的时候，我们必须要谨记一件事情，绝对不能破坏社会秩序。"

调解员的这一番掷地有声的话语表达，起到了正确的引导作用。

同样，在《有话好好说》的《父亲患癌 子女不管》一期节目中，老父亲身患胃癌躺在病床上，两个子女居然连最起码的医药费都不承担。调解记者就指出，子女再困难，也应该以帮助老人看病为先，没有什么比生命更重要；父母以前可能对子女有过一些不太恰当的言行，但是作为小辈来说，应该要宽容大度，绝对不能以此为由拒绝承担赡养老人的义务。由此可见，节目的价值导向作用明显。

三、注重内容与娱乐的结合

与时代同行，从形式上满足不同时期观众的喜好。比如，当真人秀的综艺节目很受欢迎时，将服务类节目与真人秀节目形式融合，会收到良好的效果，能够促使观众在欢乐之后，有较多的收获。服务节目在形式和内容方面不断创新的过程，实际就是节目不断增加参与、互动、体验、分享等娱乐形式的过程，特别是近年来不断融入真人秀的形式，使得服务节目的娱乐特点更加明显。

比如，《四大名助》从节目名称开始，就与娱乐接轨。从综艺视角出发，选择了引发观众好奇心的思路——"四大名助"是谁、"助"什么以及其与"四大名著"谐音的特点等都将引发观众的好奇心，从而激活潜在观众内心的收视欲望。节目内容上不再是千篇一律的感情纠纷，而是各种五花八门、意想不到的新奇烦恼——妈妈沉迷电脑游戏、妈妈做菜太难吃、爸爸太爱我、爸爸太贪玩、朋友太抠门、妹妹太爱国学、弟弟太爱昆虫、姐姐太爱狗等。节目也不再设定明确的调解目标，以话题的方式展开漫谈式的调解过程。矛盾双方也不再是千篇一律的夫妻、亲人、情侣，而扩展到朋友、同事、上下级等；这不仅接近生活现实，更增加了节目的多元性、立体性、话题性，娱乐特征显著。

但是，娱乐不是低级庸俗，且切忌过度娱乐。娱乐属于时代需求，成为当今策划节目时必须要考虑的元素。但是娱乐不是"愚乐"，不能为了简单追求观众的快感，使节目丧失基本的道德准则。比如，湖南娱乐频道的《星气象》节目和南京电视台的《感觉新气

图 5-10　《四大名助》节目主持人阵容

女孩整容上瘾　谢依霖　　父母催婚男子崩溃　母　　老太为天价保养品"手　　"私塾女孩"秀才艺引
遇最小脑残粉　　　　　　女吐槽父亲爱狗　　　　　刃"女儿　　　　　　　　众人夸　孟非说……

图 5-11　《四大名助》部分已播出节目的主题

象》节目形式大于内容，简单追求感官刺激，被观众戏称为"色情版《天气预报》"，节目开播不久后就停播了。提升观众的文化品位，也是服务类电视节目的重要责任。

四、注重内容的新闻时效性

服务类电视节目也应尽量满足观众对实用且新鲜的信息的需求，应用新闻的眼光发现服务点、用新闻的手法处理选题、用新闻报道如连续报道的方式展示服务内容，从而对观众的生活观念起到引导作用。

从目前观众对各类电视节目的需求来看，首选的是新闻节目，但是这并不意味着服务类节目的地位下降，相反，可以在服务类节目的新闻性方面做一些文章，这也是服务类节目的选题突破。曾经，电视服务类节目总是从小报中寻找相关选题，实际上，这些选题不会引起观众的兴趣。一些新闻事件背后则往往隐藏着一些服务类节目的资源。因此，服务类节目的编导要关注时事新闻，从一些日常新闻事件中去挖掘自己独特的选题。时效的贴近性也是服务性的体现。

中央电视台《新闻联播》后播出的天气类资讯节目，糅合了"出行参考、天气播报、气象知识、天文地理"等内容，并以新闻的方式播报服务，将日常发生的新闻热点事件同天气资讯串联起来，从生活资讯的角度出发，为观众提供日常生活中可能会涉及的居家、旅游、健康、饮食等一系列的生活资讯服务，主持人以轻松幽默的播报语言、通俗有趣的播报形式进行播报，内容翔实又轻松愉快，使得服务性和娱乐性相得益彰。

《生活面对面》节目中有一期专门讲述"好店主"彭水林的故事，节目对彭水林安装假肢、医疗康复的医学奇迹进行了近20天的连播报道，引起了较大的社会反响，该事件之后的节目收视率很高。北京电视台生活频道的一些其他节目也采取过故事连播的手段，取得较好的收视率。

五、注重内容表达的故事化

服务类的内容通过情节化的描述、故事化的演绎，能够提高观众的喜爱度。编导应尽量采用讲故事的手段，赋予节目新的形式。服务类节目可以用悬念作为载体，根据节目的卖点设置相关的悬念和戏剧性冲突，能够频频增加节目的可看性。

中央电视台七套的《生活567》是一档针对农民的服务类节目。该节目定位于农民，服务农民，关注农民的生活。节目内容不是简单地进行说教，而是切实为农民提供相关的帮助。节目以"健康生活、科学生活、文明生活"作为创作理念，从乡村、小城镇居民和城市务工农民的生活现象或生活事件切入，讲述他们的生活故事，揭示他们的情感世界，传递生活新知识，在倡导科学、文明、健康、和谐的生活理念的同时，沟通城乡，呼唤责任心和关爱之心，体现出对农民的人文关怀。

北京电视台生活频道不少服务类节目注重故事化，《7日7频道》就提出"选题故事化、故事情节化、情节人物化、人物细节化、细节趣味化"的创作理念。

《健康之路》以故事化表述方式引入典型医案，配以现代科技手段的形象演示和权威专家的生动讲解，态度严谨，形式生动，语言通俗。

《金牌调解》在叙述故事时，巧妙设置相关悬念。如《相煎何太急》开头内容预告：

13年前，段家两兄弟，因为父母遗留下来的一处房产闹得不可开交，今天，他们各自带着家人浩浩荡荡地来到了《金牌调解》的现场，想要为这场十余年的争斗找一个结局。在节目正式录制前，谈到对今天调解结果的预测，两人的说法大相径庭。

弟弟： 预测一下，觉得没有什么好结果。为什么呢，不是我的问题，是他，我哥哥转不过弯的问题。

哥哥： 不管这调解得怎样，只要有理，我就听。

主持人：你觉得他（弟弟）呢。

哥哥：弟弟呢，我就不知道了。

主持人：你预测一下。

哥哥：我不预测他。

而两位已经古稀的老人，谈起自己的手足兄弟时，用词都颇耐人寻味。

弟弟：失去理智，比较暴躁，贪婪的人。

哥哥：他是前脚讲话后脚变。

这段采访充斥着浓浓的火药味，让我们不禁为今天的调解担心。果不其然，在现场，我们遭遇了从未有过的冲击。今天的现场，当事人几番落泪。

弟弟：我对得起你啊，要问问良心啊。

（弟弟）几次崩溃。

弟弟：坐在这里啊，我爱人我女儿都不知道啊。

调解员数次下场调解，录制频频被打断，这场混战最终会以何种结局收场？财产和亲情的拉锯究竟胜负如何？所有愤怒、悲苦、委屈、无奈，一切尽在今天的《金牌调解》。

节目中间解说衔接过渡时也是悬念不断。

当房子拆迁，巨额补偿摆在眼前时，兄弟俩签下了一纸协议，姑且不论这份协议签下时是何情境，就单说哥哥又一次后知后觉地感觉自己吃了亏，我们就能大致想象他内心会有多愤懑。从1991年登报转房之后，哥哥对弟弟的怨气不断累积，最终，这一纸协议成为压死骆驼的最后一根稻草，哥哥终于崩溃了。盛怒之下，十多年来两家人一直生活在狂风暴雨之中，说起这其中的种种，这场房产之争最大的受益者弟媳妇在说到此时再也按捺不住，她走上证人席，和丈夫一起痛陈哥哥的暴戾行为。

悬念的设置可以贯穿整个节目的始终，可以设置一些情节性悬念，也可以设置一些结构性悬念。结构性悬念主要是设置在节目整体框架中的悬念。

《食全食美》节目一开头，编导就把"一截黄瓜和锅盖亲密接触产生什么后果"放在故事中，在整个做菜的过程中，主持人不断设置悬念，在节目最后设置谜底，故事进程中，观众会不断得到收获。《生活面对面》节目的每期预告就像一个个悬疑片，虽然只有30秒的时间，但是这30秒的预告时间被充分利用，包装炫目，并采用适度夸张的手法，给观众足够的悬念期待。

内容性悬念，主要是在故事情节中，不断地增加小的悬念，推动情节发展，给观众新鲜的刺激。较为常用的方法为不断增加问题，不断进行渲染，到合适的时间采用"抖包袱"的手段。《生活面对面》中选用了《揭露家政服务内幕》《多肉植物隐藏危机》《一捏变小的馒头到底添了什么》等节目主题，除了标题带有很明显的悬念，在节目过程中，画面与解说也很好地展示了节目内容。

六、注重用调查手法展示服务内容，增强节目的说服力和权威感

叙述故事时，也可以增加一定的调查与实验内容，以此增加较多的故事趣味。调查是实验室服务类节目经常用的手段。《生活面对面》中的《真假火锅大调查》《染色牛肉大调查》《"打针"柿子大调查》这几期节目就利用相关的记者调查、专家访谈、调查追踪等方式不断地调查各种造假问题，追踪事实真相，告知观众各种调查背后的真相，给观众一定的消费指导。从最初的线索到最后的消费告诫，整个调查过程往往悬念丛生，同时也给观众以较好的日常服务指导。这样的调查增加了节目的故事趣味，十分符合观众的收视趣味，达到了较好的传播效果。

与《生活面对面》同样享有良好口碑的北京电视台生活频道的《生活实验室》十分注重调查和实验，其节目口号是"试您想试的，试您不能试的"。节目内容涵盖大量日常的生活科普知识，揭示与人们生活、健康、安全等相关的现象原理，得出正确结论，既实践已知的生活科学原理，还纠正人们的错误观念和认识。节目不断地展示各种生活现象背后的科学道理，寓教于乐，互动性强。通过实验，节目让观众知道原汤化原食到底有没有道理、为什么说电脑键盘比马桶盖还脏、显微镜下的微观世界是什么样的……总结为一句话就是，"知其然不够，还要知其所以然"。

【思考与练习题】

1. 从编导角度解析《金牌调解》和《钱塘老娘舅》节目。
2. 服务类节目主持人的语言模式特点。
3. 网络直播类美食节目与电视美食服务节目的比较分析。

【学习参考书目】

魏珑. 电视编导［M］. 杭州：浙江大学出版社，2007：12.

【学习参考视频】

1. 中央电视台：《健康之路》
2. 东方卫视：《四大名助》
3. 江西卫视：《金牌调解》
4. 优酷直播全明星美食节目：《茜你一顿饭》

第六章 电视综艺节目的编导

【学习要点】
1. 真人秀节目中综艺+的主要形式与特点;
2. 国内综艺娱乐节目的共性特点;
3. "文化+综艺"节目的特点。

我国电视荧屏上的电视综艺节目最早开始于20世纪60年代的综合性文艺专栏,但产生轰动效应的则是1983年的《春节联欢晚会》。1983年也被称作中国电视综艺节目元年。30多年来,从电视到网络,从专业媒体到自媒体,综艺节目在视频节目版图中一直占据着重要位置。其间,以《春节联欢晚会》《超级女声》《中国好声音》《朗读者》等节目为代表的综艺节目,在内部元素、形态、运作方面都不断发生变化,其内容也从高高在上的名人"我演你看"到大众与明星同台竞技、话语交锋,节目与观众之间的关系发生了根本性变革。

第一节 电视综艺节目概论

传统的电视综艺节目表现面较为狭窄,一般是指在一个设定的主体条件下,运用电视艺术手段把各种不同门类体裁的单独艺术节目进行串联,从整体上达到效果高于局部总和的形式。电视综艺节目自诞生起,就一直拥有强大的生命力,获得观众的喜爱。电视综艺节目融合了音乐、舞蹈、艺术、小品、表演等,使得节目形态呈现出多样化的形式,深深满足了观众的娱乐要求。这种传统定义适合于我国早期综艺节目,如《综艺大观》等节目,但随着节目的形态日趋多样化,原先的定义已经不符合如今的形态了。目前,不少综艺节目都走向分众市场,不再呈现出大而全的形态。

当前的电视综艺节目借助电子技术手段,运用电视表现手段,如声光效果、时空转换、造型艺术等,融合了音乐、舞蹈、小品、游戏、真人秀等艺术或者非艺术形式,满足了观众的休闲娱乐和艺术审美需要。

不管是仪式方面,还是审美和教化方面,中国电视综艺节目在娱乐之余,带有较强的精英气质和诗意内涵。但是随着竞争的加剧,不少地方卫视为了获得较高的收视率,秉承综艺节目压倒一切的理念,综艺节目曾一度呈现出较强烈的娱乐压倒一切的特点。但在模仿、克隆之风的盛兴之下,电视媒体迫于现实的生存压力,不得不进行节目的创新,融入中国优秀的传统文化,在形式和内容上力求原创,重新培养自身的收视率。

一、中国电视综艺节目的发展过程

综观国内电视综艺节目的发展历程,最早的真正可以被称为节目的是1983年的《春节联晚晚会》。有人认为,在2008年之前,我国国内综艺娱乐节目主要经历了四个发展阶段:综艺晚会时期、游戏娱乐时期、益智竞猜时期、才艺选秀时期。也有学者把中国电视综艺节目划分为三个阶段。2008年之前,中国电视综艺娱乐节目在演变中呈现出两大特点:从审美取向上看,综艺娱乐节目从艺术欣赏转变为娱乐体验;从传播形态上看,综艺娱乐节目的观众从被动观看转变为主动参与。2008年之后,电视真人秀节目占据了娱乐节目的主流,成为各大电视媒体争相创作的热门节目类型。

第一阶段是从20世纪80年代初至90年代末,即综艺大舞台时期。这一时期的代表性节目是中央电视台1990年3月推出的、由《文艺天地》蜕变而来的《综艺大观》,每个周六黄金时间在中央电视台一套现场直播。该节目综合了各个艺术门类的节目,高举"综艺性、娱乐性、观赏性"的大旗,引领了一大批省级电视台综艺节目的建设方向。《综艺大观》"明星+表演"的内容和风格都传承自《春节联欢晚会》,被称为日常版、微缩版的春节联欢晚会,其收视率曾在全国稳居第一,这是中国电视综艺类节目的发端。尽管节目中不乏娱乐的成分,但总体而言,特别是对观众而言,还属于"可远观而不可亵玩"的象牙塔。

第二阶段是从20世纪90年代末至21世纪初,属于益智/游戏时期,即游戏娱乐时期。这一时期以1997年开播的《快乐大本营》为标志,在《超级女声》《玫瑰之约》《开心辞典》等节目的推动下数度步入高潮。这一阶段的综艺节目以游戏娱乐类真人秀节目为主,主持人和嘉宾以平民风格、个性化为标准,内容以娱乐为主,草根大众占据舞台,明星、草根与观众以广场狂欢之精神进行多主体展演。

1997年7月湖南卫视推出的《快乐大本营》是这一阶段的主要代表节目。节目以

"明星+游戏"的方式呈现，自此，以"明星+游戏"为特点的综艺娱乐节目开始抢占电视荧屏，引发了新一轮的收视热潮。《快乐大本营》引领了电视综艺节目纯娱乐风潮，从节目主体到节目内容发生了根本性转变。节目主体风格从大气端庄到追求个性、活泼与亲和，不再高高在上，走下神坛，走入寻常百姓，极大地拉近了节目与观众的距离。由何炅、李维嘉、谢娜、杜海涛、吴昕五人组成的"快乐家族"搭档在全国掀起了一股"快乐旋风"，树立"快乐至上"的全民娱乐理念。

之后，2004年《超级女声》节目掀起了选秀热潮，国内电视综艺娱乐节目逐步形成了以晚会类、游戏类、选秀类为主要代表的多种类型格局。

一时间，国内电视荧屏上娱乐成风。1999年6月在北京召开的"广播电视文艺研讨会"所提供的材料显示，当时全国省级电视台有33家开办了娱乐节目，地市级电视台开办娱乐节目的有42家；《玫瑰之约》引发了盛况空前的中国电视"红娘风"，致使国内各电视台先后开播30多档婚恋节目，成为20世纪末中国电视荧屏上一道独特的奇观。

第三阶段是从21世纪初至今的真人秀时期。这一阶段又可以分为："一枝独秀"时期（2004—2012年），代表栏目有《超级女声》（2004—2006年）、《星光大道》（2007—2009年）、《非诚勿扰》（2010—2012年）；"百家争鸣"时期（2013—2014年开启），有数十种类型的百余个代表节目之多，最为大家熟悉的是亲子类的《爸爸去哪儿》、竞速类的《奔跑吧兄弟》和文化类的《中国汉字听写大会》《朗读者》等。

以婚恋类、益智类、娱乐类、演艺类真人秀为主要表现形式的综艺娱乐节目强势呈现，成为支撑和提升中国电视收视率的主打品牌。在这个阶段，综艺节目经历了从电视到网络的跨屏传播，网络综艺节目强势崛起，逐步取代电视综艺节目的主导地位。《中国好声音》《非诚勿扰》《爸爸去哪儿》是代表节目。

2013—2014年，综艺节目呈现多元"井喷"景观，原创品牌成为主打。这一阶段也被称为"快综艺"时期。在这一时期，明星户外真人秀节目在制作过程中大多使用的是"引进海外模式及本土化改编"的方法。节目理念经历了"情感的需要""身体的狂欢""尊重的需求"的变化发展；节目规则与流程经历了"紧凑—加快节奏—放缓节奏"的过程；节目后期制作加入了"说明性字幕""画外音""渲染型花字"的新型元素。

2017年之后，文化类综艺和慢综艺成为热度最高的综艺节目类型，开启"慢综艺型"综艺娱乐节目模式阶段。电视节目制作者在明星户外真人秀领域开始尝试"节目模式的自主研发"，在节目模式创新的三个方面主要体现为节目理念上升为对"自我实现"的需要、节目规则与流程被弱化、后期制作加入CG动画与背景音乐。

《朗读者》《中国诗词大会》《中餐厅》《亲爱的客栈》《向往的生活》受到观众喜爱。特别是文化类综艺节目，以个性鲜明的人物和喜闻乐见的形式传承传统文化，尤其是线上线下场景链接、科技元素营造高仿真场景以及社交媒体上的传播，全方位激发了观众的主体意识和参与欲望，唤起不同观众群体的集体记忆，进而产生共鸣和认同感。

二、电视综艺节目的现状与特点

（一）真人秀的节目形式成为主流 晚会式的传统综艺节目退居其次

演艺类、选秀类、生活类、竞技类、科技文化类等节目，无论内容如何变化与创新，其基本形式都是以真人秀来体现。

以真人秀为代表的电视综艺娱乐类节目模仿之风极盛。

从 2000 年 6 月，广东电视台受美国 CBS 真人秀节目《幸存者》启蒙而策划的野外生存类真人秀《生存大挑战》系列节目开始，国内电视媒体就走上了一条以"借鉴、模仿"为主的学习道路。尔后，中国电视真人秀节目经历了简单地照搬、模仿国外节目模式，到引进模式，再到和版权方研究、进行模式的适应性改造等几个阶段。"一家创新、多家模仿"，在 2010—2011 年，以真人秀为主要元素的各类综艺娱乐节目出现了爆发式的增长。国家广电总局收听收看中心统计显示，2011 年全国 34 个电视上星综合频道，在晚上黄金时间段（19：30—22：00）内播出的娱乐性较强的节目，每周总计有 126 档，主要包括婚恋交友类、才艺竞秀类、情感故事类、游戏竞技类、综艺娱乐类、访谈脱口秀等。一时间内，真人秀形式的节目深受用户喜爱，也成为各大媒体节目形式创新的主要途径。

图 6-1 《生存大挑战》节目截图

为适应观众娱乐的需求，各电视媒体在节目的创新过程中都尝试融入娱乐因素，特别是真人秀的节目形式，以期获得好的收视效果。这其中，以中央电视台文化类节目的真人秀化最为成功。从 2013 年中央电视台 10 套推出《中国汉字听写大会》并取得舆论热潮后，《中国成语大会》《中国诗词大会》相继而生，而《朗读者》《经典咏流传》的开播，更是达到了文化类节目采用真人秀形式获得高收视率的高峰。以《经典咏流传》这档大型文化类节目为例，该节目自 2018 年 2 月 16 日开播，逐渐走进公众视野，不仅引爆朋友圈，更是获得三期节目短视频全网播放量突破 1.5 亿次、与节目相关的微信文章阅读点击率突破 10 万+的达近 50 篇、节目"摇一摇"互动获得近 400 万次分享、总曝光量约 4 亿次的好成绩，且在豆瓣斩获 9.4 分的高分好评。

图 6-2　《汉字听写大会》节目拍摄地　　图 6-3　《成语大会》节目片头

  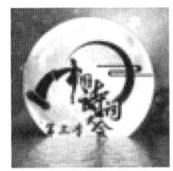 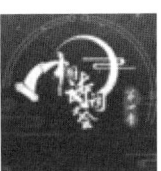

图 6-4　《诗词大会》节目片头

（二）制作成本不断攀高

一方面，大型晚会现场华丽炫酷，制作成本高昂。

传统的电视综艺晚会是中国本土成长起来的。近年来，中国的不少晚会借助高科技手段，将数字信息直接融入表演当中，将传统表演和高科技手段融合，让整个节目带给观众一场视听盛宴。诸多传统晚会类综艺节目所呈现的是高科技的展示平台。2008 年，北京奥运会开幕式、闭幕式十分华丽精彩，带给观众的是无比的视听享受。当时在开幕式的 4 个多小时内，全国有 8.42 亿的观众利用电视实时收看奥运会的实况，带来了全国电视收视率最高纪录。除了奥运会，中国的传统综艺节目春晚最近几年也一直注重高成本舞台效果投入，创造了一次又一次的收视热潮。每次的晚会都注重艺术与高科技结合，炫酷的晚会现场制造出强大的视听效果。观众们对大型晚会视听效果的期望值也越来越高，不断推高了晚会的成本。在电视媒体经济收入不断下滑的情况下，经费能否支撑晚会的继续创办，成为摆在各级电视媒体面前的一道难题。

另一方面，过度依赖明星，推高制作成本。

2015年又是中国综艺节目飞速发展的一年，诸多省级卫视为了争夺收视率，不断加快节目更新的速度，呈现出节目成本投入过高的情况。近两年，电视综艺节目的明星阵容在不断扩大，当观众在看电视的时候，能够看到诸多明星登场，包括周杰伦、金秀贤、范冰冰、那英、章子怡、冯小刚等，这种明星过多的情况，和电影大片没有太多区别，中国的综艺节目进入明星时代。明星抢手，电视媒体不得不重金邀请明星，成为综艺节目制作成本被不断推高的关键因素。有媒体透露，不少明星在节目中的酬劳占据节目一半的制作成本，在剩余的一半成本中，较大部分用于租建豪华的制作场地，到最后只有少部分经费才用于节目的真正制作。虽然不少媒体的真人秀节目开始回归星素结合模式，但是，明星、名人仍然是娱乐节目的主体。这种情况拉低了节目的内容质量。

（三）节目的"三多"现象严重：引进节目多、克隆节目多、节目中明星多

2012年，中国的电视荧屏掀起引进节目的热潮。浙江卫视《中国好声音》的版权源自《荷兰之声》，开创了音乐导师和选手之间互选竞赛的模式，这样独特的模式和优秀的歌曲受到广大观众的欢迎。

其他模仿欧美的节目有：辽宁卫视的《激情唱响》源自全球的顶尖音乐选秀节目 X-factor，《中国达人秀》源自英国的 Britain's Got Talent，江苏卫视的《星跳水立方》源自德国的 Stars in Danger：High Diving，东方卫视的《顶级厨师》源自英国的 Master Chef，深圳卫视的《年代秀》源自 Generation Show。

模仿韩国的节目有：《爸爸去哪儿》购买了韩国 MBC 的《爸爸！我们去哪儿?》的节目版权；四川卫视的《两天一夜》由韩国 KBS 授权；《我们结婚了》源自韩国的《我们结婚了》，由韩国 MBC 和中国 SMG 制作；江苏卫视的《明星到我家》和天津卫视的《喜从天降》源自韩国的《女神驾到》；浙江卫视的《奔跑吧兄弟》由韩国的 SBS 和浙江卫视联合制作。不少综艺节目都挂上"与韩国公司"合作的牌子，掀起"韩国艺人中国综艺首秀"热。

引进的节目让国内观众增加了新鲜感，一开始，收视效果好，于是，国内克隆之风开始盛兴。

以 2013 年湖南卫视推出真人秀节目《爸爸去哪儿》为例，之后国内荧屏上出现了《宝宝来啦》（中央电视台）、《来吧孩子》（深圳卫视）、《妈妈听我说》（北京卫视）、《老爸老妈看我的》（青海卫视），一段时间内，综艺节目疯狂上演了亲子节目系列。

在江苏卫视推出《非诚勿扰》之后，浙江卫视推出了《爱情连连看》《为爱向前冲》，吉林卫视推出了《全城热恋》，山东卫视推出了《爱情来敲门》，湖南卫视推出了《我们约会吧》，贵州卫视推出了《相亲相爱》，等等。

浙江卫视的《中国好声音》开播之后，各大卫视纷纷加入音乐真人秀的行列，安徽卫

视的《我为歌狂》、北京卫视的《最美和声》、东方卫视的《中国梦之声》、湖北卫视的《我的中国星》等音乐节目可谓是"你方唱罢，我登场"，同质化现象严重。

遍地亲子，台台相亲，处处唱歌，腻了观众的视听。

（四）泛娱乐化降低电视品位，思想性、艺术性、文化性不足

荧屏上大量泛滥的是一堆跟风推出的质量平平的节目，甚至还出现了为吸引眼球而降低节目品位的现象。尤其是有些节目渗透的利己主义、金钱至上、唯利是图等消极的思想观念，既降低了电视节目的文化品位，削弱了媒体公信力，又对主流价值观的创新传播与价值引领造成了一定的威胁与破坏。

真人秀节目的真实性问题被质疑较多。婚恋交友类节目嘉宾身份出现造假现象。2010年，江苏卫视的婚恋交友节目《非诚勿扰》在赢得高收视率的同时，接连被网友爆料，网友称节目中的一些嘉宾身份造假，均系节目组找来的"托儿"，引起舆论的一片哗然。东方卫视的《幸福魔方》节目嘉宾身份也被网友质疑造假。

另有节目参与者表示，自己在某电视求职类节目中获得了某公司的邀约，但是在现实生活中，该公司却将其拒之门外。这样的遭遇引发了观众对该求职类节目真实性的质疑，即招聘方到底是真招聘还是借机做广告。此外，在部分求职类节目中，部分选手被曝经历造假，选手编造的"苦情牌"策略屡遭吐槽。

第二节　电视综艺节目的类型

我国的综艺节目是随着改革开放的浪潮发展起来的。自1983年中央电视台的《春节联欢晚会》开启中国电视综艺节目的收视高峰后，中国电视综艺节目已经走过30多年的历程，不断地积累和总结经验，从形式到内容不断创新变化。综合起来看，国内电视综艺节目，大致分成表演类综艺节目、益智/游戏类综艺节目和真人秀类综艺节目。如今，随着网络新媒体的不断发展壮大，以表演为代表的传统的综艺节目因"参与、体验、分享"的特点明显欠缺，相对于真人秀节目来说，观众的关注度较低。表演类综艺节目已经不再占据电视媒体综艺节目的主流，而各类游戏、益智和真人秀节目在形式和内容的不断变化中，紧紧抓住观众，成为主流。

一、表演类综艺节目

早期表演类综艺节目主要有《春节联欢晚会》和《综艺大观》。1983年中央电视台举办了《春节联欢晚会》以后，开始每年举办春晚。春晚融合娱乐性、节庆性、时事性于一

体,风味浓郁,气氛和谐而且热闹,深受观众喜爱。著名艺术家侯宝林、王昆、凌子风、袁世海曾担任中央电视台春晚的顾问。相声演员马季、姜昆,演员刘晓庆,喜剧演员王景愚曾担任中央电视台春晚主持人。"文革"致使中国的文艺节目极其匮乏,《春节联欢晚会》的出现让全国人民为之兴奋,之后近30年的时间里,中国人过年看春晚成为习惯。

1990年3月14日,《综艺大观》开播,该节目的开播在全国引起了较大的反响,该节目集合了多种文艺手段。开播时它是中央电视台唯一的综艺节目,在国内以及海外华人界都有着广泛的影响。《综艺大观》的前身有《周末文艺》和《文艺天地》,主持人倪萍在节目中成为众人瞩目的明星主持。节目的信息量大,形式多样,雅俗共赏,是国内综艺节目的鼻祖式节目。《综艺大观》也引发了中国电视史的综艺节目的热潮。

《综艺大观》最初出现时,并没有竞争对手,在电视上陪伴了观众长达14年之久,深受观众喜爱,但是后期终于退出荧屏。当时《综艺大观》退出荧屏有多方面原因。一方面,省级卫视纷纷上星,《综艺大观》的竞争对手多了很多,诸如《欢乐总动员》《快乐大本营》等新式的综艺节目纷纷出台,以搞笑、时尚的形式吸引着年轻观众,导致《综艺大观》脱离了年轻观众的视线,仅仅抓住中老年的观众,传统的台上表演、台下观看的模式已经不能获得观众的认同了。失去了年轻观众,也就失去了节目未来持续发展的后劲。另一方面,不少《综艺大观》的主持人后来纷纷去主持春晚,不管是倪萍还是周涛,或者是曹颖,她们都因为主持过《综艺大观》而登上了春晚的舞台。但是,《综艺大观》是十分成熟的综艺节目,需要主持人保持统一的风格,而后期《综艺大观》节目定位太模糊。虽然《综艺大观》最终退出综艺节目的舞台,但其影响力十分巨大。

图6-5 《综艺大观》节目片头与节目主持人倪萍

二、益智/游戏类综艺节目

1997年7月10日,湖南卫视的《快乐大本营》正式诞生,综艺节目开始了"游戏+

娱乐"的时代。以《快乐大本营》为代表的游戏类综艺节目，是适应观众需求的产物，这一时期，观众对表演类综艺节目开始产生厌倦，很渴望能看到新的综艺节目形式。游戏类综艺节目带有互动、娱乐、刺激的元素，很受观众欢迎。从综艺电视发展史来看，《快乐大本营》不是第一个游戏类综艺节目，但确实是最成功的游戏类综艺节目。

与今天不少综艺类节目购买外国版权不同，《快乐大本营》完全属于本土创作，风格清新、青春、贴近生活、充满快乐，在中国的娱乐版图中迅速升至十分重要的位置，节目注重明星效应，倡导快乐文化，融入年轻人的生活中，也为湖南卫视后继成为中国第一电视娱乐品牌奠定了基础。

20世纪末期，中西文化交流越来越频繁，中国的电视制作人利用多种渠道去了解西方发达国家的电视类型，给中国的电视制作人员以很大的启发。受到国外综艺节目类型的影响，我国的综艺节目推出了具有特色的益智类综艺节目，代表节目是《幸运52》。

1998年11月，中央电视台二套推出益智综艺节目《幸运52》，该节目受到英国的益智节目 GOBINGO 的影响，节目混合了游戏与智力竞赛，再加上有很高的竞赛奖金，带动了很多观众参与。之后，中央电视台二套又推出模仿英国益智节目的《开心辞典》，该节目模仿的是英国益智节目《谁想成为百万富翁》。《开心辞典》互动紧张、奖金高额、即时通讯，加上主持人风格幽默，其成为中央电视台二套收视率最高的节目。

单就节目形式而言，《开心辞典》的结构还是很简单的，基本上是基于主持人与观众进行问答，但是和传统的《正大综艺》节目不同之处在于，《开心辞典》主要使用的是游戏+知识抢答的方式，这是学习英国节目的特点。《开心辞典》在结构方面设计了对抗和冲突的关键——最后为"家庭梦想"而战。这就增加了节目的刺激度，满足了观众的心理需求。在奖品的设定方面，《开心辞典》从家庭角度出发，立足符合中国传统的亲情、爱情的特点设置奖品，选手来参赛的目的就是帮助家人赢取奖品，奖品的设置符合选手自身的要求，不是节目本身所定的奖品。这种按需供应式的奖品符合观众的要求，使节目成为一档通俗性较强的节目。

节目主持人王小丫和李佳明深受观众喜爱，良好的主持人能给节目带来很高的收视率。主持人除了需要一定的主持功底，也需要自身良好的文化素养。王小丫主持《开心辞

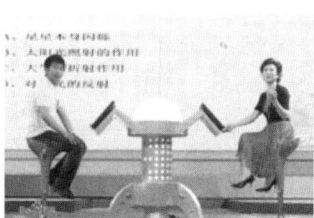

图 6-6 《开心辞典》节目截图

典》亲切、幽默，与选手之间的对话类似于家常对话，不但能消除一些选手日常的紧张心理，而且能够拉近她和观众之间的距离。

随着电视节目的创新发展，益智类节目开始逐渐退出节目舞台，不少地方台的此种节目纷纷光辉不再。一些节目都希望通过创新改变现状。如湖南经济电视台的《五年级救助队》就是模仿美国福克斯电视网的《你比五年级学生聪明吗?》进行制作创新的，把小学生带到节目中和成人进行对抗赛，陕西电视台推出节目《不考不知道》，天津少儿频道推出节目《你能毕业吗》，湖南卫视花重金打造节目《以一敌百》，但是节目的收视效果都很一般。

三、真人秀类综艺节目

"真人秀"的"真"是指节目参与者不是在节目中扮演特定角色，而是在特定情境中自然流露真情实意，真实展现语言行为、自身个性。同时，节目具有较强的纪实性。"人"是人性人格，"秀"是手段、规则。为了达到展现真实的目的，节目虽然不能像纪录片那样表现得十分真实，但是也要对细节进行敏锐的捕捉。人物的性格是通过细节展示出来的，不少人物的动作细节都能展示人物和其他人之间的关系。

最早的反映"真人秀"的内容是在1998年6月5日美国上映的一部名为《楚门的世界》的电影中。国外比较有名的真人秀节目有1999年荷兰一个电视台制作的《老大哥》；2000年美国CBS（哥伦比亚广播公司）制作的《幸存者》；2001年法国电视台制作的《阁楼故事》；2002年美国福斯广播公司举办的美国大众选秀节目《美国偶像》；2004年美国NBC（美国全国广播公司）开播的求职类真人秀《学徒》，等等。

国内方面，2000年，广东电视台推出《生存大挑战》，首开真人秀风气。早期的真人秀节目与益智、游戏紧密结合。一般而言，学术界把真人秀节目分成8类，包括演艺类真人秀、生存类真人秀、职场类真人秀、生活类真人秀、益智类真人秀、婚恋类真人秀、游戏类真人秀和角色置换类真人秀。事实上，由于不少编导的创意，真人秀节目还有更多的种类，如：竞速类、演讲类、喜剧类、文化类、医患类、孕产类、校园类、军旅类、农家类、魔术类，等等。

这些类型的节目通过真人秀的语言，在规定的情境中，设置一定的游戏规则，让选手以普通人身份进入，使得节目具有很强的冲击力。

表 6-1 2013—2014 年中央电视台及各卫视新推出的综艺节目类型和示例节目①

综艺类型	示例节目
1. 亲子类	《爸爸去哪儿》（湖南卫视）、《人生第一次》（浙江卫视）、《妈妈听我说》（北京卫视）、《爸爸请回答》（贵州卫视）、《爸爸回答吧》（浙江卫视）
2. 旅行类	《花儿与少年》（湖南卫视）、《花样爷爷》（东方卫视）、《鲁豫的礼物》（旅游卫视）、《如果爱》（湖北卫视）、《两天一夜》（四川/东方卫视）
3. 演讲类	《开讲啦》（中央电视台）、《超级演说家》（安徽卫视）、《我是演说家》（北京卫视）
4. 竞速类	《奔跑吧兄弟》（浙江卫视）、极速前进（深圳卫视）
5. 文化类	《中国汉字听写大会》（中央电视台）、《汉字英雄》（河南卫视）、《成语英雄》（河南卫视）、《中华好故事》（浙江卫视）、《中国谜语大会》（中央电视台）、《中国面孔》（山东卫视）
6. 喜剧类	《我们都爱笑》（湖南卫视）、《笑傲江湖》（东方卫视）、《中国喜剧星》（浙江卫视）
7. 医患类	《因为是医生》（浙江卫视）、《急救室故事》（东方卫视）、《健康 007》（浙江卫视）
8. 孕产类	《来吧孩子》（深圳卫视）
9. 校园类	《一年级》（湖南卫视）、《我们一起来》（东方卫视）
10. 军旅类	《真正的男人》（湖南卫视）、《星兵报道》（北京卫视）、《烈火雄心》（山东卫视）
11. 农家类	《明星到我家》（江苏卫视）、《喜从天降》（天津卫视）
12. 寻人类	《等着我》（中央电视台）、《有你一封信》（深圳卫视）
13. 汽车类	《最高档》（湖南卫视）、《巅峰拍档》（东方卫视）
14. 模仿类	《百变大咖秀》（湖南卫视）、《天下无双》（天津卫视）
15. 励志类	《超级先生》（安徽卫视）、《花样年华》（江苏卫视）
16. 跳水类	《中国星跳跃》（浙江卫视）、《星跳水立方》（江苏卫视）
17. 足球类	《中国足球梦》（天津卫视）
18. 拳击类	《勇敢的心》（北京卫视）
19. 台球类	《星球大战》（山东卫视）
20. 魔术类	《大魔术师》（中央电视台）
21. 粉丝类	《百万粉丝》（天津卫视）
22. 代际类	《我不是明星》（浙江卫视）
23. 探险类	《秘境》（天津卫视）
24. 密室类	《星星的密室》（浙江卫视）
25. 生存类	《这就是生活》（浙江卫视）
26. 戏剧类	《国色天香》（天津卫视）
27. 歌团类	《最强天团》（江苏卫视）
28. 服饰类	《女神的新衣》（东方卫视）
29. 筑建类	《梦想改造家》（东方卫视）
30. 宠物类	《狗狗冲冲冲》（东方卫视）

---

① 苗棣，毕啸南. 2014 年电视综艺节目特点分析 [J]. 电视研究. 2015（4）.

（一）演艺类真人秀

演艺类真人秀是指利用电视媒介，通过一定的比赛活动，设置一定的比赛规则，由评委和观众按照规则、参赛选手的演艺水平，对选手进行选拔与淘汰，最后的获胜者有可能成为明星。节目注重平民化和互动化：一方面，节目在选拔选手的过程中，任何人都能参赛，不用包装，可以直接"想唱就唱"，在电视荧屏前表演。另一方面，主持人、场内观众、场外观众都在进行互动，场外观众可以通过多种方式给予选手以支持，充分利用新媒体的互动性，让观众的情感获得满足。演艺类节目是真人秀节目中数量最多的种类。

代表节目有：2004年湖南卫视推出的《超级女声》、2006年东方卫视的《舞林大会》、2007年浙江卫视的《我爱记歌词》、2012年浙江卫视的《中国好声音》以及2014年中央电视台一套的《中国出彩人》等。

（二）婚恋类真人秀

20世纪90年代，我国开始涌现一批婚恋类真人秀节目，湖南卫视的《玫瑰之约》是较早的婚恋类真人秀节目。之后出现了一批婚恋类节目，如浙江卫视的《为爱向前冲》、四川卫视的《闻香识女人》、山东卫视的《爱情来敲门》、安徽卫视的《相亲赢未来》、东方卫视的《相约星期六》、江苏卫视的《非诚勿扰》。其中，影响较大的当属《非诚勿扰》。

《非诚勿扰》节目中，每位男嘉宾面对24位女嘉宾，男嘉宾可以在24位女嘉宾中找出自己满意的女嘉宾，女嘉宾如果对第一个男嘉宾不满意，可以继续参加节目并继续进行挑选，直到选到自己满意的男嘉宾为止，这在一定程度上属于创新模式，带有很强的时代感。早期的节目设置"爱之初体验""爱之再判断""爱之终决赛"三个环节，以此让大家了解一位男嘉宾。在此期间，女方亮灯表示对男嘉宾满意，愿意继续了解，灭灯则表示对男嘉宾不满意。若场上只有一位女嘉宾亮灯，主持人将询问男嘉宾的意见，如果他也中意亮灯的女嘉宾，则速配成功；若场上所有女嘉宾都灭灯，则男嘉宾必须离场。三关之后，如果仍有多位女嘉宾亮灯，则男嘉宾将获得选择权，挑选自己心仪的女嘉宾。但该节目开播不久，因为内容涉嫌造假而遭到中央电视台《焦点访谈》和《新闻联播》的连番批评，后经改版，收视效果受到影响，但因为节目为人们寻找情感宣泄与话题带来了较强的收视认可，因此，在相当一段时间内该节目仍然保持较高的收视率。

（三）亲子类真人秀

亲子类真人秀节目是指节目中父母陪同孩子，和孩子做一些有助于孩子成长的活动，通过一定的游戏克服困难，完成相关任务，促进父母和孩子的关系，也使得孩子认识更多的朋友，通过对自身的挑战锻炼，孩子的身心得到健康发展。观众在观看过程中，看到孩子的优点，也看到孩子与父母之间进行特定的情感交流，从而收获感动等情感满足。亲子类真人秀的代表节目是《爸爸去哪儿》。

《爸爸去哪儿》是湖南卫视从韩国MBC电视台引进的一档亲子类真人秀节目，节目加入了一些明星的参与，其中有5名明星爸爸在72小时的户外体验中，在孩子妈妈不在旁边的情况下照顾孩子的饮食起居，共同完成一系列节目的任务。

随后，各地电视台也纷纷推出亲子类节目，如浙江卫视的《人生第一次》《星星知我心》、中央电视台的《宝宝来啦》、陕西卫视的《好爸爸坏爸爸》、上海东方卫视的《潮童天下》、安徽卫视的《加油好Baby》等。

但由于从2015年起，国家开始对亲子综艺节目进行干预，出台了《关于加强真人秀节目管理的通知》，该《通知》中提出："真人秀节目应注意加强对未成年人的保护，尽量减少未成年人参与，对少数有未成年人参与的节目要坚决杜绝商业化、成人化和过度娱乐化的不良倾向以及侵犯未成年人权益的现象。"之后又出台一系列的管理规定，使得亲子类节目制作的热度下降。但这并不是说亲子类真人秀节目不能做，而是要看怎么做。

然而，在这个号称史上最严的新政下，一部新的亲子美食类节目《麦咭小厨》于2019年4月20日成功开播，成为最严政策后首个允许播出的亲子类新节目。

据了解，《麦咭小厨》是全国首档美食厨艺竞技成长节目，由明星林依轮、白举纲、魏巡、黄嘉千等娱乐圈一众美食厨神参与节目录制。据节目制片人介绍，作为金鹰卡通强势推出的原创亲子节目，《麦咭小厨》旨在让孩子亲近自然、认识五谷，在厨艺趣味竞技中，感受亲子陪伴，收获温暖成长。节目通过识五谷、做家务，让孩子健康成长。

图6-7　《麦咭小厨》部分节目情景照

(四) 户外类真人秀

户外真人秀主要是相对于传统演播室的真人秀而言的，而且呈现出较强的"记录"状态，在户外直接拍摄记录真人秀。真人秀最早出现在中国电视屏幕中，就是户外真人秀。早在2000年6月，广东电视台就推出了全国第一档户外真人秀节目《生存大挑战》，该节目为后来的国内真人秀节目提供了良好的文本经验。

国内户外真人秀节目类型较多：以《生存大挑战》为代表的野外求生类的户外真人秀、以《完美假期》为代表的人际关系考验类的户外真人秀、以《变形计》为代表的身份交换类的户外真人秀、以《交换空间》为代表的装修类户外真人秀、以《中国星跳跃》为代表的明星跳水类户外真人秀、以《爸爸去哪儿》为代表的明星亲子类户外真人秀、以《赢在中国蓝天碧水间》为代表的明星企业家商业实战真人秀、以《花儿与少年》为代表的明星旅游真人秀、以《奔跑吧兄弟》为代表的明星户外竞技类真人秀，还有明星约会婚恋真人秀、明星美食类户外真人秀等。户外真人秀节目真正做到了深挖明星，用足明星。明星给节目带来收视率的同时，也带来了高额的制作费。由此，真人秀节目的负面效果不断显现。

(五) 职场类真人秀

早在2000年，上海东方电视台就已经开始了职场节目的制作，推出《相约星期五》，但因节目形式较为简单，娱乐性不强，影响较小。之后湖南卫视推出《新青年》，中央电视台推出《绝对挑战》，浙江卫视推出《天生我才》，等等。一时间，国内电视荧屏上纷纷上演职场风，同质化情况随之出现。

在职场类真人秀节目中，比较有代表性的是2010年天视卫星公司制作的《非你莫属》。该节目模仿相亲节目，采用"亮灯"和"灭灯"的形式在节目现场考核应聘人员，不对应聘人员设置门槛。节目播出后，掀起职场节目的收视热潮。

(六) 文化类真人秀

文化类真人秀节目一般是指以能够激发观众对文化的兴趣，提升文化素养，传承和弘扬文化为宗旨，以艺术、文学等文化形态为主要内容，运用竞赛、演讲、游戏、表演等多元化的电视表现形式和手段制作的电视节目，借助真人秀的节目形式，节目兼具趣味性与教育性，集知识性、趣味性、互动性于一体，借助文字、诗词、文章、谜语、历史、戏曲等题材内容，可融合手机、网络等多种媒介形式进行多渠道传播。

国内电视媒体上较早的文化真人秀节目有2013年7月河南卫视与爱奇艺联合创办的《汉字英雄》以及2013年8月中央电视台和国家语委联合主办的《中国汉字听写大会》。这两档旨在体现汉字之美、关注青少年对汉字知识与文化传统认知的文化类节目，一经推出，即以其浓郁的中国文化特色和激烈的团队竞赛形式吸引了观众。河北卫视、中央电视台和河南卫视等又分别于 2013 年、2014 年接连推出了《中国成语大会》《中国谜语大会》《中华好诗词》《成语英雄》等文化类节目。

贵州卫视于 2014 年 3 月推出《最爱是中华》，浙江卫视于 2014 年 8 月推出《中华好故事》，陕西卫视于 2015 年 3 月推出《唐宋风云会》，山东卫视于 2015 年 7 月推出《我是先生》，安徽卫视于 2015 年 10 月推出《中华百家姓》，四川卫视于 2015 年 12 月推出《诗歌之王》，等等，中央电视台和各省级卫视开播的文化类节目就达十多档。

文化类真人秀节目在模式策划上很好地把握了电视媒介优势所在的"竞技""人设""展示"等重要的元素，具有很强的悬念牵引力、屏幕观赏性和知识愉悦性。

2017 年春节前后，《中国诗词大会（第二季）》《见字如面》《朗读者》等文化节目陆续播出，引发了新一轮关于综艺节目的热议，"文化+综艺"的新模式成为国内荧屏上真人秀节目的"一股清流"。以文化为载体的综艺节目异军突起，成为荧屏上闪亮的一抹光彩。纷繁复杂的快餐文化充斥下，蕴含着深厚历史文化内涵的经典作品逐渐回归并成为人们审美的最终需求。

真人秀节目具有开放性和包容性，更新迅速，无论是哪种形式的真人秀，都能让观众从中获得轻松而愉快的精神之旅，成为电视节目中一条独特的风景线。但随着真人秀节目的大量出现，国内荧屏上真人秀节目的不足日益显现，如节目类型趋同，恶性竞争；节目内容的本土化不足；节目版权问题日益突出，等等。真人秀节目的内容创新、形式创新成为提升节目影响力的唯一途径。

第三节 综艺节目的编导要点

电视媒体本身发展较为迅速，在娱乐为王的背景下，传统的说教节目已经被娱乐节目所替代，各个卫视都在努力思考新的编创模式，以此获得新的繁荣发展。

综艺节目的编导总体要求是：重导向、重时尚、重技术、强创新、重文化、重特色、全媒体、亲用户、精品化、品牌化。通过文化、竞技、表演、故事、情感等的融合，达到节目的创新。

一、确定主题

电视综艺节目，无论是传统的以表演为主的综艺晚会，还是后来的游戏与益智类节目，以及再后来成为电视荧屏"一枝独秀"的真人秀节目，主题是首先必须确立的。这个主题无论是显性的，还是隐性的，都必须存在。要举办一场成功的综艺晚会（节目），首先必须确立主题和宗旨，也就是要思考为何举办这场晚会、这个节目。

2016年中央电视台《春节联欢晚会》以"你我中国梦，全面建小康"为主题；2019年中央电视台春晚主题是"奋进新时代，欢度幸福年"；2017年北京卫视春晚主题为"欢动万家夜，爱暖中国心"；2018年湖南卫视小年夜春晚主题是"欢呼中国年"：为祖国欢呼、为家乡欢呼、为团圆欢呼、为幸福的生活欢呼、为一切美好的事物欢呼！

2019年中央电视台春晚通过设立三个分会场，凸显2019年的主题主线宣传，通过"大本营"北京与井冈山、长春、深圳三个分会场的架构，突出"知来路，明去处，谱写时代新篇章"的宣传主题，形成了礼赞新中国、奋进新时代的浓厚氛围。拥抱时代，综艺才会拥有旺盛的生命活力。

春晚的主题都是显性的。而与综艺晚会一样，季播的抑或是常态播出的综艺节目也同样需要确立主题。

《朗读者》每期都有一个关键词，也即主题词，这个主题词就是主题。比如遇见、陪伴、选择、礼物、第一次、眼泪、告别、勇气、家、味道。每个词背后都别有一番滋味，非常有力量。《朗读者》"陪伴"这一期的开场语是这样的：

为什么是陪伴？其实我们每一期的主题词的选择，是非常慎重的。有时候为了一个主题词会反反复复讨论很长时间，但是陪伴是最早确定下来的主题词，而且从来没有改变过。

我想因为陪伴很温暖，它意味着在这个世界上有人愿意把最美好的东西给你，那就是时间。

当然陪伴也是一个很平常的词，日复一日，年复一年，到最后陪伴就成了一种习惯，就像我们的朗读者，郑渊洁、乔榛都谈到了自己，夫妻之间的陪伴、父母对孩子的陪伴。

在这期节目当中，最让我感动的是杨乃斌，一个在8个月的时候失去了听力的孩子，为了能够让他像健全人一样成长，他的母亲，在他上小学的第一天开始就成了他的同班同学。

所以，我觉得陪伴也是一种力量。在这个世界上没有一个人是孤岛，失去了陪伴，也失去了生存的意义，所以希望这一期以陪伴为主题词的节目也能带给大家一段美好的陪伴。

当然，不是所有的真人秀节目都是一期一个主题，但是，从栏目设置的角度来看，一个栏目一个主题，是确定的。如教育主题真人秀节目《留学吧！少年》；如旨在让孩子亲近自然、认识五谷，在厨艺趣味竞技中感受亲子陪伴，收获温暖成长的亲子真人秀的《麦咭小厨》；如2017赛季GT Masters超级跑车大师赛联合中央电视台《发现梦想》节目推出全国首档大型赛车主题真人秀节目，节目以对拥有赛车梦的你我以及职业赛车手成长之路的真实记录为内容主线，邀请GT大师赛参赛车队本色出演，节目中全部使用真实参赛车队及赛手名称，向社会大众传递了赛车运动的正能量与拼搏进取的体育精神。

主题是保证综艺晚会、综艺娱乐节目正确选择创作内容的依据。没有主题，容易跑偏。因此，设立必要的主题，是综艺节目导演在创作前的第一个重要环节。

二、打造中国特色的原创节目

国内综艺节目从国内相互借鉴到引进国外的节目模式，再到国内相互借鉴和相互克隆，一段时间内，跟风成时尚，创新或原创极度不足。

长期以来，国内综艺节目"台上表演、台下观众被动接受"的形式，让观众产生了审美的疲劳，也逐渐失去观看的兴趣。引进的节目，因其形式新颖，的确让国内观众眼前一亮，引进初期，不仅丰富了国内电视荧屏的节目类型，而且能够刺激电视生产的积极性，更提升了电视观众的收视兴趣。

但引进之风盛行后，国内综艺节目尤其是真人秀节目内容高度相似、形式高度接近，电视综艺节目同质化现象严重。

走原创性之路，坚持本土化，是电视综艺节目的有效突破点。综艺节目尤其是真人秀节目只有通过发掘传统文化，将中国传统文化融入其中，打造具有中国特色的原创节目，才能产生续航能力，更体现了文化强国战略。

（一）内容的原创性

中华文化博大精深，从文化与文明的角度出发，深层次挖掘出"文化"与"综艺"的契合点才是自主创新的有效路径。只有从内容和形式上做出富有中国特色的原创性节目，才是电视综艺节目的真正出路。也就是说，只有在节目中融入地方特色与文化特色，才能体现出这类节目的差异性。

贵州卫视打造的国学节目《最爱是中华》，围绕国学文化，将中华美景、中华美食、中华民俗和中华艺术囊括其中，使整个节目内容十分丰满，结构也很清晰，通过评古论今，宣传国学观。节目的趣味性和知识性很强，以快乐传播国学为核心，利用选手的回答和国学导师的讲解，弘扬了中国的文化。节目具有中国的传统文化特色，很好地避开了与其他节目的竞争，更掀起了全民学习国学的高潮。

河南卫视推出的《武林风》节目把传统武术和现代电视艺术进行结合，展示缤纷云集的武术套路，为不少习武爱好者提供了一个良好的竞技舞台，文化底蕴浓厚，也有不少明星捧场，节目很快成为中华武术娱乐的第一品牌。

（二）形式的原创性

当下流行的，被大家称为"现象级"的文化类综艺节目，如《朗读者》《经典咏流传》等都属于在形式上创新的典范。采用"文化+综艺"的真人秀形式，形成了集文化性、知识性、趣味性与娱乐性于一体的栏目魅力。

从电视综艺模式创新的角度来看，《中国诗词大会（第二季）》《见字如面》《朗读者》等几档"文化+综艺"类节目的出现，恰恰也代表了中国电视综艺原创模式的成熟。

《中国诗词大会》等将诗词诵读与竞技对抗相结合的探索，《见字如面》《朗读者》将书信文化与明星或"明星+素人"朗读秀相结合的探索，找到了中华传统文化传播与收视市场诉求的完美结合点。形式的创新，让节目走进了观众。

中央电视台《中国诗词大会（第二季）》节目通过现场一百余位诗词达人比赛对抗的形式，让观众在关注竞赛的同时，重温了经典诗词。从《诗经》到毛泽东诗词，时间跨度达数千年。从"关关雎鸠，在河之洲"的诗歌缘起，到"黄河之水天上来"的盛唐气象，再到"雄关漫道真如铁，而今迈步从头越"的革命情怀。节目用这些观众最熟悉的诗词，带领观众在"熟悉的陌生题"中领会中华诗词文化的精髓。节目设置具有"一对一"对抗性的"飞花令"环节，借鉴了古人的诗词应对之趣，每场比赛增设一个关键字，由场上选手得分最高者和百人团答题第一名，轮流背诵含有关键字的诗句，获胜者直战擂主。3 600平方米的演播室搭建绚丽的水舞台，多种超炫大屏幕构建出与诗词内容完美融合的意境，在视觉体验上形成"诗中有画，画中有诗"的感觉。百人团答题时大屏幕配合万箭齐发的特效，营造出紧张的竞赛氛围。

参加《中国诗词大会》的一百多位选手来自全国各地各个民族与各个行业，有老人也有儿童，有大学教师，也有普通农民，还有在中国学习的外国留学生。节目邀请康震、王立群、蒙曼与郦波四位观众喜爱的文化学者担任嘉宾，为全国电视观众深刻解读诗歌创作的社会文化背景，生动再现诗词背后的故事，引导观众感悟中华诗词的美好精髓。可以说，《中国诗词大会》在电视综艺的模式创新上，达到了新的境界。

《国家宝藏》节目采用情境创构式的拍摄形式，通过明星扮演"国宝守护人"，讲述"大国重器"们的前世今生，让文物"活"起来，建立起国宝文物与当代人之间的文化基因联结，体现出中华文明与历史传承的精神内核。

《经典咏流传》精心挑选中国传统古典诗词中的名篇佳作，用当下的语言对古诗词进行再创造、再创新。选用今人所熟知的各界明星（以演艺界为主）演唱，这种"和诗以歌"的形式既找到了对于传统文化的新的"打开"方式，又符合当下观众的接受习惯，做到了经典与现代的完美结合，实现了内容的创新性。《经典咏流传》的场景美术结合每首诗词的不同主题做舞台概念，场景体验烘托故事升温，让观众有浸入式观感。

同样，形式创新的首档原创声音竞演秀节目——《声临其境》采用"云热像"技术为舞台效果加分，通过将坐在表演室嘉宾的体表温度值变成可视化图像，让观众抱有好奇感去猜测声音的主人，打造出"只听其声，不见其人"的创新形式，营造出先声夺人的效果。节目开播以来获得了十分可观的成绩：全网收视率0.61%，份额4.33%，豆瓣评分高达8.7分，并获微博、豆瓣八组、贴吧网友的全线好评。

图 6-8 《经典咏流传》演播室图片

图 6-9 《声临其境》——云热像之演员背后剪影

无论是《声临其境》《朗读者》还是《经典咏流传》，其节目模式并不复杂，也不华丽，但仪式感很强，做到了形式的原创，因此，节目效果好。

《中国诗词大会（第二季）》《朗读者》《经典咏流传》等原创节目播出以来，各节目的话题热度直线上升，网友纷纷对各节目的立意、内容、舞美、音乐、特色选手等进行讨论，对"中国原创节目"表达了强烈的认同感。

三、注重节目编导的互联网思维和互动效果

新媒体正在不断发展壮大，成为年轻人了解信息、进行娱乐的重要工具。传统电视台在制作综艺节目时要寻求和新媒体的合作，创建多平台传播。

（一）互动

节目中设计互动，是编导互联网思维的体现。从形式上讲，互动越多，节目效果越好。互动的方式也是随着科技的不断发展而不断变化的。

短信投票是早期效果较好的互动方式。比如 2005 年火热荧屏的《超级女声》节目的互动形式主要是以短信投票方式让受众参与其中，在短信投票这种互动模式下，《超级女声》可谓最大赢家，它颠覆了以往电视节目互动的传统，采用新型的互动模式，在新时期的大环境下脱颖而出，并获得了巨大成功。

随着科技的发展，互动平台更加多样化，为综艺节目吸引观众提供了技术支撑。

2012 年，由中央电视台推出的大型厨艺真人秀节目《中国味道》，首开传统电视节目和新媒体合作的先河。中央电视台与富年科技合作，特别开发了一款名为"中国味道"的独立手机视频客户端，在这款软件上，参赛选手们可以将手机视频上传到客户端与粉丝进行交流，还可以将自己所做的菜肴发上去与"吃货"们一起交流和分享，用户也能利用客户端及时了解节目的相关信息和新动态，最大限度地参与到节目之中。

2011 年，由腾讯公司推出的一款快速发送文字和照片、支持多人语音对讲的聊天软件——微信，更是成为之后节目互动的主要平台。微信"摇一摇"、微信抢红包等方式，为节目赚足了观众流。

《经典咏流传》节目充分利用新媒体平台，实现线上、线下的创新互动，推出微信

图 6-10　《经典咏流传》——现场观众发送"红心"参与节目

"摇一摇"获取诗词音乐的方式,以音乐为手段,让观众感受诗词文化,实现了以观众驱动为主的互动策略。

图 6-11　《经典咏流传》——手机扫码分享的互动方式

图 6-12　《经典咏流传》——微信"摇一摇"的互动方式

芒果 TV 自制的推理节目《明星大侦探》收获了良好口碑后,于 2018 年推出《明星大侦探》的姊妹篇《我是大侦探》,其采用全民互动的新模式,让观众充分参与节目的推理过程。节目探索了联动融合的新路径,即由网络综艺转化为电视综艺,拓展了台网互动相融的一体化发展思路。

此外,浙江卫视、优酷以及天猫共同出品的《这就是灌篮》还实现了台网以及节目以外的其他产品的联动融合。这些综艺节目所采用的网台相融的发展模式,除了形成观众黏度效应之外,也为综艺节目的品牌包装、衍生品的后续开发等提供了新的发展路径与模式。

(二) 传播方式注重与网络新媒体的结合

互动环节的设置，让更多的观众参与其中，但未参与的观众仍然有很多，如何让未参与者能够获得了解节目内容的机会，选择多样化的传播方式是一种很好的办法。

作为表演类晚会时期的老牌节目，《春节联欢晚会》推出了手机版春晚，观众在手机上观看春晚的同时，还可以通过手机短信投票的方式选出"中央电视台《春节联欢晚会》我最喜欢的节目"，参与投票还有机会获得奖品，这在一定程度上也吸引了观众更多的关注。

融合传播和矩阵传播推动了各级春晚传播效果最大化。小视频、短视频成为春晚的燃爆点。抖音、火山小视频等短视频App，不仅是湖南卫视、北京卫视等多家卫视春晚的赞助商，并且深度参与到节目内容与观众的互动之中。这些短视频平台利用动态人脸识别技术、体感识别技术、语音识别技术、人工智能算法等，创造出模仿、表演、分享等花样玩法，增强观众的沉浸式体验，备受年轻人的喜爱。

《中国诗词大会》节目的播出与新媒体的互动也较好地融合了起来，全程运用移动端推动节目多屏传播，实现节目播出时电视观众利用手机与场上观众同步答题，观众可在网络互动社区讨论诗词，增强了观众的节目参与感。

(三) 节目环节设置的可切分性，利于网络兼容传播

整台晚会或者整档节目上传至网络，固然能获得部分网友的点击，但是，根据人们碎片化阅读习惯的形成和移动阅读的特点，把节目进行切分传播，效果更好。犹如新闻的系列报道，合并在一起是整档节目，分开，又独立成章。《见字如面》《朗读者》《经典咏流传》等文化+综艺的真人秀节目，环节设置相对简单，有利于网络传播及时切割的需要。

如《朗读者》第一期节目中设置了六组嘉宾，讲述六段故事，分享六种完全不同的人生体验。六组嘉宾为观众呈现了散文、致辞、诗、歌词、小说、剧本等不同文学形式的表达方式。《朗读者》首播后，张梓琳、许渊冲等嘉宾的名字都登上了微博的热搜，许渊冲先生的书籍也上了电商平台的热搜。而《见字如面》中朗读者林更新、归亚蕾、张国立、王耀庆等明星也成了网络点播的招牌，第一期节目播出后好评不断，带来了巨大的网络点击量。

在传播形式上，《经典咏流传》节目打造出"1+4"融媒体跨屏交互的多样化模式，为每首诗歌量身定制4种不同的新媒体产品，包括H5互动、微信公众号文章、节目短视频、音频，节目匹配不同终端特性分发内容，将每首诗歌所蕴含的文化内涵与人生况味进行更丰富深厚与多样化的表达。每一首歌都有千万人次的观众进行跨屏交互，从而实现裂变式传播，引爆话题，形成"诗词唱经典，中国正流行"的文化气象。

四、正确处理好真人秀节目的"真"与"假"

真人秀节目融合了纪录片的纪实形式，但是，环节的设计以及场景的安排、参与者的身份尤其是名人身份，都会让观众感到"演"的成分较重，没有融入其中的情状感，只是看客。因此，真人秀节目要想赢得观众，必须在"真"上面下功夫。

其一，要做到设计的情景中，参与者的行为、情感表达的"真"，此为真的"真"。让真人秀节目设计的"真"变成观众视觉体验上的"真"，才能打动观众，吸引观众。《奔跑吧兄弟》编导制作组通过创意节目框架，设置游戏环节，吸引参与嘉宾的注意力，让嘉宾放下戒备做出最真实的反应。

其二，采用星素结合，星素结合回归观众本位，从粉丝角度出发设计节目环节，满足粉丝与偶像的互动需求。《我们来了2》《我们相爱吧3》《脱口秀大会》都采用了星素结合的模式。

其三，要力求节目现场环境的"真"，将节目录制结合至真实的国内、国际重要的事件和真实和真实的场景中。例如，《奔跑吧兄弟》第二季第一期节目中的"联合国可持续发展目标之青年倡议论坛"，第二季第四期节目中的"学霸龙舟赛"，都是按照国际规格、赛事水准，策划发起并执行的国际青年文化交流活动。节目跳出了原来以虚拟游戏为主体的编导路数，弱化了刻意为之的"秀"，开辟了现实性、实践化的迭代创新之路，也给观众提供了源源不断的全新的视听感受。此外，《明星到我家》节目把拍摄现场设在了平凡的农家，《三个院子》《亲爱的客栈》的拍摄现场是真实的自然环境，等等。

其四，节目中的人物与设置的内容吻合，能很好地给观众"真"的感觉。

《奔跑吧兄弟》第二季第四期节目《学霸龙舟赛》中，龙舟教练许亚萍代替制作组成为掌握嘉宾的主人。在龙舟这个她熟悉的领域里，自信在举手投足间散发，很好地消弭了普通人与明星的距离感，具有教育引导意义的龙舟知识从她的嘴里传到嘉宾耳朵里，进入电视机前观众的脑中。此外，许教练专业的训练技巧还引导嘉宾更好地沉浸于编导制作组设定的竞技主题中，嘉宾也展现出越出娱乐氛围外的拼搏精神。

【拓展阅读一】：《朗读者》节目流程框架设计

环节一：

片头30秒　街头朗读亭内朗读者朗读的片段

演播室大门打开，主持人从逆光中走来，观众起立欢迎，炫幻的灯光中，主持人走到演播室舞台中央，用卷首语的寄语+主持语，引出朗读者某某某。

环节二：

主持人走进演播室内专门设置的访谈小屋，朗读者在小屋内迎接、问候主持人，访谈室的门关上，主持人开始了对嘉宾的访谈，并在访谈结束时告诉观众朗读献给谁。

环节三：

主持人和朗读者走出访谈室，同步插入专家对朗读者所朗读内容点睛式的解读，帮助观众增加对朗读内容的理解。

朗读者站在演播室中央，介绍自己，开始朗读。

朗读时，屏幕效果设计的是一本书，逐行展示朗读内容，打破以往字幕在下方出现的惯例。

朗读结束时，用一本书上印有朗读者的姓名和照片的画面，转场进入下一位朗读者。循环出现，直至结束。

环节四：

主持人从最后一位朗读者的身上引出结束语。

用一首现场弹唱的歌曲再现本期朗读者的经典语句。

歌声结束，节目正式结束。

【拓展阅读二】《经典咏流传》节目环节设计

1. 片头切入演播室现场观众和主持人。

2. 介绍四位鉴赏团的嘉宾成员，鉴赏专家依次出场亮相：一人说一句代表性话语，并集体亮相。

3. 主持人介绍现场参与互动的形式，开启"传唱的经典"环节。

4. 传唱的经典环节如下：

（1）在经典传唱之前，首先由数位朗诵艺术家以一种仪式感很强的形式朗诵经典作品，为大家隆重地引出诗词。

（2）北京师范大学文学院康震教授作为破题人，用简短精炼的语言讲述诗词的创作背景，对经典作品进行导入式解读，引领观众提前进入经典的情境和氛围。

（3）从传唱人的角度，通过第二现场的访谈和真人秀小片的故事展现，去交代他们在完成这首经典作品时背后所经历的故事。经过几番铺垫之后，再请出经典传唱人演绎歌曲，将观众的情绪推向高潮。

（4）在经典传唱后，鉴赏团与传唱人进行深入的互动访谈，继续挖掘故事、升华主题，以不同身份聚焦同一经典，展示经典不同侧面的魅力。

（5）最后，巧妙运用"读诗成曲，传唱经典"的人工智能技术，带领大家一起传唱经典。

专业朗诵+文学评析+演唱经典+鉴赏互动，层层铺垫，层层深入。

【拓展阅读三】《朗读者》节目《遇见》一期的经典语录

卷首语：

朗读者就是朗读的人，在我看来可以分为两部分来理解，朗读是传播文字，而人则是展现生命，将值得尊重的生命和值得关注的文字完美结合就是我们的《朗读者》。

开场白：

今天，是《朗读者》节目第一次和观众见面，所以，我们第一期节目的主题词，也特意选择了——遇见。

古往今来，有太多太多的文字，在描写着各种各样的遇见。

"蒹葭苍苍，白露为霜，所谓伊人，在水一方。"这是撩动心弦的遇见。"这位妹妹，我曾经见过。"这是宝玉和黛玉之间，初次见面时欢喜的遇见。"幸会，今晚你好吗？"这是《罗马假日》里，安妮公主糊里糊涂的遇见。"遇到你之前，我没有想过结婚，遇到你之后，我结婚没有想过和别的人。"这是钱钟书和杨绛之间，决定一生的遇见。

所以说，遇见仿佛是一种神奇的安排，它是一切的开始。也希望从今天开始，《朗读者》和大家的遇见，能够让我们彼此之间，感受到更多的美好。

结束语：

一位老人，用毕生的心血，毕生的精力，毕生的热情，在东西方文学的世界里，架起了一座桥梁。让我们有可能到达彼岸，让我们有可能遇见，今天是《朗读者》第一次和大家遇见，也希望从今往后，能够遇见无声的文字，遇见有声的倾诉，遇见一花一叶，遇见大千世界。

该期节目中的经典语录：

只要你是个正直的孩子，不管你从事什么行业，你都是我的好孩子。——柳传志父亲对柳传志说的话

人生不可测，在任何时候，都要抱着一份希望。——主持人

从某种意义上来看，世间一切，都是遇见。就像，冷遇见暖，就有了雨；春遇见冬，有了岁月；天遇见地，有了永恒；人遇见人，有了生命。——主持人

如果美丽只是简单地用来做展示，也许它的意义不是那么大，但如果美丽能够转化成一种能力，去帮助更多的人，甚至去让自己变得更好，那它就是很有价值很有意义的了。——主持人

愿你慢慢长大，愿你有好运，如果没有，希望你在不幸中学会慈悲；愿你被很多人爱，如果没有，希望你在寂寞中学会宽容。——张梓琳朗读刘瑜的《愿你慢慢长大》

生命哪，并不是你活了多少日子，而是你记住了多少日子，要使你过的每一天，都值得回忆。——许渊冲

【思考与练习题】

1. 请分析借助新媒体传播对提升电视综艺节目效果的作用。
2. 以某一期真人秀节目为例，分析传统文化对提升综艺节目效果的作用。

【学习参考书目】

1. 王国臣. 电视综艺节目编导［M］. 杭州：浙江大学出版社，2011.
2. 魏珑. 电视编导［M］. 杭州：浙江大学出版社，2007.
3. 王释. 电视编导基础［M］. 北京：北京师范大学出版社，2010.

【学习参考视频】

1.《经典咏流传》
2.《朗读者》
3.《麦咭小厨》
4.《快乐大本营》
5.《天天向上》
6.《中国好声音》
7.《声临其境》
8.《国家宝藏》
9.《开讲啦》

第七章
电视谈话类节目的编导

【学习要点】

1. 了解谈话类节目的概念界定和节目特征；
2. 了解谈话类节目主持人的角色与作用；
3. 学习谈话类节目的编导要点，并在实际中运用。

  在轻松的交谈氛围中传递信息，是谈话类节目的重要特色。谈话类节目能借助人际传播的特点，为嘉宾、观众搭建一个"谈话氛围"，使人们在轻松的状态下探讨一些严肃的话题，谈话类节目开辟了电视节目中观众参与的新时代。

  中国谈话类节目的产生与发展有着深刻的社会原因。一方面，电视技术的发展，为谈话类节目的产生提供了物质条件的支撑；另一方面，随着中国的改革开放，各种社会问题接踵而至，社会转型带来多元利益群体、多元话语诉求，社会阶层之间的对话、交流显得极为迫切。此外，随着电视业的发展，电视节目制作人在与国外同行的交流过程中，学习到了国外谈话类节目的有益经验。因此，有人说，自20世纪末开始的谈话类节目发展是我国电视业继"综艺浪潮""纪录浪潮""游戏浪潮"之后的"第四浪潮"。

第一节　电视谈话类节目概论

  谈话类节目是一种"舶来品"，在国外叫"talk show"，译作"脱口秀"。1954年，美国NBC推出的《今夜》，开创了谈话类节目的先河。20世纪八九十年代是美国电视谈话类节目迅猛发展的时期，代表性节目有《夜线》《拉里·金现场》《大卫·莱特曼深夜秀》

等,经过半个世纪的发展,电视谈话类节目已在美国电视节目播出总量中占有相当大的比重。[①] 谈话类节目的发展在成就一档档王牌节目的同时,也成就了一位位卓越的谈话类节目主持人。在我国,真正的谈话类节目是从 1996 年 4 月《实话实说》开播后才逐渐发展起来的。《实话实说》一经开播,就在中国的电视界引起了电视谈话节目的轰动效应,促使国内电视谈话节目快速发展。紧接着,凤凰卫视陈鲁豫主持的《鲁豫有约》、窦文涛主持的《锵锵三人行》等也都先后打响了名号。

谈话类节目蓬勃发展的同时,节目形式也有很大的创新,从群言式的讨论、对话式的辩论,到主持人嘉宾漫谈,到一对一访谈,再到今天不少节目中采用连线、视频通话等方式访谈等,节目形式多种多样。从内容上看,访谈对象个人生活经历、社会热点问题、国家时事政治、周边国际政治等题材均有涉及。进入 21 世纪以来,谈话类节目更是快速发展,许多地方台开设了独具特色的谈话类节目,如重庆电视台的《龙门阵》,节目采用了浓郁的具有地方特色的方言;上海电视台的《有话大家说》,节目用市民话说市民事的方式,赢得上海观众的认同;江西卫视的《金牌调解》、东方卫视的《东方直播室》是真人秀调解类谈话节目的代表;而凤凰卫视中文台尉迟琳嘉主持的《笑逐言开》开创了谈话类节目新的发展方向。

一、电视谈话节目的定义

美国的《电视百科全书》中对于谈话节目是这样定义的:"'电视谈话'包括了从一有电视起就存在的所有不用写脚本的对话和直接对观众讲述的各类节目形式。这种'直播的'、脱稿的谈话是电视区别于电影、摄影、唱片和书籍的一个基本因素。而'电视谈话节目'则是一种主要围绕着谈话而组织起来的表演。谈话节目必须在严格的时间限制之内开始和结束,并且要保持话题的敏感性,以便在面对上百万观众时能够提起大众的兴趣。"[②]

《广播电视简明词典》对谈话节目的界定如下:"以谈话的方式阐述对新闻事件或社会问题的看法……以具有一定程度的交流感为特点……坚持平等待人、平易近人、亲切感人的说理态度;顺应听(观)众思路、针对听(观)众疑问展开论述;调动设问、比喻等表达手段启发听(观)众的联想,使说理过程带有类似于日常交谈的思想和情感交流。"[③]

从不同的对谈话节目的定义中,我们可以看出该类节目是一种以语言为基本要素的话语类节目,由主持人和嘉宾在预先设定的话题背景下,在演播室或户外进行讨论,并与场

---

① 王群,曹可凡. 谈话节目主持概论 [M]. 北京:中国传媒大学出版社,2007:1.
② NEWCOMB H. Encyclopedia of Television [M]. London: Rutledge Press, 1997: 64.
③ 王群,曹可凡. 谈话节目主持概论 [M]. 北京:中国传媒大学出版社,2007:2.

内外观众进行互动。它将人际间的谈话交流引入电视荧屏，并将这种交流直接作为节目的内容和形式，它是人际传播电视化的表现形式。

二、电视谈话类节目的分类

当下，电视谈话类节目涉及的题材十分广泛，节目的表现形式也日新月异，谈话类节目形态的多种多样给节目分类带来难题，归根结底，分类主要取决于划分的依据，这里我们以传统的节目内容和节目形式为分类标准。

(一) 根据节目内容分类

1. 新闻时政类

新闻时政类谈话节目一般以新近发生的新闻事件、社会动态及国内外时事为谈话主题，以主持人、嘉宾、观众之间的互动为对话形式，实现对新闻背景、新闻主题、新闻动态、社会舆论的解读。此种节目主要是围绕目前社会上的热点、难点、焦点或令观众感兴趣的新闻事件进行讨论，话题一般较为严肃。由于这类节目强调内容传播的权威性、准确性、重要性、贴近性，能对受众的日常工作与生活起到指导的作用，因此这类节目普遍受到欢迎。如中央电视台的《新闻会客厅》《新闻1+1》。

2. 社会生活类

谈话类节目相较于其他类型电视节目来说，最大的特点在于能实现社会沟通的功能，体现出多元意见的相互交流，平民化的视角是节目策划的出发点，节目本身为各个层级的人们提供了一个交流意见、表达看法、互相倾诉的平台。正如《实话实说》的总制片人时间曾说的："办谈话节目的根本冲动就是尊重人，尊重人的办法就是让人说话。"① 此类节目主要关注社会运行中、文化沟通中、人际关系相处中的一些话题，这些话题能让参与者都"有话说"。在社会话题类谈话节目中，主持人主要充当倾听者和组织者的角色，调动现场气氛，控制话题进行方向，营造一种轻松适宜的人际交往的传播氛围。

3. 情感故事类

这类节目不同于前两类，它主要以人物情感为主线，以情绪化的谈话和生动的故事吸引人。此类节目主要关注恋爱、家庭、婚姻、道德、伦理、法律、教育、人际关系等各方面的社会生活内容，聚焦于一个人、一个家庭或一个群体身上。如中央电视台的《等着我》、凤凰卫视的《冷暖人生》、湖南电视台的《真情》，等等。但情感交流类谈话节目容易在商业利益驱动下陷入"猎奇、窥私、媚俗"的窠臼，这也是最近几年一些地方卫视此类节目饱受诟病的原因。一档成功的情感交流类谈话节目，能给人思想上、精神上、情感

---

① 许永. 电视策划与撰稿 [M]. 北京：中国广播电视出版社，2001：144.

上、情绪上真诚的慰藉，能让观众通过节目体悟人生百味，品味生活的酸甜苦辣，从而获得人性光辉的力量。

4. 专业对象类

这是针对特定受众群体和某一专门领域开设的谈话节目。如中央电视台的《对话》主要的访谈对象为财经领域的专业人士；《五环夜话》主要为体育迷服务；《开讲了》邀请社会精英人士与青年学生对话，给予中国青年现实的讨论和心灵的滋养。这类节目因为受众对象和采访嘉宾的专业性强，话题较为专一，且容易形成节目内容的深度，与平民化的对话节目有一定区别，但这是因应媒介市场分众化、小众化方向发展的必然结果。

（二）根据节目形式分类

1. 访谈式

这类节目形式是通过主持人与嘉宾或新闻当事人"面对面接触、面对面交流、面对面碰撞"，在交流中挖掘出有意义的素材点，这有点类似于人物专访，非常考验节目主持人的临场把控能力、节目驾驭能力。访谈式电视谈话类节目通常只有一位嘉宾，他（她）的身份具有显著性的特征，可以是某一新闻事件的主角，抑或是某个领域的名人，通过主持人与他（她）之间的交流，挖掘出有价值的信息，揭示人物的内心世界。如上海电视台的《可凡倾听》、中央电视台的新闻类访谈节目《面对面》等。

2. 座谈式

座谈式电视谈话类节目的嘉宾不限于一个，通常嘉宾的代表面比较广，主持人和不同阶层、职业身份的嘉宾在一起围绕某一个话题进行交流，有时会有比较尖锐的话语交锋。座谈式谈话节目的话题选择注重热点性、冲突性、轻松性，常谈论一些当前社会出现的新事物、新现象、新问题，因为观点的不同带来节目的张力，因为主持人高超主持艺术的引导与驾驭，使得节目耐看，深受观众喜爱。有名的有中央电视台的《实话实说》（2009年9月已停播）、凤凰卫视的《锵锵三人行》（2017年9月已停播）。

3. 综合式

从节目的表现方式来看，综合式电视谈话节目综合运用了多种电视手段进行节目包装，比如中央电视台每周一期的《中国文艺·向经典致敬》以老艺术家为主要访问对象，以经典艺术作品为串联主线，充分利用了文艺表演、嘉宾访谈、录像插播、观众参与、主持人评述等手段，不再局限于"交流""对话"中，多种形式的运用使节目的可视性增强，也使得节目之间的边界不断消失。随着媒介技术手段的进步，会有越来越多的新手段、新元素被运用到谈话类节目中，各种类型的节目也会越来越交叉，电视谈话类节目的发展也会多姿多彩。

第二节　谈话类节目的编导特征

一般谈话类节目制作的大致流程如下：选题与思路设计—资料准备—嘉宾选择—文案写作—嘉宾访问设计—主持人设计—观众组织—现场录制—后期制作与包装—播出。这个过程只是一个大体过程，执行中要依据具体的节目实施做出调整，每一档节目话题常新、嘉宾常新，都需要编导对选题有透彻的认识，对嘉宾有深入的了解，对节目有创新性的把握与思考。

一、电视谈话类节目的选题与思路

选题是谈话类节目的核心，思路是在分析选题的基础上，为节目开展构思的结构与顺序。策划方案在选题和思路上精研，有利于增强谈话的可操作性，不然会导致选题缺乏吸引力，谈话也难谈透谈深。

（一）选题

谈话类节目的选题也十分广泛，诸如历史、文化、新闻、时事、观念、道德、经济、名人、百姓话题等几乎处处涉及，不管是什么话题，都可以归入谈话的几种主要类型中。

1. 新闻时政类选题

新闻时政类谈话的选题具有一定的新闻性，因此在选题时就要注重新鲜度、时效度，一般可以对新闻事件进行有效补充和思辨，对某个新闻事件从起因、发展、结果、影响几个方面进行采访和讨论，促使人们去了解新闻事件和新闻舆论。在新闻时政类节目中，往往当事人、目击者、专家都能成为谈话节目的主体。

2. 人物访谈类选题

人物访谈类节目的选题大致分为两种。一种会邀请政治、经济、艺术界的名人进行访谈，《艺术人生》《超级访问》《杨澜访谈录》属于此类节目。此类选题主要是满足观众对谈话嘉宾本身的兴趣，在谈话节目中，观众所关注的是一些嘉宾的个人经历、爱情、事业、奋斗史等，选题要切中嘉宾的人格魅力，展示嘉宾真实的那一面。此类选题的编导需要掌握这些嘉宾的详细资料。另外一种是以普通人作为选题的主要对象，但是这些普通人往往也具备话题价值，和一般的普通人生活经历不太一样，他们具有自身独特的个性和不平凡的经历，节目给观众所展示的就是嘉宾的不平凡的人生。

3. 社会话题类选题

对于处在转型中的中国，社会的诸多领域在不断变化，这些变化也给人们带来了很多的不确定性,也带来人们的思想观念的冲撞。社会话题类选题应该具有一定的议题讨论空间,能够引起观众的关心与参与,可以供多元观点进行碰撞。同时要避免偏激观点导致的激烈情绪,谈话节目需要一种平和的讨论气氛,过于激烈的"冲突"容易导致节目虽然有"场面",但失去了真正的意义。

4. 个案类话题

个案类话题一般与具体的人和事联系,因此带有比较强烈的感情色彩,现场嘉宾的真情实感在镜头前被充分展现出来,对现场观众和电视机前观众都会具有感染力、冲击力。虽然个案类话题具有小众性,但它在情感表达等方面较突出,有看点,能胜出。个案类话题要求事件中所蕴含的内容比较丰富,适合在谈话中被深度挖掘;要求故事内容不涉及隐私,且适合公开;要求个案的情节有故事性、情感充沛,从传播效果实现的角度来看,能吸引观众。

(二) 思路

谈话类节目的思路即话题呈现的脉络与层次,它涉及话题的充分解读、场面的安排、嘉宾观众的互动。这需要主持人在对话题、嘉宾充分了解之后,根据现场的谈话状况有侧重有角度地引导谈话的方向,可以有自己独特的设计,可以有一些针对性比较强的、有特点的、有个性的问题,能够一步步推动谈话走向深入。自然的过渡承接,良好的现场气氛调动,有深度的话题解读,这既需要编导的前期设计,更需要现场主持人有较强的临场应变能力。一般来说,设计谈话节目的思路需要考虑以下一些问题:

(1) 主持人如何出场?开场白如何呈现?话题如何导入?
(2) 当事人(嘉宾)如何出场,如何进入话题?
(3) 话题分解为子话题后,如何按顺序连接、转换、过渡?
(4) 现场观众如何提问?
(5) 场外观众如何互动?
(6) 是否需要其他辅助手段支持?
……

二、谈话类节目的编导要点

在创意与编导谈话类节目时,要注意考虑以下几点:

(一) 话题由头

无论哪一种类型的谈话类节目,都需要有一个合适的由头开场,这能奠定整档节目的基调、风格和话题走向。如《中国文艺·向经典致敬》节目往往由一首或几首经典的影视金曲开场,让人一下子能有带入的语境;《艺术人生》访谈某个知名导演或演员,可能是以他（她）的经典作品、新近作品作为由头，拉起对其艺术人生的呈现。又如《艺术人生》策划的《红楼梦剧组再聚首》《三国演义剧组再聚首》则是以某个具有特殊记忆的日子为契机，以当时影片制作的花絮镜头为由头入手，访谈一群老艺术家，能给人有瞬间的时代带入感。这些由头的选择需要依据具体的话题和节目风格决定。

(二) 话题价值

谈话类节目需要对话题蕴含的新闻价值或社会价值进行考量。有些人物、事件虽然具有谈话由头，但不具备社会显著性、普遍性，因此，不能予以选择，因为这类话题会导致谈话信息不足，影响节目的信息充沛性和传播效果。谈话节目一般每期就一个话题，所以在选题的时候，必须考虑到话题的深浅度，必须促使话题能够在一个较长的时间范畴内引起观众的注意力。

(三) 谈话嘉宾

邀请谈话嘉宾时要考虑以下几点：

（1）人物相关性原则，即谈话话题与嘉宾人物的匹配性问题。

（2）多元平衡原则，尤其是座谈式谈话节目或辩论类谈话节目需要现场有多种声音，编导需要把控话题观点的互动、平衡。

（3）电视表现力原则，需要嘉宾有一定的表现力和感染力，能通过肢体言语和谈话达到较好的电视画面呈现效果。

与谈话嘉宾的沟通交流是谈话类节目成功的关键，这需要节目组事前和嘉宾进行沟通，详细了解嘉宾的成长经历、个人意见、教育背景，并且能够说服嘉宾来进行参与，预想嘉宾谈话可能会出现的状况，设计谈话的关键，问出有深度的问题。

(四) 把控谈话的节奏，精心设计谈话流程

（1）重视预采访，寻找谈话的方向与议题。

（2）节目前与嘉宾做必要沟通，告知相应的流程和话题方向，重点问题可以让嘉宾提前准备，但要尽量保证谈话现场的真实、原生态。

（3）临场应变，引导谈话，充分展现主持艺术。

(五) 巧妙使用设置冲突、悬念等主持技巧

在录制谈话节目过程中，编导要注意制造主持人、嘉宾和观众之间的话题冲突性，提高谈话品质，但这需要拿捏尺度。冲突太猛时，要降降温，甚至转移话题；火力不足时，要适时抛出冲突点，增强节目吸引力。悬念也能够吸引观众关注话题，增添全场的戏剧式气氛。当前，不少谈话节目采用这个方式：在嘉宾不知情的情况下，事先邀请嘉宾多年没见的老朋友、亲人，给嘉宾一个突然的惊喜，抓住嘉宾那种兴奋与感动，从而将节目推向高潮，达到戏剧性的效果。

(六) 巧妙使用道具、音乐等，营造良好的谈话场景

在节目的筹备会议上，编导应该将本期节目的话题、嘉宾、构思等设想详细地阐述给节目组的每个人，在节目文案上应该有场景设计、音乐设计等内容，这些外在的辅助因素能为节目助益良多。如湖北卫视的《往事》有一期节目，主人公是当时在中国打工界创造高收入纪录，并有着"中国打工第一仔"之称的何慕（原名何奎柱），他在 20 世纪 90 年代时曾经被一个企业以年薪 50 万元聘请了 173 天，后来又被这个企业辞退，他为了证明自己有足够实力而自主创业，结果遇到创业失败，几近沉浮，最后成功。主人公极具传奇色彩，乐师拿到节目资料，就和编导商量，将主题曲定位为《真心英雄》。在辉煌的开场曲结束后，主人公讲述自身的艰难创业史，主人公回忆他过去官司缠身、兄弟反目的经历，一连讲了近两个小时，场面气氛十分沉闷。乐师觉得应该转换情绪，就用吉他的低音弦有力地演奏《男儿当自强》的旋律，主持人和嘉宾立刻顺势转换到发愤图强的话题，场面的沉闷情绪消散了。之后，主持人和嘉宾的谈话似乎又十分热烈，不知道该如何结束，此时，《真心英雄》的声音传来，而且声音越来越大，主持人和嘉宾立刻意识到该结束节目，共同顺势结束了节目。又如，《艺术人生》有一期节目邀请的嘉宾是陈凯歌，编导选取了蓝天牌牙膏、父亲的录像带、陕西的一把黄土、《唐诗 300 首》和《格林童话》等道具。对陈凯歌而言，这些是具备一定意义和故事的物件，这些物件能够引起陈凯歌的联想，从而引起他本身的谈话兴趣。尤其是热心观众邮寄的黄土，表现出陈凯歌在自身艺术创作中所植入的文化基因。正是依托这些道具，才引出了陈凯歌的积极配合和连绵不断的讲述。

第三节　谈话类节目主持人的角色要求

虽然我们说电视谈话节目是群体通力合作的结果，但是由于即兴谈话的不可预知性，主持人在谈话节目中发挥着重要的引导、控制作用。从某种意义上说，谈话类节目是谈话类主持人节目。谈话类节目的风格与主持人的个性风格具有高度统一性。在本节中，我们从谈话类节目主持人应具备的个人素养和基本要求两个角度来分析探讨。

一、谈话类节目主持人的个人素养

谈话类节目主持人要具备的素养主要包括政治素养、文化素养、人格魅力、思维能力、言语水平等方面。

（一）政治素养

广播电视是党和国家进行政策宣传和舆论引导的主要阵地，是党、政府和人民的耳目

喉舌。谈话类节目主持人作为一名电视人，作为党和国家新闻宣传事业的一名尖兵，应该具备较高的政治觉悟，拥有坚定的政治立场和正确的世界观、人生观、价值观，遵守宣传纪律，尽到把关人责任。

(二) 文化素养

出色的谈话类节目主持人应该具备扎实的文化功底、敏锐的新闻洞察能力、较强的语言思辨能力和丰富的人生阅历。他应该是一个"杂家"，能基于不断学习积累的知识驾驭各种不同的谈话节目现场，轻松应对不同领域的对话嘉宾。好的谈话节目是有较高文化品位和丰富的节目内涵的；差的谈话节目内容干瘪，格调低俗，这和主持人的文化素养息息相关。

(三) 人格魅力

人格魅力是指一个人具有较为优秀或独立的人格，并能对他人产生影响力、亲和力和感召力，是个人内在气质、涵养外显所产生的吸引力。锤炼一个人的人格魅力需要多种途径，它是由个人的学识、性格、品质、才干、气质、意志、情感等多因素综合形成的。西方国家时政新闻类谈话节目的主持人常常年纪较大，能主持一档节目长达数十年，这是他人格魅力持久不衰的佐证。再如国内经典的谈话类节目，崔永元之于《实话实说》，曹可凡之于《可凡倾听》，陈鲁豫之于《鲁豫有约》，节目风格与主持人的人格魅力高度统一。

(四) 思维能力

即兴交流是谈话类节目的魅力所在，也是谈话类节目的"生命"。对于具有准直播性质的谈话类节目而言，对于场面节奏的把握、话题顺序的安排、对话氛围的营造，均需要主持人有高超的"即兴"发挥的思维能力。虽然节目录制前，编导会对节目各个环节有所安排，主持人也会做充足的准备，但意料之外的状况肯定会发生，此时能解决问题的只有主持人，主持人的反应能力就直接影响到了节目的质量。

(五) 言语水平

在日常生活中，一个人的言语表达能力和其本身的学问程度并没有成完全的正比，一些善于言辞的人并不一定是学问高深的，一些学问不高的人也可能善于言辞，这实际上就是一种言语水平。谈话类节目主持人的言语水平体现在两个方面，一是言谈要简洁，落落大方，没有累赘；二是言语艺术高超，能用幽默、风趣、诙谐的谈话控制节奏，调节气氛。

二、谈话类节目主持人的基本要求

(一) 真诚的倾听

在电视谈话节目中，主持人自身要善于用带有更多的人文关怀的精神主动倾听，并对话题走向做出一定的判断,发现并抓住一些具备趣味性的话题。在《鲁豫有约》节目中,从表面看,陈鲁豫的主持方式是像一个孩子在默默倾听,偶然会插上几句话,但是如果由内行来看,就会发现这实质是陈鲁豫的主持基本功。主持人在倾听的时候,可以做到以下几点:

一是要抓住要点,从嘉宾或观众本身的思想出发,看出嘉宾或观众想要表达的核心内容,这样才能把握住重点,从重点再不断推动谈话的进展。

二是要记住大意,了解其表达的主要内容并预知可能会出现的谈话走向。

三是要厘清思路。主持人要从嘉宾和观众的谈话内容中理出头绪,并快速反应,厘清彼此之间的观点,推动谈话的进展。

(二) 凝练准确的表达

崔永元在主持《实话实说》中的一期节目时,有一段这样的场景对话:节目中主人公薛先生的钱包被小偷偷了,他抓小偷时,小偷自残受伤,薛先生费力费钱将小偷带到医院进行救治,现场观众对此进行讨论,产生了不同的看法。

主持人: 郑先生您也帮我们分析分析。

郑先生: 我比较注意的是,刚才薛先生谈到的,还有大家谈到的就是一个值不值的问题。值不值的问题今天我想得比较多。

主持人: 有的朋友用身体状况的好坏来衡量,有的朋友用钱多钱少来衡量。

郑先生: 有的用家庭来衡量,都是说值不值。这个代价值不值这个我想先举个例。你比如,如果谈到环境的成本,可能大家都比较了解。我们改革开放以来,我们是大力地发展乡镇企业。那么大家考虑的都是怎么使乡镇企业获得利润,获得利益,成本也算得很精。但是算成本里,我发现少算了一条,没有把环境算进去。那么现在我们乡镇企业发展得比较好,但是我们的环境也受到了污染。

主持人: 我明白您的意思。就是说如果我们都计算个人的成本,而都不挺身而出,那么有一天所有的小偷就会一起出动,那个时候我们就要一起承受这个后果。

崔永元在这段谈话中,思维十分跳跃,从本来十分繁杂的谈话中直接得出问题的本质。先对观众的发言进行总结,权衡利弊后,提炼出观点的一致性。在嘉宾发言结束后,崔永元对嘉宾原先过分冗余的谈话进行归纳,使得谈话更简洁,更能符合观众的理解力。让嘉宾不断谈话,并进行总结:如果人人都不挺身而出,小偷过分猖獗,最终受害者还是全社会,让观众知道了见义勇为在这个时代并不过时。这个归纳不只是针对观众的意思进行复述,而是具有创造性地使用对方的道理引出合乎逻辑的结论,再上升至全社会的高度,对嘉宾的言论进行了必要的引申。由此可见,凝练准确的表达能力是主持人语言艺术的直接反映。

(三) 平等的交流意识

谈话类节目主持人会接触到社会不同阶层的人，无论嘉宾观众的身份如何，主持人都应该有"人人平等"的意识，体现在节目中，即应该给予谈话对象相对平等的话语权，不能表露出刻意奉承或颐指气使的姿态。当嘉宾有足够自信侃侃而谈时，主持人要给予对象足够的尊重但又不可盲从；当嘉宾之间或与观众之间意见相左时，要及时"调停"；当嘉宾较为"弱势"，有胆怯情绪时，主持人应该用更为亲切、随和的态度来舒缓气氛，鼓励他们说话。

(四) 自然真切的情感流露

谈话类节目需要以自然真切的情感作为基础。谈话要有谈话的环境，聊天要有聊天的氛围。从某个角度上看，谈话节目或许是类型电视节目中最为自然、不加修饰的节目了。面对谈话嘉宾时，主持人应该有一种感同身受的心理状态，用自己自然的状态让嘉宾自然放松，用自己真切的情绪去感染他们，只有主持人自然真切了，谈话对象才能真正做到畅所欲言，自然交流。具体在实践中，主持人可以依据节目话题、节目定位、自身个性，表现出严肃、幽默、动情、冷静、欢笑等不同的情绪状态，以此影响嘉宾与观众。

(五) "专业"与"业余"结合

了解谈话节目所涉及的专业领域，甚至成为这个领域的专家，是做好一个谈话类节目主持人必备的条件。每期节目话题不同、嘉宾不同，花时间做好节目准备，收集学习相关领域的知识，了解嘉宾的背景资料，是做好谈话类节目主持人必须做的功课。同时，主持人毕竟不是专家，即使主持人非常熟悉嘉宾的专业领域，也要耐心倾听，不要喧宾夺主。这里的"专业"是对主持人内在知识素养的要求，只有具备了必要的专业领域的知识信息，主持人才能掌控节目，顺利配合嘉宾完成谈话；"业余"指的是主持人的主持心态或外在表现，只有站在受众立场上才能表现出观众的心理状态，从而引导嘉宾说出观众真正需要的信息。

《鲁豫有约》专访董明珠（节选）

画外音：1990 年，36 岁的单亲妈妈董明珠，离开 8 岁的儿子和年迈的母亲，从家乡南京独自来到珠海，入职格力成为一名销售业务员。入职第 2 年，她在安徽的销售额突破 1 600 万元，占整个公司的八分之一。4 年后，董明珠被公司全票推选为经营部部长，从此走进管理层。2012 年，董明珠在格力奋斗的第 22 年，她成功升任格力集团董事长兼总裁，成为格力绝对的一把手。

陈鲁豫：这过程当中是不是慢慢你发现，自己具备一些你以前自个儿也没发现的我还有这个能力。

董明珠： 其实我觉得能力归根结底，最后一点就是你敢于去面对，敢于去思考，我觉得唯一的可以就是说你跟别人不一样，你能吃亏，你能吃苦，你去坚持，你讲真话，所有人都知道它是假的，没有人去讲，但我一定要讲。

陈鲁豫： 讲真话不难，难就难在你讲完之后，你要承受讲真话的很多的后果。

董明珠： 也有人骂你啊，没所谓啊，没有人恨你可能你不是个完人，真的。

陈鲁豫： 当你还不够重要的时候，应该不会有什么人恨你，那你还能回忆起第一次，你突然意识到，原来周围开始有人恨我。

董明珠： 当部长啊。

陈鲁豫： 因为一件什么事儿吗？还只是一个感觉？

董明珠： 当部长的时候，因为回来立规矩了，这时候开始恨你的人慢慢会越来越多，当时我们一个行政人员，招聘招工人员，他只负责招工，那我到社会上，别人说到格力很黑，格力招一个工要500块钱，这大家都听得到看得到，没有人去敢讲，那我当了总，2001年当了总经理，我第一件事就必须把他免掉，分管他的副总找各种各样的理由说他跟劳动局关系好啊，跟人事局熟啊，然后换一个人受影响，我说他天生跟劳动局就熟啊？就这样的人动他动了半年，我当老总动他都动了半年，就是你会面临很多这些问题，所以这些人很恨我。

陈鲁豫： 那你工作环境就很不愉快。

董明珠： 不会啊，我没把它当回事，你为什么计较这些事呢？你该干你自己该坚持的事情啊，我没有什么不愉快，我觉得挺快乐啊，是他自己不愉快啊，因为他本来可以捞钱的，现在你一搞捞不到钱，他不开心，我很开心啊，我为什么不开心啊？

陈鲁豫： 这种事情真的不会影响到你的心情吗？

董明珠： 不会，我还挺高兴。

陈鲁豫： 那会因为这样可能你的朋友会没有以前那么多。

董明珠： 我说职位越高就越没朋友，就这个道理，不是没有朋友，是你不能跟他做朋友。

……

陈鲁豫：（个人说话）可能因为我是一个女性，然后我也是一个公众人物，所以我在看待外界对于董明珠的很多评价的时候，我不能说我是百分之百公正客观的，我是有倾向性的，我会倾向于董明珠，会认为外界很多的评价，是有性别色彩在其中的，比如大家会说为什么一打开手机就是她的照片，为什么她会给格力做广告？那很多男性企业家都在为自己的企业代言，没有人质疑他们，因为董明珠是女性，你就会质疑她，因为她不够常规意义上的美丽，我们就会质疑她，我们在比的是企业，比产品，我们在比谁漂亮吗？比谁更适合代言吗？所以我觉得社会对女性就是有歧视的，你做了一个企业家，但因为你是女性，好，那你不够，你还得年轻，你还得漂亮，你还得温柔，凭什么，我们比的是什么？一个标准，不要给我两个标准或者更多的标准。所以每次讲到所谓的，对于她的一些评价，我会认为不公平。

画外音：董明珠曾带领格力克服重重困难，成为如今的家电巨头，而董明珠对格力的深刻影响，也造成了这样一种现象：格力一旦出现任何状况、波动，都会引起针对董明珠本人的质疑和争论。

……

画外音：珠海海边的这条情侣路，明珠几乎每天都会来，独自一人快走一小时，是她每天放松休闲的唯一方式，不过这时她还是会思考工作的问题。

陈鲁豫：你一天会有几个小时，那个脑子是稍微就像关上一样，就不想那些公司的事。

董明珠：没有，我看电视，有时候看电视里的内容，也会可能想到格力电器，跟格力电器有关。

陈鲁豫：没有任何时候，比如你泡澡的时候。

董明珠：也会想公司的事。

陈鲁豫：就只要一醒。

董明珠：对，上次我同学给我打电话，同学都笑我，打电话时候我首先问他说，你那个用什么什么产品很好啊。

陈鲁豫：你就是个最大的销售员，你是个最好的推销员。

陈鲁豫（个人说话）：早晨在海边散步，然后她一大早穿得特别那个，美的婉约的就来了，我会觉得，哇，特别好。她内心其实有那样的一个人在的，只不过生活不给她这个机会去展现那一面，她每天要上班穿成这样，她员工该疯了我觉得，但她其实心里她喜欢那样。

……

陈鲁豫：你有时候会这么想吗？哎呀，我本来其实可以每天像这样的，穿着长裙特优雅的，在那个情侣路上每天散散步挺好的，但是因为我的各种我的选择或者大环境使然，我到现在为止还是每天我得焦头烂额地想很多的事情。

董明珠：我觉得也不叫焦头烂额吧，现在已经比较喜欢去想了嘛，我也会坚持每天走路，我唯一的运动就是走路，然后高尔夫球场我说我不知道啥样子，那跟我无缘，我也没什么享受，我在出差的时候跟我们到了当地，他们有时候就说，董总，我们带你到一个比较高级一点的地方去吃饭，我根本不需要。

陈鲁豫：偶尔有没有想，可能我为了我现在做的这个事儿，我舍弃了很多个人可能本来可能会有的生活，偶尔会有这样的想法。

董明珠： 当然，你比如说很多人这种，对父母啊，对子女啊，其实我们更多的失去是这一部分。

画外音： 进入格力后的董明珠上演了如何成为霸道女总裁的升职记，而30岁之前的董明珠却过着再普通不过的生活。1954年，董明珠出生在江苏南京的一个普通家庭，兄弟姐妹7人，她排行老小。1975年，21岁的董明珠从安徽省芜湖干部教育学院毕业后，回到南京一家化工研究所从事行政管理工作，不久后结婚。1982年董明珠28岁时，生下了儿子东东。但是，董明珠这段相夫教子的平凡日子只持续了两年，30岁那年，丈夫的意外病逝打断了董明珠做为普通女人的生活，她开始独自面对今后人生中的每一个选择。

......

画外音： 至今62岁的董明珠没有再婚，甚至几乎没有感情传闻，董明珠的儿子今年34岁，从法律专业硕士毕业后选择在重庆工作生活，逢年过节和母亲团聚。

陈鲁豫（个人说话）：和一般的母子肯定是不一样的，按我们的普通的那种亲情的标准来看的话，它不够那么的热，但那种温度对于他们彼此，是习惯是接受的，对于他们是够的，她其实是有潜质和有可能做一个贤妻良母，过小日子的人，但生活没有给她那样的选择。

......

陈鲁豫： 但其实挺奇怪的，一般家里面，因为我是家里面老大，我有弟弟，一般老大的性格可能会稍微的强一点，我觉得你们家7个孩子，你是最小的。

董明珠： 老小的。

陈鲁豫： 对，老小的应该是，就是各种被呵护，然后是娇得不得了，可能性格弱一点的，所以......

董明珠： 没有，我在家里唯一的，就是不做事，从来不做家务。

陈鲁豫： 我特别相信一点，就是做成某一件事的人，你其实把他放到任何一些位置上，他都能够做得不错，因为有一些成功的基本要素是共同的，比如说你要负责任，你要特别能吃苦，或者你要非常的，关注力是非常非常强的，很多是共通的。

董明珠： 还一个你要能吃亏，就不要斤斤计较一些小事，但是我觉得从小受我妈妈她们影响比较多吧，我从小长大没穿过补丁衣服，但是我里面衣服一定是补丁的，就是我妈妈会把旧衣服补好弄好给你穿在里面，外面穿的一定是最漂亮的。

陈鲁豫： 那还是蛮难的，因为家里面7个孩子，每一个人都要吃饭，都要上学。

......

陈鲁豫： ......因为可能别人会说，如果当时比如你生活没有发生什么改变，你就一直在江苏在南京生活的话，会一直这么安安稳稳的，可能什么都不发生，波澜不惊地度过。

董明珠： 对，但它就发生了，也不以你个人意志转移的。但后来想想也不后悔，其实一个世界上,它没有绝对的公平,就是一定有一小部分人,他是牺牲了自己成就了一个大家,你选择是大家还是选择这个小部分就是你的选择了。

……

陈鲁豫:这个环节我们叫董小姐和鲁小胖,就是我们的自媒体,穿白衣服的,这个浅色衣服的都是格力员工,然后前面就是北师大珠海分校,有大一大二的女生,都特别可爱,然后她们有一些问题,小朋友们有一些问题想要问,谁有什么问题,举手来问。

陈鲁豫:好,你先来说。

女大学生A:您好,我就是,我有一个问题一直特别好奇。您看现在咱们这个格力手机里也是您的照片,在机场的广告牌上也是您的照片,公交车上也放的是您的照片,您很喜欢满世界这么晒您的照片是为什么呢?

董明珠:如果说没有格力这个品牌的话,这张照片是不值钱的,某种程度来说,这张照片它代表了对自己品质的一种信心,还有是对消费者市场的一个承诺。

女大学生A:就是您和格力绑定了是吗?

董明珠:因为作为一把手,你不绑定也是绑定,它某种程度的文化,它一定是一把手的文化。

女大学生B:要是在您年轻的时候,您遇到了一个劈腿伤害了您感情的渣男,你会怎么去对付他?

陈鲁豫:你是碰到渣男了吗?

女大学生B:哦,没有。

董明珠:哎呀,这个问题真的我回答不了,因为我没这个经历,就我觉得很奇怪,在我印象当中好像没有人敢来找我一样的,真的。

陈鲁豫:这不是一个好事啊。

董明珠:但是我相信你讲的这个问题,证明你看问题还是只是看到表面,你看这个人好不好,是看他对所有的人,对别人好不好,这个是很重要的。

陈鲁豫:但是恋爱、婚姻这个事就是你要在实践当中犯错误,摸索道理,然后可能再犯错,但是你必须要在实践当中去得到这些经验,光用理论先武装自己,没有实践也不行,所以你开始恋爱,碰到渣男以后再说,这一生谁还不碰一两个渣男的,没关系。

女大学生C:董姐你好,成功是你身上最大的标签,而我作为一个20岁的女大学生,我觉得年轻是我的资本,那如果现在有一个能让我们俩身份完全互换的机会,您会换吗?

董明珠:单纯从年龄角度,回到你20岁的时候,我觉得你比我成功,因为我像你这个时候,我根本就像个毛孩子一样,啥都不懂。你们今天学这么多东西,是在我跟你们同年的时候,我是没想过问题。你就可想而知,我们那个时代的人多么的单纯。所以有时候我经常会自己也会自己问自己不值得,我到今天为止回来想,我觉得非常值得。虽然你经历了那么多，也挑战了那么多，甚至于会被别人不理解，委屈，可能都有，但是我都能坦然面对。而且我觉得很自豪啊，在中国的家电业，你做到了世界第一，可能过了20年以后，我相信那一天的时候，下一代人还会有人记住你的时候，我觉得这就是成功。

陈鲁豫：谢谢。还有几个问题：现在什么让你最快乐？

董明珠：哎呀，每天看到我的销售数字在变化是最快乐的。

陈鲁豫：我的天啊……给将来的自己说一句话，你会说什么？

董明珠：当有一天盖棺定论的时候，无怨无悔。

陈鲁豫：盖棺定论，你希望怎么盖棺定论？

董明珠：当你离开这个人世的时候，你觉得无怨无悔，我觉得就是最好的。

《鲁豫有约之大咖一日行》是由能量传播、海峡卫视和东南卫视联手打造的国内全新真人秀式访谈节目，于2016年8月26日21：10首播。每期节目都会探入不同"明星"的日常生活和工作环境中，轻松有趣的节目模式让观众在精神上愉悦与放松，而走心的访谈也必然会让观众感受到灵魂深处的滋养。

一、嘉宾具有话题度

这一期的嘉宾是格力集团的董事长兼总裁董明珠，董明珠一直以霸道以及严肃的形象示众，那她私底下是一个怎样的人，有着怎样的性格魅力，与员工如何相处，怎样平衡事业与家庭两者之间的关系，乃至这位女强人的爱情观是怎样的，这极大程度地满足了观众的好奇心理。

二、引人思考

节目中一直强调，如果董明珠年轻的时候没有从南京去珠海打拼，那么她是不是也会只过着安稳的生活，不会有现在这样的成就，但陈鲁豫和董明珠也给出了自己的答案：成功的人之间必定有一些相关的要点——肯吃苦，肯吃亏，愿意负责，不斤斤计较。该节目的观众也多以年轻人为主，能够给年轻人带来一些启示。

三、及时升华主题

性别歧视是社会中一直存在的现象，无论是古时候的重男轻女，还是现在的任人唯用男性的现象都体现了一种性别成员对另一种性别成员的不平等对待。这不禁让人深思，董明珠如今能够云淡风轻地看待事物的背后，曾经遭受了多少质疑，一个人承担了多少压力？而有关性别歧视这一问题的提出，也是该期节目中主题的一个升华。

四、循序渐进的节目录制

《鲁豫有约之大咖一日行》与其他访谈类节目在形式上最大的不同的是,其他访谈类节目会直接把嘉宾邀请到演播室,在嘉宾进行一番自我介绍之后,就开始与主持人进行对话,主持人象征性地问嘉宾一些问题。而《鲁豫有约之大咖一日行》却选择先拍摄嘉宾所工作的地方,拍摄嘉宾对工作上的严谨与一丝不苟,接着再拍摄日常生活中的嘉宾,把嘉宾最真实、最可爱的模样展示在观众面前,而节目的访谈此时也才刚刚开始,这时候,陈鲁豫才会和嘉宾坐在一起,由陈鲁豫对嘉宾进行一些提问和采访。

五、节目的互动性强

《鲁豫有约之大咖一日行》节目除了主持人陈鲁豫对嘉宾进行谈话、访问,还组织场外的观众与嘉宾面对面交谈。这些提问的人可能是学生,可能是劳动人民,总之,在一定程度上,他们与接受采访的嘉宾所拥有的社会名声和地位具有一定的差距,但是当这些人提问时,我们感受到他们所问出来的问题不会有那么官方或者有拘束感,甚至可以向嘉宾提问感情问题等,也正因为更多不同阶层的人向嘉宾提问,就不会让节目有一种带有剧本的感觉,也更能吸引观众的好奇心。

六、融媒体助力节目的传播影响力

除东南卫视外,《鲁豫有约大咖一日行》在爱奇艺、腾讯以及 B 站等多家视频网站播出,便于不同收视习惯的观众接受讯息。此外,节目还通过微博、微信、抖音等新媒体用图文或短视频的方式引发观众的兴趣,提升节目的知名度。尤其是把陈鲁豫与董明珠之间的某一段对话放在抖音这个平台上,可以快速吸引观众的注意力。更重要的是,该节目除了有官方运营的微博、微信之外,节目中还添加了陈鲁豫个人的微信公众号,她的微信公众号叫"鲁小胖",由陈鲁豫亲自回复观众的问题,这样的运营方式增加了一种亲近感和真实感。

【思考与练习题】

1. 思考新闻谈话类节目成功的要素。
2. 观看一期谈话类节目,分析该节目的编导特色,着重分析节目主持人的角色与作用。
3. 请以"垃圾分类问题解困"为话题,撰写一档谈话类节目的策划文案,并设计三种不同的开场白,阐述你的策划思路。
4. 任选一期谈话类节目,就主持人的现场主持技巧进行评析。

【学习参考书目】

1. 王群,曹可凡. 谈话节目主持概论 [M]. 北京:中国传媒大学出版社,2007.

2. 许永. 电视策划与撰稿 [M]. 北京:中国广播电视出版社,2001.

3. 陆晔,赵民. 当代广播电视概论 [M]. 2版. 上海:复旦大学出版社,2010.

4. 靳智伟. 电视受众市场研究 [M]. 北京:北京师范大学出版社,2010.

5. 刘利群,傅宁. 美国电视节目形态 [M]. 北京:中国传媒大学出版社,2008.

6. 曾志华. 中国电视节目主持人文化影响力研究 [M]. 北京:北京大学出版社,2009.

7. 赵天骄. 传播学视野下电视访谈类节目存在的问题及对策研究 [D]. 锦州:渤海大学,2015.

【学习参考视频】

1. 上海文广新闻传媒集团:《可凡倾听》
2. 中央电视台财经频道:《对话》

第八章
影视剧导演

【学习要点】

1. 了解影视剧导演前期工作的程序及其职责;
2. 掌握导演阐释的创作方法;
3. 掌握导演思维的内涵与个案研究的方法。

在一部优秀的影视作品的创作过程中,固然需要所有的工作人员做出创造性的贡献,同时也要求很多电影元素相互作用。但是,导演在整部影视作品的创作过程中无疑处于中心枢纽地位,导演是影视艺术创作过程中最重要的力量,是总指挥、总设计师、统领者和决策者。

第一节 影视剧导演的前期工作

导演决定着电影或电视剧的主题,导演决定着电影或电视剧的创作风格,导演决定着电影或电视剧的视听语言,演员的表演和后期制作工作中也可见导演的地位和价值。一部电影或电视剧创作的前期工作通常包括以下几方面。

一、确定剧本

影视作品的剧本,一般有两种情况:一是由制片人或电影制片厂、电视制作公司、电视台提供已被审查主管部门通过的剧本,或是由导演参与创意再由编剧撰写的剧本;二是导演自编或与编剧合作的剧本。对于第一种情况,大多数导演都会按照自己的理解、创意构思进行剧本修改，有时甚至是颠覆性改动。导演对剧本的改造应征得制片方的同意以及编剧的认同，尤其是对情节内容、人物、主题等大结构的改动，如果未与编剧或编剧团队协商而自行改动，作品在放映时可能会引起知识产权纠纷。

二、确立团队

（一）导演部门

导演部门由导演与副导演组成。导演负责创作分镜头剧本，体现自己的创作意图，还需要在正式开拍之前，对全体人员做一次导演阐述，目的是统一创作思想。导演部门需带领主创人员看外景地、定景，与摄制组主创人员就拍摄地做提前沟通，设计拍摄方案。导演需要给演员集中说戏，帮助演员熟悉剧本，了解自己的创作意图，认识自己的合作表演对象。副导演经常不只一位，他们负责不同的筹备工作，有演员副导演、现场副导演、动作副导演等。

（二）摄影部门

导演与摄影师研讨创作构思，确定投资允许的摄影机和相关设备。摄影师、灯光师及导演一同看景，并对一些戏的拍摄手法、布光方式有所设计。摄影组要向制片组提供所需的摄影器材清单，并检查试用租赁来的摄影器材。灯光组要向制片组提供所需的灯光清单，并检查租赁来的灯光器材。

（三）美术部门

导演与美术部门研究全片（剧）空间造型设计和内外景的加工筹划，需与美术、道具、置景、化装、服装等各个部门进行指导沟通，形成统一的美学风格与创作思路。

（四）录音部门

录音师只有在导演确立了全片的总体构思及声音构思后才能进入准备，从而设计全片（剧）的声音效果。录音部门的声音构想来自于导演对全片（剧）的声音构想。录音师还需同其他主创人员一同看景，了解置景地的录音条件。

（五）制片部门

导演需同制片部门共商预算分配方案，制订拍片生产计划。

三、选择、确定主要演员

导演除遵循剧本人物形象与导演构思去多方寻觅适合的演员外，还需根据投资规模的高低及制片方市场调查所确定的该片（剧）的未来市场走向来确定主要演员。

四、选景与置景

选景与置景需综合考虑剧本要求、投资情况、创作及生产的条件与周期几方面因素。由于大多数导演都要服从投资预算,还要顾及生产与投产、出品的生产周期的规定,因此对于选景与置景都需要慎重。选外景,需要导演、摄影师、美工师、灯光师和录音师一起参与,要确认声音环境的可行性。同时在选择外景的时候,如果是地形险恶、偏远山区、社会生活条件较差的地区,要慎重考虑摄制组的生活与生产的可行性。

五、导演阐述

导演阐述是导演创作意图的说明,是导演艺术构思的文字表述,要阐明导演对剧本的理解,对主题立意的说明。同时要指出在立意之下如何把握和创作人物形象,以及与之相对应的叙事结构和叙事方法。此外,还要说明全片(剧)的视听语言风格、空间情境、镜头运动方式,以及对摄影、美工、服化道、表演、声音等方面有什么要求,预期达到怎样的艺术效果和市场期待。我们先来看以下两个案例。

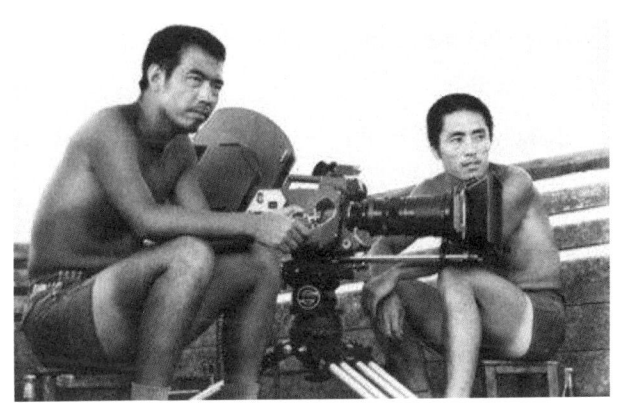

图 8-1 《黄土地》导演陈凯歌与摄影张艺谋

案例一:《黄土地》导演阐述 陈凯歌

一、今年元月,我和摄影师、美术师一起为酝酿剧本修改的事,到陕北体验生活,我们在佳县看到了黄河。

如果把黄河上游的涓涓细流和黄河下流的奔腾咆哮,比作它的幼年和晚年,那么,陕北的流段正是它的壮年。在那里,它是博大开阔、深沉而又舒展的。它在亚洲的内陆上平铺而去:它的自由的身姿和安详的底蕴,使我们想到我们的民族的形象——充满了力量,却又是那样沉沉地、静静地流去。可是,在它的身边就是无限苍莽的群山和久旱无雨的土地。黄河空自流去,却不能解救为它的到来而闪开身去的广漠的荒野。这又使我们想到数千年历史的荒凉。

一天清晨，我们看到一位老汉，在黄河边打起了两桶水，佝偻着身躯走去——毕竟有人掬起黄河之水，黄河之水毕竟要流进干旱的土地。

我们就是在那个清晨，明白了应该写什么，怎样写。在我们的影片所要展示的那个年代，引导着整个民族去掬起黄河之水的就是共产党。翠巧，是觉悟到了应该掬起黄河水的人们中的一个。即使那只不过是一桶水。人们的向往和现实生活之间总是横亘着艰难的道路，但是，现实中的每一个行动又总是放射着理想热烈的光辉。

热爱黄河而去歌颂黄河，对于每一个尚未丧失激情的人来说，都不难。如果我们清醒地看到，能够孕育一切的，也能够毁灭一切，那么，对于生活于旧中国民族整体中的翠巧而言，她的命运就一定带有某种悲剧的色彩。她所选择的道路是很难的。难就难在，她所面对的不是狭义的社会恶势力，而是养育了她的人民中的平静的，甚至是温暖的愚昧。较之对抗恶势力，这种挑战需要很大的勇气。因此，我们的影片就内涵而言，是希望篇。因此从形象的历史审美价值着眼，我们的更高的期望是，翠巧就是翠巧，翠巧非翠巧。她是具体的，又是升华的。

如果要我说有关影片的主题方面的话，就是这么多了。

二、作为学步者，要说明影片的风格，恐怕是件难事。但是我们称之风格的东西毕竟是容纳主题的基础，那么，试着说明还是必要的。

黄河是大河，不是小溪。在它的水流之上，容不得落叶或枯枝的滞留，它的水势是强大的。

走上陕北的山顶，登临送目，你又会发现，黄河的流水几乎是静止不动的，只是在流向的曲折上，才能看出它的壮阔。

我把黄河的流向比作影片的结构，又把远观的流水比作占了影片相当大比重的一部分句子。

我的意思是，就结构而言，我们的影片应该是丰满而多变化的，具有自由而又狂纵的态势，意写纵横，无拘无束，而就大部分句子而言，却温厚，平缓，取火之木，穿石之水，无风皱起，小有微澜。因而大有响入云天的腰鼓，哀吟动地的求雨声，小有入夜深谈，和边浅唱。

在总体构思的制约下，我们已经扫除了原剧作中一切公然的对抗性因素。我们不正面描写与黑暗势力的冲突，不正面铺排父女间的矛盾，不正面表现人物在接受外部世界信息后的变化，也不点明人物出走的直接动机，而代之以看似疏落，却符合时代特征和民族性格的人物关系。

我们还将在拍摄过程中扫除影调、色彩、构图、音乐音响、表演、场面调度、服装、道具等诸多方面一切利于外而害于内的棱角，使影片成为可以向规定方向隆隆滚动的球体。我们极度重视影片的情节和所要完成的戏剧任务，我们又希望其能够潜水而行，到达彼岸。

掌握本片的要领就是一个字，"藏"。

"大言无声，大象无形"，影片的风格的形象概括就叫作"黄河远望"。

三、音乐和音响在我们的影片中占据着极为重要的位置，我为此规定了若干准则。

A. 本片的音乐利用力求单纯，包括构思和配器都要贯彻此原则。音乐一定要在其他音响媒介的引导下进入，音量应进行控制，务使其产生时隐时现、若有若无的效果。

B. 在许多影片中，常以音乐作为情绪表现的辅助手段，一般来说，这并没有什么错。问题是，当情节进展，演员表演，视觉的强烈效果同时并举时，再加上音乐，就造成了诸手段的不必要的堆积。为使影片保持必要的客观态势，音乐在经过研究后，应稍滞后于情节的进展。这一点也应该成为音乐构思的原则。

C. 我们已经确定，影片中将出现翠巧和顾青的音乐形象。音乐形象的旋律应力求简练、上口，且在影片中反复出现，只是依情况在节奏和配器上有所变化。

另则，我们拟在音乐运用上采取较强烈的对比手段，例如，翠巧歌声一直是低吟浅唱，直至送别顾青才有一泻而出之势。再者，全片音响清淡如缕，但在腰鼓阵一场却有振聋发聩之声。

D. 在音乐音响的构成形式上，我主张取不完整道的态势。例如，顾青的音乐形象在前几次出现时，应只有几小节，目的是使其成为人物内心活动的外观手段。翠巧的音乐形象在各处的出现看作是一颗颗珠子，而总体中将其一一串起；这样，完整统一的核将在不完整的形势中求得位置。

让我们对音乐音响方面的设想做一个归纳，就是：单纯，简练，反复出现，对比和不完整。

我希望录音师据此意向，制定一份音乐音响的总谱交我。

四、可以说，我的总体构思是和摄影师、美术师共同完成的，因此，我对他们已没有更多的话可说。要说的只有两句：

A、构图的完整和形象上的平淡无奇，应是本片大部分镜头追求的目标之一。

B、我们不搞民俗方面的展览，又要在所有场景的细部真实上足以服人。

五、对于服装、化装、道具各部门的同志们，我也有一句话：影片的时代感和地方特色的体现完全依靠你们的努力。

我建议，当我们到达外景地时，三个部门应各有一位同志有针对性地对影片表现的年代中，与自己部门有关的种种情况进行调查、了解、研究、搜集、购买等项的工作，最终体现在银幕上。

我要特别指出的是两次迎亲的场面。希望你们在五月初向我提供详尽的文字设想和所用服装、道具方面的清单。我欢迎你们对分镜头剧本中出现的服装、化装、道具方面的细节进行补充，在这些方面，你们呢将是创造者，而不单是执行者。你们的工作是极其重要的，事关影片的成败，希望同志们在美术的领导下努力工作。

六、最后我想谈一谈表演问题。

我们的影片只有四个人物，如果，分别去描绘四个人物的性格基调用不了许多篇幅，但我不打算这样做，尤其不想向你们说明你们将分别担任的角色各自是什么人。我的意思是，他们是什么人，将最终由你们呈现于银幕上的形象来完成。我的任务不过是把你们扮演的角色置于各自适当的位置。你们所应该感受、把握和再现的一切都已经存在于分镜头剧本之中。因此反复研究分镜头剧本是绝对必要的。

我希望，你们将主动找我，我们将在面对面的交流中，使角色的形象活起来。

同视觉形象相比，文字是极其乏力的。我不要求你们写出人物小传。我只要求你们在如下几个方面认真思索，并将你们的想法逐一告诉我。

A、你对人物自身性格的生成和造成这种生成的环境之间的关系如何看待？你对体现这种关系有何设想？

B、你如何理解在表面无冲突的状况下的人物关系？你是否认为自身形象的塑造，一定程度上取决于人物的关系间的消长？你将如何表现这些关系？

C、就分镜头剧本提供的内容看，大到全剧，小至每场戏、每个人物都有着不同的第二任务和远景任务，你对此作何理解？准备怎样在完成具象任务中透露出来？

D、你们一定不要试图去表演人物的美或丑，无论是善良或愚昧，无论是欢乐或痛苦，在他们都是正常的生活，是不需要格外加以表现的，尤其不能够单独加以表现。你们要谨慎地使用你们的眼睛，尤其不要用眼睛去表现结果。

我的意思归纳起来就是：重内功，重联系，重变化，重整体。不以形夺人，而神夺于形外。

我们是青年摄制组，热情高，干劲大，重效率。众人拾柴火焰高，前一段工作已见成绩。希望所有的同志能对导演的工作提出建议，给予帮助。

很高兴和大家合作。谢谢大家。

案例二：《红高粱》导演阐述 张艺谋

所谓阐述，是写一个未来影片的大框架和走向，让人了解这部电影是怎么回事。每个导演上戏，好像都要写，也算老规矩了。全国每年这么多人拍戏，七七八八的阐述加起来，恐怕能出一套大部头的书。其实你来我往的，都是写些陈话转圈圈。电影还是要去看，怎么可以写得出来？写得好拍不好也是白写。既然头里有这么个规矩，我这头一部戏不好随便破坏，我想可以写得简单点，让人明白就行了。

这部电影的风格，大体上算个传说。

男女间的爱情故事，自古至今，各式各样的都不新不鲜了。这个片子，还是这个老题。

古人讲：饮食男女，人之大欲。可见这男女情感上的悲悲欢欢，观众还是爱看。青杀口的高粱地里，"我爷爷""我奶奶"他们相亲相爱，摧枯拉朽，活得也是热火朝天，十风五雨的。所以这电影的主要意思，是要把这份情意和热烈透出来的。

日本人欺负中国人，是几十年前的事了，今天大家都和和气气地讲一衣带水。中国历史上遭旁人欺负不是一回了。至今还遗有残症。因此国家要强大。这电影里平行着一个"打日本"的背景，是说这庄稼人，平日自在惯了，不愿被人欺负。因为咽不下这口气，便去拼命。

现在过日子，每日里长长短短，恐怕还是要争这口气，这样国力才能强盛不衰，民性也便激扬发展。人靠精神树靠皮，要说这片子的现实意义，这也是一层。

传奇色彩可以使这个电影好看，一人传虚，万人传实，有些奇奇怪怪的具体事，大家也坐得住。

全片的结构，是拉开一个讲故事的架势，取一个顺畅。

对各位的工作，照例要一一关照几句。大家都是明白人，点到即可。

摄影：

既然是讲人的故事，理应首先把人拍好。现时大家也都清楚这意思：拍好不是拍得漂亮，是总体上需要的劲头和味道。

高粱恐怕不大好拍，要多想点办法。庄稼种得早，现在长成什么模样还不清楚，再加上财力有限，只种了几十亩，只有量体裁衣了，衣裳如果可身，倒不难看。

美术：

说的是五十多年前的事情，服、化、道都得让人觉着像。

有时候，有些东西又可以变一下，比如喝烧酒的海碗，比一般的碗大了许多，厚了许多，又极有分量，举在手里，人家又认它还是个碗。这一层就是走了传说的意思了。

录音：

这两年，大家越来越看重声音了，有不少片子都搞同期，想真实一些。咱们这部片子，可以不拘泥于一种方法。

前提是台词能听清，声场效果真实。有些段落中，声音的真实还原绝对不是最终目的。

作曲：

片子中有好几大段戏文，都得演员自个唱，又是在高粱地里唱，旷旷大大的没有什么旁的东西，这戏怎么个韵调，怎么个唱法，就比较明白了。

演员：

你们从来就是众矢之的，人前人后都被指鼻子说眉毛的。这也难怪，因为银幕上出现最多、最有意思的还是你们。砸你们捧你们也靠你们。

所以要大家晒黑，要瘦一些，要打掉城市里带来的肥肥硕硕，要增添风霜感。戏演得好坏单说，先得像。

农民又很真实直率，自自在在地活，不像知识分子一脑门子心思。所以农民最难演。

就写这些。这电影是大家一块儿来干，上了这船，是好是坏就人均一份了。拍部电影不易，要仗领导支持，要靠国家掏钱，几十口子人辛辛苦苦几个月的，拍好了，各方面都对得住。

谢谢大家。拜托大家。

根据上述两个案例，导演阐述基本包括：

（1）影片意图，拍摄作品的基本目的和基本立意；
（2）影片主题，作品的思想主旨和阐述的观念；
（3）影片结构，作品的内在联系和采用的基本结构框架；
（4）影片视听风格，作品在运用影视语言时所体现的基本格调；
（5）影片人物，导演对人物的理解和认识，对人物弧光的把握和设计；
（6）影片节奏，对作品的整体节奏，特别是情节节奏、情绪节奏的设计和安排；
（7）影片表演，导演对演员表演的具体要求，对表演风格的整体把握；
（8）影片摄影，导演对作品的镜头性质、拍摄手法、构图特征、景别处理的说明和要求；
（9）声音，对作品声音的设计以及声画组合的性质特征的设想和要求；
（10）美术指导，导演对画面造型、场景设计、色调风格的具体设计和构想。

导演阐述没有固定的写作格式和表达方法。由于作品的内容和题材不同，导演在进行导演阐述的写作过程中，不一定面面俱到，可突出重点，择其关键部分提示之。但要力求明确、生动、具体、简捷，且富有吸引力和说服力，要能启发剧组各部门的创作想象和创作热情。

第二节　导演思维

"导演思维是统领摄制过程的深层的潜文本阐释。利用主要任务及其目标的一个侧面，导演开掘出了以最为深入的方式与主要人物关联起来的生活、关系或身体的维度。借助这一潜文本理念，导演陈述了与之相匹配的表演和摄影的手法。导演思维的质量区别了称职的导演和优秀的及伟大的导演。在影片拍摄过程中，是导演思维驱策导演做出所有决定。"[①] 根据上述定义，丹西格指出，导演思维可以从文本阐释、导演与演员、摄影机的运用三大领域来分析。

---

① 丹西格. 导演思维[M]. 吉晓倩，译. 修订版. 北京：文化发展出版社，2014：15.

一、导演思维的途径

(一) 文本阐释

导演思维的第一步是解读剧本。影视作品的剧本可以有多种阐释方法。剧作家会使用多个叙事工具来构建故事。一般而言,剧本都有一个受目标驱动的主要人物,这个人物往往面对着两个截然相反的选择;同时有二组次要人物,一组是主人公的"帮手",一组是主人公的"敌人"。此外,剧本结构方面,叙事始于"激励事件",沿着不断上升的阻碍,即人物或事件等使得主要人物得偿所愿变得愈发艰难的种种要素,向前行进,直到危机解决。叙事结构包含了情节层面与人物层面,每个故事都被限制在暗示出特定戏剧弧线的类型之中,而导演正是通过叙事结构添加个人兴趣点、人物阐释和文本阐释。导演的阐释是导演摄制作品过程中的第一步,而导演思维正是诞生在这一阶段。文本阐释又可以从以下几个方面切入:

1. 心理层面/外部动作

导演必须做出的第一个决定,是把一个故事讲述为内在的、心理的故事,抑或讲述为外在的故事,依靠外部世界的一系列事件来推动。内心故事关注人物的心理层面,比如内心世界、精神价值或者对于深层价值和意义的求索。例如,现代电影大师伯格曼、安东尼奥尼、费里尼等的作品,都是导演从人物精神世界出发而创作的。外部动作,则是借助一系列事件或者戏剧性动作来推动故事发展,继而表达人物,烘托主题。例如,《复仇者联盟》(The Avengers)、《变形金刚》(Transformers)等系列商业大片就是典型代表。

图 8-2 导演迈克尔·贝 (Michael Bay) 与《变形金刚 4》

2. 性别视角

20世纪60年代之后，男性/女性以权力为指向的争斗是当今最重要的社会/心理/政治议题之一。因此，对于文本的解读是男性视角还是女性视角，也是彰显导演思维重要的维度。佩德罗·阿尔莫多瓦（Pedro Almodóvar）在他的作品《对她说》（*Hable Con Ella*，2002）、《关于我母亲的一切》（*Todo Sobre Mi Madre*，1999）中体现出导演对男女性别不一样的态度，即每个人都具备男性与女性两种特质。所以，作品中会出现变性隆胸的丈夫、变成女儿身的男演员等人物形象。导演通过他的性别视角挑战了关于男人和女人的根深蒂固的观念，同时也有助于我们反思自己所在的社会对性别的偏见。

图 8-3　导演佩德罗·阿尔莫多瓦与《对她说》电影海报

3. 政治/社会/历史纬度

每个故事都有政治、社会和历史的寓意。导演使用自己的"滤镜"决定观众如何看待故事以及故事背后的政治、社会与历史的寓意。例如马丁·斯科塞斯（Martin Scorsese），其作品《出租车司机》（*Taxi Diver*，1976）、《好家伙》（*Goodfellas*，1990）、《纽约黑帮》（*Gangs of New York*，2002）、《愤怒的公牛》（*Raging Bull*，1980）等，都体现出导演对美国生活价值观的思考。在他的思考下，人人向往的美国梦，其背后是一切神圣的东西都烟消云散，失望至极的人物不得不走向暴力和自我毁灭。

图 8-4　导演马丁·斯科塞斯与电影《出租车司机》剧照

(二) 导演与演员

1. 选角

导演选角的标准包括：专业性、演员的张力、演员的创新。专业性，指演员基本的专业修养。演员的张力，是指演员在特定情境下展现出来的表演能量、特别的气质与魅力，能够强烈地吸引观众。演员的创新，是指演员的诠释能否推陈出新。以导演斯坦利·库布里克 (Stanley Kubrick) 为例。选角对于库布里克而言至关重要，因为他要塑造的人物通常都是极端不讨人喜欢的，或人物内心冲突不断的，需要演员能在角色塑造中制造某种能量。比如《发条橙》(*A Clockwork Orange*, 1971) 中的麦克道威尔与《全金属外壳》(*Full Metal Jacket*, 1987) 中的马修·莫迪恩都需要演绎出角色的癫狂、愤怒、超越常规的行为与思维。

图 8-5　导演斯坦利·库布里克与电影《发条橙》的演员麦克道威尔

2. 人物弧线

人物弧线构成了影片的情感主线。导演和演员必须创造出人物弧线（character arc）并贯穿于影片始终。具体来说，导演必须赋予主要人物改变自身的能力，并且要在影片的叙事进程中展现真正的转变。此外，次要人物必须与主要人物进行互动，且次要人物的安排需要服从于主要人物的转变。导演迈克尔·曼（Michael Mann）的影片《借刀杀人》（*Collateral*，2004）中的人物弧线就是把主要人物设置为在生活中遭遇瓶颈的，即怀抱梦想又心存恐惧的人，其生活原本四平八稳，再利用反派人物和情节对主要人物发起挑战，从而反映主人公在生活考验之下的真实性格，继而检验主人公的信仰以及信仰的深度。

图 8-6　电影《借刀杀人》剧照

3. 指导演员

指导演员表演是导演的基本工作之一，也是至关重要的工作。导演应该成为演员表演的一面镜子。导演如何指导演员的表演呢？一是示范法。导演自己懂得表演，且擅长表演，为演员的表演做示范。这种方式的好处是演员表演有范式可循，但不能很好地发挥演员的主动性和创造性。二是激发式。导演告诉演员表演存在的问题，让演员明白导演的意图，启发他去修正表演。激发式旨在启发和诱导，从而充分发挥演员的创造性。库布里克在指导演员表演时，使用的方法是激发演员形成一种极端的行为特质。例如，麦克道威尔总是具有攻击性，达利则是科学技术的现代产物，仿佛机器人，几乎没有感情可言。三是示范式与激发式相结合的方式。

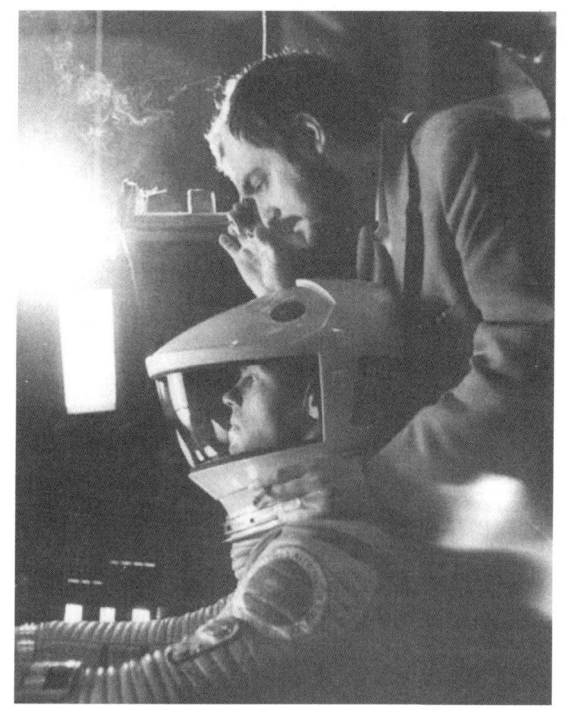

图 8-7　导演库布里克与演员凯尔·杜拉

涉及电影表演的方法，主要有美国学派与欧洲学派。所谓美国学派，其实也就是著名的"方法派"表演风格，强调通过追忆与演员生命中特定事件息息相关的感觉来表演。利用记忆、感觉、冲动和观察来创造人物，采用即兴表演。此外，桑福德·麦斯纳还提出"即时"经验，"强调此时此地正在进行的一切，关注人物、地点和整体环境，这样有助于（通过）观众对于人物和地点的反应来制造即时性"[1]。欧洲学派，其推动力是对于更令人惊讶，甚至震撼的新经验的激情，体现一种更强大力量的存在，要求更少个人化，更具群体性，更少主观心理色彩，更具人类学意义。

(三) 摄影机的运用

1. 镜头的选择

镜头的选择包括对景别、摄影机机位、摄影机高度的选择。

首先是景别的选择。根据视距，景别通常被划分为五类：远景、全景、中景、近景与特写（详见本书第二章第一节的内容）。

其次是摄影机机位的选择。具体包括：摄影机与表演动作的距离、采用主观机位还是客观机位。摄影机放在距离人物动作较远的地方会使我们对人物及其动作感到疏离。而相

---

[1] 丹西格. 导演思维 [M]. 吉晓倩，译. 修订版. 北京：文化发展出版社，2014：113.

反,摄影机与人物距离很近,会提升观众的体验强度与亲密度,甚至会引发一些与人物及动作共鸣的效果。导演选择客观镜头来说明正在发生什么事情,而无需选择明确的视角或立场。客观镜头,让观众处于旁观者的位置,没有明显的立场选择。主观镜头,说明导演选择了叙事的立场,利用主观镜头来确认认同感,构建观众与故事的关系。

摄影机的高度有三种类型。一是低机位。使用低位拍摄,观众要仰视镜头中的演员和动作,通常用来塑造"英雄式"人物。二是高机位。使用高机位,可以表现觊觎权力者对于权力的追求,或者标注人物丧失权力或遭到奴役。三是平视机位。平视机位,是最自然也最民主的拍摄高度,也是导演使用得最多的高度。

2. 摄影机运动

摄影机运动是可供导演选择的表现手法之一。摄影机运动,是提升影视作品鲜活度与力度的有效方法,具体包括以下几种方式:

第一,手持摄影镜头。手持摄影镜头,是借助斯坦尼康摄影稳定器来拍摄,能有效提高运动镜头的稳定性,同时伴随手持镜头的即时性,提供了戏剧化庄严感之上的优雅流畅与独特风格。马丁·斯科塞斯的《好家伙》(*Goodfellas*, 1990)和布莱恩·德·帕尔玛(Brian De Palma)的《虚荣的篝火》(*The Bonfire of the Vanities*, 1990),是手持镜头的最佳案例。

第二,定点运动。机位固定的摄影机运动包含三种形式:俯仰摇摄,水平摇摄,变焦。俯仰摇摄,通常用于追踪动作,或者从一个位置移动到另一个位置,也可以表示人物向上或向下的主观视角。水平摇摄,是镜头沿着水平轴线,从左到右或者从右到左的拍摄。慢速水平摇摄可以延展空间,提供更多的视觉信息;快速水平摇摄,会使得画面视觉信息模糊,产生混乱、躁动、不安的情绪。理查德·莱斯特(Richard Lester)的《一夜狂欢》(*A Hard Day's Night*, 1964)就利用大量的快摇镜头制造观众对于披头士乐队的痴狂与迷恋。

第三,运动镜头。运动镜头其实是很多导演的招牌镜头。斯坦利·库布里克、史蒂文·斯皮尔伯格(Steven Spielberg)、阿方索·卡隆(Alfonso Cuarón)等导演用自己的作品拓展了关于运动镜头的艺术表达与实践理念。运动镜头也可分为客观运动镜头与主观运动镜头。前者意在避免后期剪辑。斯皮尔伯格的《拯救大兵瑞恩》(*Saving Private Ryan*, 1998)中,奥马哈海滩的战斗场景就是运用了客观运动镜头,极大地增强了观众对战争的直观感受。后者是为了增添影片的戏剧张力与强度,从而增强观众的认同感。《女巫布莱尔》(*The Blair Witch Project*, 1999)则是典型案例,影片中利用大量的主观运动镜头将观众置于人物的位置,增强其认同感、震撼感与恐惧感,获得了极大的成功。

3. 布光

对于拍摄而言,布光重于一切。影像的形成与光息息相关,没有光,物体便无法被看见。光是影像生命力的源泉。自然布光可以为影片营造一种真实的、类似纪录片式的现实感。戏剧化布光则可以塑造人物并暗示叙事意图，营造戏剧化氛围。例如电影《卡里加里博士的小屋》（*Das Cabinet des Dr. Caligari*，1920）采用了高反差明暗对比的戏剧性布光，结合变形、怪异、夸张、风格化的布景、角度、造型和演员表演，实践与创新了电影语言的表现主义风格。

图 8-8　《卡里加里博士的小屋》剧照

4. 美术指导

美术指导指的是镜头中所有视觉内容的组合与设计，美术指导有利于镜头真实性的表达与镜头气氛的营造。以获得奥斯卡"最佳美术指导"的《卧虎藏龙》（2000）为例，美术指导叶锦添勾勒出"新东方主义"的理想江湖，古城墙、竹林、大漠、灰瓦等元素共同组成一幅巨轴中国风情画卷，完美契合了导演李安对于影片东方神韵的风格定位。

图 8-9　叶锦添与电影《卧虎藏龙》的服装设计图

5. 声音

声音对于观众如何阐释影视作品中的事件起到关键作用。声音可以界定或改变拍摄对象的意义,更为重要的是,声音与视觉形象共同引领观众抵达作品的意义。声音包括音乐、人声、音效。以弗朗西斯·福特·科波拉(Francis Ford Coppola)的影片《现代启示录》(*Apocalypse Now*,1979)为例。这部电影在声音设计发展史上具有举足轻重的地位。沃尔特·默奇(Walter Murch)担任本片的声音设计师,他凭借高超的创造力让观众第一次真真切切地感受到了声音设计的神奇与魅力。影片开场时伴随着轻唱配乐的是直升机螺旋桨的转动声和细微的引擎轰鸣声,之后的突袭村庄片段中这些声音也始终萦绕不断。更为观众津津乐道的是,直升机突袭场景配上了瓦格纳的"女武神的飞驰"(ride of the valkyries)以及大量密集的枪支射击声,这样的声音编排达到了"所闻即所见"的效果,观众通过声音看到了越南战争的真实画面:血腥、疯狂、残暴、吃人机器、绝望。这样的声音处理方式与电影开头交叉蒙太奇镜头的运用相得益彰,大大地拓展了画面本身的内涵。

图 8-10　电影《现代启示录》声音设计师沃尔特·默奇与影片剧照

6. 剪辑

导演必须时刻牢记,在拍摄过程中所组织的镜头,要给剪辑师提供足够的素材来体现导演思维。也就是说,除了实现导演思维所需的表演镜头和与之相关的镜头之外,还要拍摄足量的内容,以确保影片可以被剪辑。对于剪辑,导演秉承的原则包括如下几点。一是连贯清晰,关系镜头清楚,且符合视觉逻辑。剪辑要将故事信息交代清楚,需要处理好关键镜头与特定信息镜头。二是突出戏剧性重点,强调剪辑的节奏性。三是擅于用蒙太奇。蒙太奇是电影的一种独特的语言方式及语法规则,平行蒙太奇、交叉蒙太奇、对比蒙太奇、象征蒙太奇、重复蒙太奇等蒙太奇类型为塑造影视作品的形式与风格提供了方法与理念。

二、导演思维的特征

(一) 造型—空间

影视剧的视听思维和文字的抽象思维是性质完全不同的两种思维方式。同时,影视剧的视觉思维与绘画、雕塑、戏剧的视觉思维在视觉要素的构成上有相同性,但又有截然不同的异质性。戏剧的视觉造型在于舞台造型和演员,其视觉构成有明确的假定性;绘画的视觉性是被艺术化了的可见线条、色彩与形状。影视剧的视觉思维则是"确凿无疑的、可视的具体的造型物象"①,影视画面以造型作为一种信息传递的手段,又通过造型美感给观众以巨大的艺术感染力,从而形成影视空间和银幕(荧幕)形象的独特风格。造型强调影视的空间意识与空间结构,因此导演思维要具备"造型—空间"意识。在现代电影电视中,影视造型不仅为观众创造客观的视觉空间,而且还创造主观的思维空间,导演通过调动各种造型手段和造型形式,使影视画面具有更震撼的视觉冲击力与情绪感染力。影视导演的"造型—空间"意识,分为"技术层、艺术层和哲理层"②。技术层,是指影视造型主要是对拍摄物的再现、还原,诸如人物形象、空间环境等。艺术层,是指影视造型不仅仅是技术语言,而且是一种艺术语言,具备再现与表现、叙事与抒情的功能。哲理层,是指影视造型提供隐喻和象征,追求一种"言外之意"。

(二) 运动—时间

运动性是影视艺术区别于绘画、雕塑、照相等一切静态造型艺术的根本原因。正是因为运动的美学特性,使得影视艺术能够叙述事件、塑造人物、传达意蕴,使影视艺术成为具有独特表现力的艺术形式。运动性注重影视的时间意识与时间进程之美。"时间—量子的自由并置最终创造出电影的人造世界,形成由电影自创出来的时空连续体。"③ 电影时间一般分为放映时间与银幕时间。电影时间具有假定性,可以压缩时间、延伸时间、停顿时间、倒流时间、模糊时间,以及展现心理时间。《去年在马里昂巴德》(*L'année dernière à Marienbad*, 1961) 便是一部对心灵时间感兴趣的电影。"心灵的时间有它自己的特性和间隙,有它自己的癖好和暧昧的地方;我们感兴趣这种心灵的时间,是因为它是我们的感情的速度,我们的生活的速度。"④ 这部电影利用大量的摄影机运动来交代时间的变化,突破了传统影片中对时间的认识,将过去、现在、想象、现实随意转换和交叉,达到时间观念的自由组合,重建了一个纯属内心世界的时间世界。

---

① 韩小磊. 电影导演艺术教程 [M]. 北京:中国电影出版社,2009:76.
② 彭吉象. 影视美学 [M]. 北京:北京大学出版社,2002:280.
③ 皮洛. 世俗神话——电影的野性思维 [M]. 崔君衍,译. 北京:中国电影出版社,2003:150.
④ 劳逊. 电影的创作过程 [M]. 齐宇,齐宙,译. 北京:中国电影出版社,1982:365.

图 8-11　电影《去年在马里昂巴德》剧照

(三) 互联网思维

互联网时代，导演除了具备影视艺术的本体思维，还需要有互联网思维辅助。首先，伴随传播媒介的扩大，观众观看影视作品的途径发生了质的转变。对于导演来说，传播媒介的扩充提供了新的平台，这就要求影视作品的生产链需符合时代需求。其次，大数据为导演提供了前所未有的资源与信息。广为知晓的 Netflix 出品的《纸牌屋》是大数据影视制作的经典案例。对于导演而言，可以利用大数据对观众的行为习惯进行详细分析，继而根据观众的兴趣点投其所好。再次，新的影视艺术样式出现。从早期的微电影到如今的互动影视，都不断启示当下的导演，需要把握时代的技术，掌握影视艺术的科技动态。最后，导演还需要在互联网传播环境下承担"产品经理"的角色。以韩寒为例。《乘风破浪》（2017）、《后会无期》（2014）等作品上映之前，韩寒利用微博大 V 的身份，制造了

图 8-12　《后会无期》演员王珞丹与导演韩寒

不同维度的微博话题热度，引发网友热议。《后会无期》以一首《平凡之路》引起朋友圈疯狂刷屏。《平凡之路》的发布宣告了朴树的复出，朴树和韩寒联手复活了千万80后关于青春的记忆，尤其勾起无数青年的"文艺"情怀，继而韩寒又利用"女权&直男癌"的敏感话题，挑起大众的争论，增加了电影的曝光度，实现"未播先火"。

【思考与练习题】

1. 导演如何进行剧作的文本阐释？
2. 如何正确理解导演与演员的关系？
3. 如何分析导演思维的视听呈现？
4. 观看不同版本的电影或电视剧，思考其剧作是否有新意？不同导演的文本阐释的新意体现在何处？
5. 从自己喜欢的影片中选出一个段落，从导演思维的角度分析摄影机的运用。
6. 选择一位导演，从文本阐释、演员与摄影机运用三方面进行导演思维的分析。

【学习参考书目】

1. 韩小磊. 电影导演艺术教程［M］. 北京：中国电影出版社，2009.
2. 彭吉象. 影视美学［M］. 北京：北京大学出版社，2002.
3. 丹西格. 导演思维［M］. 吉晓倩，译. 修订版. 北京：文化发展出版社，2014.

【学习参考视频】

1. 《黄土地》
2. 《2001太空漫游》
3. 《现代启示录》
4. 《好家伙》
5. 《卡里加里博士的小屋》

第九章
网络短视频节目的编导

【学习要点】
1. 掌握网络短视频的界定、发展历程与特点；
2. 了解网络短视频如何进行运营定位；
3. 把握网络短视频的运营思维。

　　伴随移动设备、移动互联网、社交媒体的兴起与发展，短视频开始走进大众视野。不论是社交类平台、资讯类客户端还是电商行业，都不约而同地开始通过短视频展示内容，短视频俨然成为媒体行业的"新风口"。既然短视频如此重要，那么针对这种有效的引流和营销工具，"编导"应该如何去应对？

第一节　网络短视频的概况

一、网络短视频的界定

　　网络短视频是伴随着移动网络提速升级和智能终端基本普及而流行的一种可在社交媒体平台上实时分享和无缝对接的一种新型视频形式。视频时长通常为15秒—10分钟，融合了文字、语音和视频，具有社交属性强、创作门槛低、信息丰富、参与性强等特点，符合移动互联网时代的碎片化内容消费习惯，满足用户的碎片化娱乐和自我表达的需求。

　　随着移动互联网的不断发展，以及视频形式的不断细分，短视频凭借自身强大的优势逐渐成为受人们欢迎的娱乐和消遣方式之一。出现了不少专门制作短视频的平台，如一条、二更、即刻等。

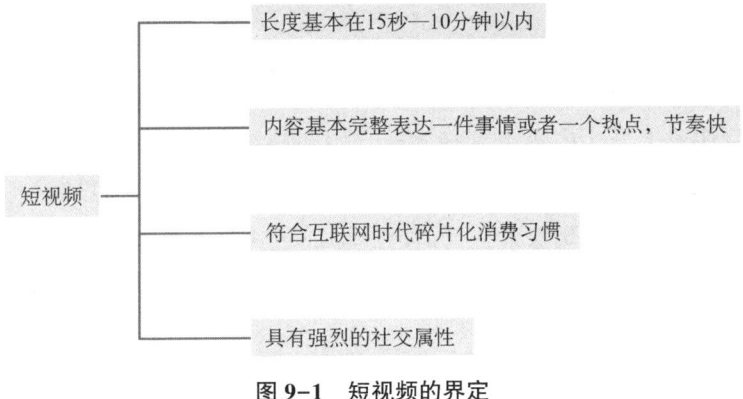

图 9-1　短视频的界定

二、网络短视频的发展历程

短视频从 2011 年开始陆续上线，经过发展已经成为近年移动互联网最大的风口。阿里、腾讯、百度、今日头条等互联网巨头公司纷纷入局，布局短视频这个稀缺的高增长赛道。网络短视频发展到现在主要经历了三个阶段。

（一）萌芽期

2011—2014 年，是萌芽探索期。网络短视频起始于 2011 年左右，用户多是将所拍的视频上传到优酷、56 或酷 6 等视频分享软件。到 2013 年，由于移动互联网技术的发展支撑了短视频应用的出现（主要有微视、秒拍以及美拍等），正式拉开了短视频时代的帷幕。这些早期的短视频 App 功能较为简单，通常以数秒的低质量内容为主。同时由于移动网络支持有限、流量资费较高的问题，行业用户发展缓慢。此阶段，短视频产品的形态相对雏形，对内容和流量都还缺乏深度理解。

（二）发展期

2014—2016 年，随着 4G 网络建设的加快，移动网络基础能力得到了较大提升，同时提速降费、流量不清零等政策有序落实，短视频 App 的市场环境迎来拐点，大批的移动短视频应用密集问世，快手、抖音等头部应用开始显现，2014 年也被称为"中国短视频元年"。

多数应用有了更清晰的定位，不再依赖于社交媒体平台。美拍凭借美化及照片合成视频功能，一经推出便大受追捧，从上线到用户破亿仅用了半年时间。快手通过个性化推荐算法和用户社区的深度运营，结合农村包围城市的打法，成功实现用户量破亿。小咖秀、小影等也都向个性化方向发展，用差异化吸引不同的用户。2016 年 3 月和 12 月，抖音和火山小视频上线，直接对标快手，同时头条推出十亿元补贴计划吸引优质的短视频内容生产者。也是在 2016 年，腾讯战略性放弃微视，改用投资快手的形式卡位短视频赛道。

（三）爆发期

2016—2018 年，短视频行业迎来大爆发时期，知名大厂纷纷入局，资本方投资脚步加快，短视频流量快速上升，内容丰富多样，开始向精细化、垂直化方向发展。到了 2018 年，短视频行业进入成熟期，各平台的生态布局更加全面成熟，用户时长占比快速增长，抖音、快手全面开展了商业化探索，目前已经形成了快手、抖音两家独大，头条系西瓜、火山占据腰部，秒拍与微博、美拍与美图共生，其他中小平台垂直深耕的局面。

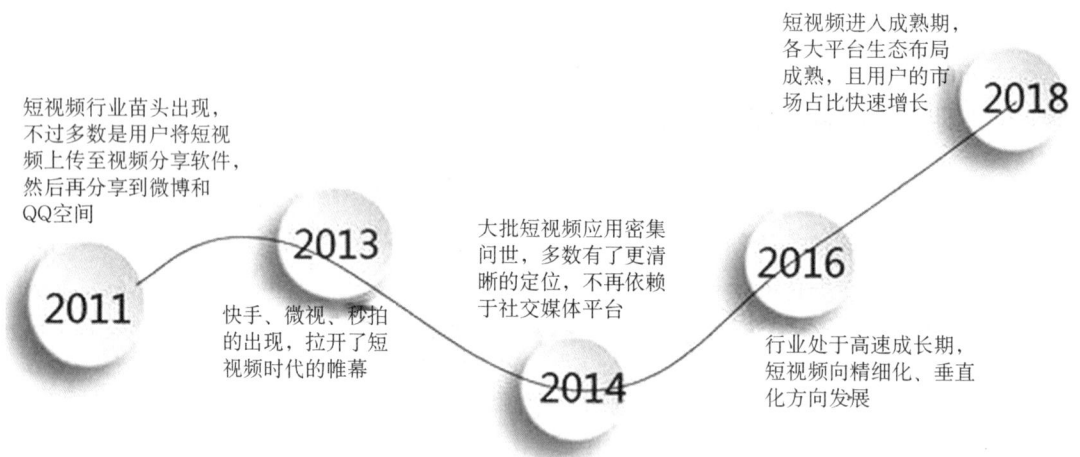

图 9-2　网络短视频的发展历程（速途研究院：《2018 年短视频市场研究报告》）

三、网络短视频的类型

（一）短视频平台的类型

从满足用户需求的角度出发，目前短视频平台可以分为三类：工具型短视频应用、资讯型短视频应用、社区型短视频应用。

1. 工具型

这些 App 主要以特效、剪辑功能为主，主要用于美化视频，降低了视频拍摄的门槛。例如小影、VUE 等。以 VUE 为例，VUE 的使用功能包括即时的视频滤镜、分段（分镜头）录制和后期的剪辑和编辑处理。虽然现在大多数短视频 App 都会自带基本的剪辑功能和特效玩法，但由于工具型 App 简单明了、界面简洁，对于有需求的群体依然有十分重要的作用。

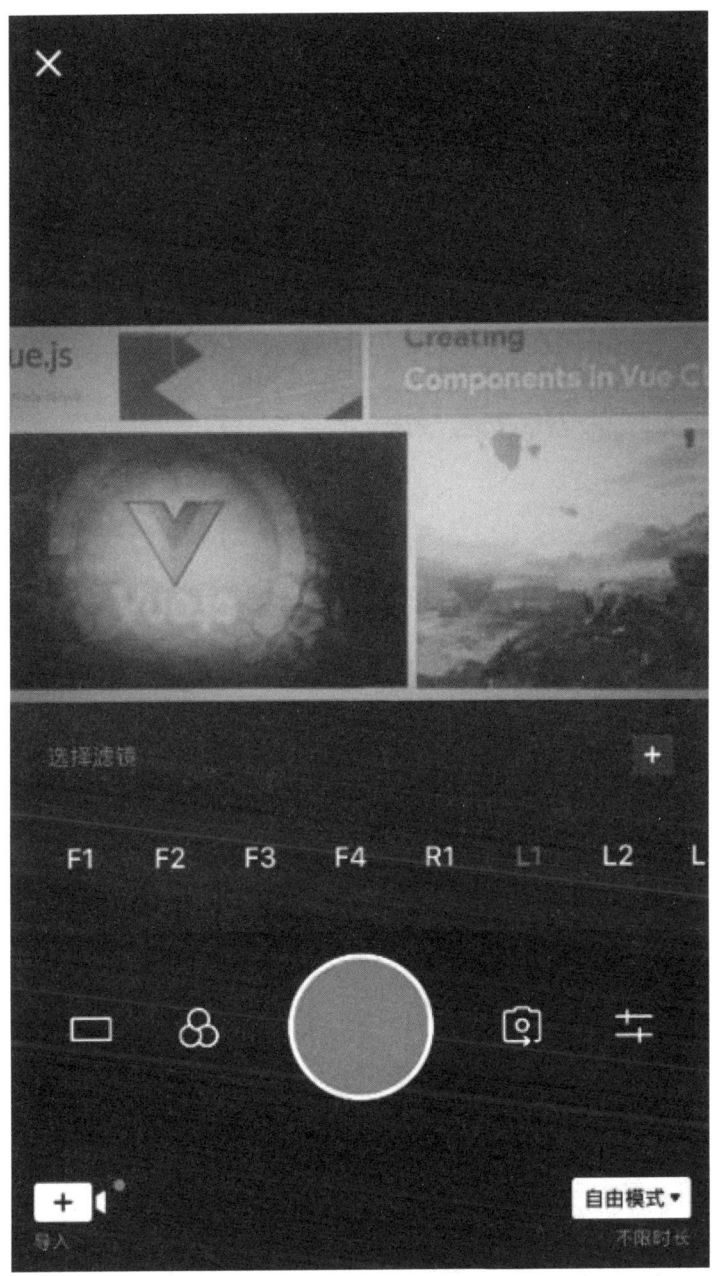

图 9-3　VUE App 拍摄滤镜设置

2. 资讯型

资讯型短视频应用通常依托社交或资讯平台并为其提供短视频播放功能，如今日头条旗下的西瓜视频、与微博绑定的秒拍、梨视频等。以梨视频为例，"梨视频是中国领先的资讯类短视频生产者"，已获得超 10 亿次的全国播放量，在泛媒体圈内备受瞩目，且短时间内已构建起了自己的拍客网和较为成功的品牌形象。

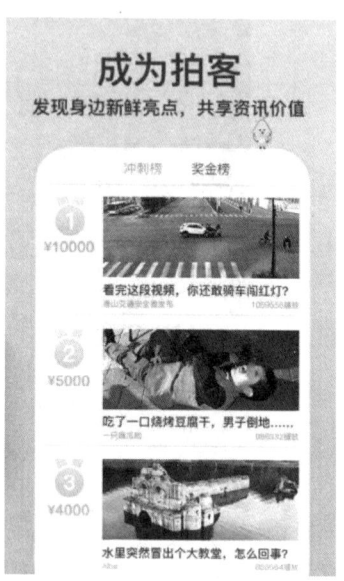

图 9-4　梨视频 App 界面

3. 社区型

社区型短视频平台以抖音、快手、美拍等为代表，此类短视频平台社交性强，用户黏性相对较高。以"蘑菇视频"为例，其定位为一款专注于年轻旅行爱好者的创意旅行短视频社交软件。该软件除了可以让用户发布短视频之外，还有"私信交友"的版块，鼓励用户在平台上通过视频内容认识新朋友。

图 9-5　抖音短视频与蘑菇视频 App 下载界面

(二) 网络短视频的类别

伴随各类短视频 App 的出现，短视频的类型与形式也不断更新，现已形成 6 大常见的短视频类别。

1. 网络视频广告

网络视频广告在互联网飞速发展的今天已经屡见不鲜了。只要在线看视频，就会有网络视频广告的出现。它通常出现在网络视频正式开播之前，或者视频观看中间。其主要特点包括：以互联网为主要载体；时间一般比宣传片短，通常为 30 秒或 1 分钟；成本较低。各大平台利用开通会员的方式跳过广告。

图 9-6　网络视频广告

2. 宣传片

宣传片是通过视频拍摄的方式对企业的形象和文化进行诠释，且把企业信息传播给广大受众，从而树立良好的企业形象与口碑，一般包括企业宣传片、产品宣传片、公益宣传片和招商宣传片。

图 9-7　京东企业宣传片截图

3. 品牌活动视频

品牌活动视频，指个人、组织或企业根据举办的活动的内容所制作的相关视频，它与宣传片不同的是具有鲜明的主题，包括节庆活动视频、会议活动视频、商业活动视频、体育娱乐活动视频、媒体活动视频与公益慈善活动视频。

4. 系列短视频

系列短视频指主题和内容上具有一致性，可以串联起来的视频，而且它是由多个剧集组成的短片。它的集与集之间是紧密相联的，可以构成一个相对完整或风格一致的故事。一般可分为系列广告与微剧集两种。

系列广告，是指反复播放的一组广告，这组广告具有相同的风格、相同的主题内容，有如下特点：有效延续广告内容的创意、扩展产品的时间和空间、增加传播效果。如士力架主打"横扫饥饿"口号，推出了一系列"饿货"广告，巧妙地结合中国元素，用幽默搞笑的风格塑造品牌形象。

图 9-8 士力架系列广告"饿货"系列

微剧集，一般指通过互联网进行传播的微型电视剧。

与传统电视剧不同的是，微剧集传播渠道以互联网为主，时长较短，剧集风格偏向于幽默搞笑。例如，2019 年 11 月 15 日上线的微剧集《第一部》以抖音为主要播放平台，B站、微博等其他互联网平台同步更新。该剧突出特点为：以一分钟为最小单位时长，兼顾短视频趣味性和故事连续性；贴近真实生活的同时极富戏剧性；创造性地开创了微剧集的表现形式。同时，以花絮、彩蛋、节日事件互动等形式最大化开发短视频的灵活性和趣味性。

图 9-9 抖音平台微剧集《第一部》

5. 微电影

微电影作为具有完美故事情节的"迷人"电影，是互联网时代的一种新型电影形式。微电影利用故事将人类情感诉求融入其中，有效传递品牌价值和品牌理念，具有短小、互动性强、投放精准、制作成本低的特点。此外，微电影利用完整的故事情节打造动人的营销广告，将公益、商品或企业与故事情节融为一体，更具感染力，能够有效吸引观众的注意力，使观众产生共鸣。

图 9-10 公益微电影《我不让你走》

6. UGC 视频

UGC，即 User Generated Content，用户自创内容。顾名思义，即用户自己创作内容，发布到网络平台，与其他用户分享。其特点包括通常以个人为制作单位、时长不超过 5 分钟、内容偏向于个性化表达。如火山小视频，这是一款 15 秒原创生活短视频社区 App，通过应用帮助用户展示自我，获得粉丝。2018 年 7 月 10 日，火山小视频宣布推出"百万行家"计划："未来一年投入 10 亿元的资源，面向全国扶持职业人群、行业机构和 MCN，覆盖范围包括烹饪、养殖、汽修、装潢等各行各业，旨在帮助搭建一个职业化人群交流展示的平台，将火山小视频建成视频版的行业百科全书，也让普通人的奋斗幸福被更多人看到。"①

图 9-11　火山小视频 App 下载界面

四、网络短视频的特征

（一）网络短视频的文本特征

相较于传统的图文，网络短视频不仅同样具有轻量化的特点，而且信息量大、表现力强、直观性好。受众利用碎片时间进行短视频浏览，并且通过评论、弹幕、分享进行社交活动，让短视频具备了病毒式传播的因子，增加了短视频的影响力。总的来说，短视频具有社交属性强、创作门槛低与碎片化的特征。

---

① 火山小视频启动"百万行家"计划，10 亿资源打造短视频版百科全书 [N]. 北京晨报，2018-07-11.

1. 社交属性强

基于互动性和丰富的内容承载量，短视频成为图文社交后的一种新的社交方式。

2. 创作门槛低

对内容编排、拍摄技巧和设备的专业性要求较低，普通用户也可以参与短视频内容制作。

3. 碎片化

短视频便于用户在碎片化时间进行消费、传播和分享制作的视频内容。

(二) 网络短视频的营销特征

1. 短视频运营成本低，制作简单

运营成本主要表现在三大方面：制作成本、传播成本与维护成本。

网络短视频制作门槛较低，没有在技术上有过硬的要求，会使用智能手机、懂得基本的网络知识，就可以制作最简单的短视频。随着手机短视频应用的不断升级，其拍摄软件都配有滤镜、美颜、剪辑、音乐编辑、文字配图等特效功能，大大降低了视频制作的难度，实现短视频制作的"一站式完成"功能。图 9-12 为抖音平台上一个名为橘座的账号。此账号的定位为记录萌宠，短视频制作相对简单。创作者通过基本的蒙太奇手法，讲述一只橘猫的日常生活以及其与主人互动的戏剧性场景。此一个视频就获得 125 万个点赞以及 1.5 万条评论，达到了很好的传播效果。

图 9-12　抖音平台橘座账号示例

2. 短视频传播速度快

随着网络的普遍，电脑、手机、有线、无线，甚至通信运营商已经开通了无限流量的业务，加上 Wi-Fi 的覆盖，用户随时随地上网已经成为现实，这无疑为短视频传播提供了技术保障。一条短视频如果能引起广大用户的兴趣，并被他们积极转发，那么就很有可能达到病毒式传播的效果，从而吸引更多的流量，推动短视频的传播。例如图 9-13 中，明星陈伟霆官方微博发布的"垃圾分类挑战"视频，一共被转发 31.8 万次，评论数达到 6.1 万条，显示出短视频惊人的流量。

图 9-13　陈伟霆微博发布的短视频

3. 短视频互动性强

几乎所有的短视频都可以进行单向、双向甚至多向的互动交流。通过互动，不仅可以帮助企业获得用户的反馈信息，而且可以展开营销行为，同时也帮助用户表达自己的意见和建议，从而使得企业的营销效果实现有效提升。以兰蔻发布在微博上的广告为例（见图 9-14）。此广告是为推广新版小黑瓶，利用"10 年革新"的口号吸引消费者的注意，同时它还通过首批试用限量发售的形式进行饥饿销售，即给消费者动态的商品直观感受，同时可以促进消费购买行为。

图 9-14　兰蔻在微博上发布的短视频

4. 短视频针对性强

短视频营销，可以精准找到受众。短视频平台会利用搜索引擎优化用户的关键词搜索，使得用户可以精准地找到自己想要的内容。如图 9-15，利用搜索，抖音用户可以准确找到相关视频。同时，短视频平台会举行各种活动和比赛，聚焦用户。

5. 短视频具有可衡量性

利用短视频营销，可以清楚地知道短视频的营销效果。例如，采用数据化形式呈现点击量、浏览量、转载量、关注量、评论数与互动行为。短视频营销具有图文影音营销所不能拥有的优势，同时又完美继承了视频营销的特点，并拥有自己独特的网络时代的特征，因此可以更好地为个人、企业所用，推动产品的营销。

图 9-15　抖音 App 搜索示例

第二节　网络短视频编导的特点

对于网络短视频而言，编导其实就是短视频的运营者。由于短视频进入门槛较低，很多用户都是个人账号，因此这意味着一个人要负责短视频的"编"和"导"，包括账号的定位、视频内容的选题、具体的拍摄与后期制作，以及短视频的投放、营销与变现。概括来说，传统电视节目中的"编"和"导"在新媒体短视频面前，转化为运营者如何在短视频行业中准确定位、创作内容、进行品牌营销与引流变现等短视频具体的运营环节。

一、短视频定位特点：一心一意

短视频制作的第一步也是最重要的一步，就是定位。只有定位清晰、准确，才能在制作短视频时做到"有的放矢"，而且对于后续的短视频推广也能起到事半功倍的作用。没有明确的定位，只有一头扎进短视频的海洋，这无疑是非常不理智的做法。账号定位直接决定了涨粉速度、变现方式、变现的难度，以及引流的效果，还决定了内容的布局和账号的布局。优秀的短视频运营者在账号定位上唯有一心一意，方得始终。

（一）账号定位

1. 垂直定位

账号定位的核心原则是一个账号只专注一个领域（垂直定位），也就是说不能今天发的是宠物，明天发的是美食，后天又变成旅游。对于如何定位，运营者一般需要从三个方面进行考虑：自身在哪些领域有特长？自身有哪些引人关注的亮点？自身对哪些东西感兴趣？思考好上述三个问题后，在有所偏重的情况下把特长和兴趣二者结合起来进行运用，构成运营者的才能基石，这样才能保证有持续的内容输出和坚持下去的耐力，再脚踏实地进行运营，逐渐积累粉丝，将账号打造为流量大号。图 9-16 所展示的是电影垂直领域下的短视频账号。

图 9-16　影评类短视频账号

2. 竞品分析

竞品主要是指竞争产品，竞品分析就是对同类定位的产品进行比较分析，也就是要分析同类型短视频账号的运营情况。用户在做竞品分析时，建议做出一份相应的竞品分析报告，"内容包括体验环境、市场状况、行业分析、需求分析、确定竞品、竞品对比、商业模式异同、产品模式异同、运营及推广策略，以及归纳和结论等"①。

3. 深度内容

深度内容，强调的是账号只更新与当前定位领域相关的内容，不要分享其他领域的内容。定位直接决定了要更新什么样的内容，也决定了账号的运营方向，以及账号最终靠什么赚钱。例如，图 9-17 为抖音账号"猫哥的手机"，该账号的定位是手机日常使用小技巧与手机维修，专门深挖和分享一些手机使用的技巧和常见的手机维修方法，例如：手机清灰、如何使用 iPhone 录屏、如何一键转移旧手机资料等，深受用户的喜爱，该账号作品的各项数据都非常优秀。同时，在变现环节，"猫哥的手机"除了帮助网友修手机之外，还利用抖音的商品橱窗功能来出售视频中出现的各种工具，用户可以在抖音上选择商品直接跳转到淘宝店铺去购买，从而完成内容变现。

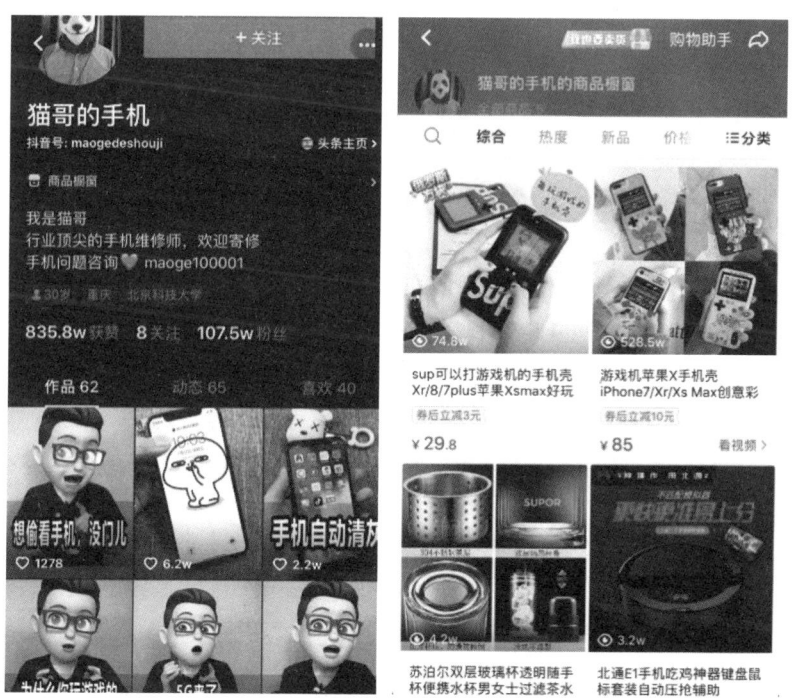

图 9-17　抖音账号"猫哥的手机"示例

---

① 杨飞. 玩赚抖音短视频：入门定位+内容创作+品牌营销+引流变现 [M]. 北京：清华大学出版社，2019：34.

(二) 用户定位

用户定位，即分析用户画像和人群特征。简单一点说就是，你要知道自己的视频拍给谁看。这个"谁"又包含：一是看你的视频的观众，二是你潜在的客户。对于不同用户，有不同的话语体系、不同的情感纽带，不同的圈层文化，只有捕捉到不同用户的"内容点"才能引发共鸣，让大家更乐意创造和消费内容。比如青年喜欢炫酷有趣的东西，有特定的偶像，有自己的话语体系；宅男更偏二次元风格；中产重视内容质量和信息效率等，将不同用户群筛选出来，针对性运营，平台将大有可为。对于短视频运营者而言，洞悉目标用户群体，是后期运营中进行精准推送和更新获取流量的关键。用户画像主要从年龄、性别、地域分布、职业和消费能力五个方面进行定位。这五个方面与短视频平台自身的定位也息息相关。图 9-18 为常见短视频 App 的用户画像。

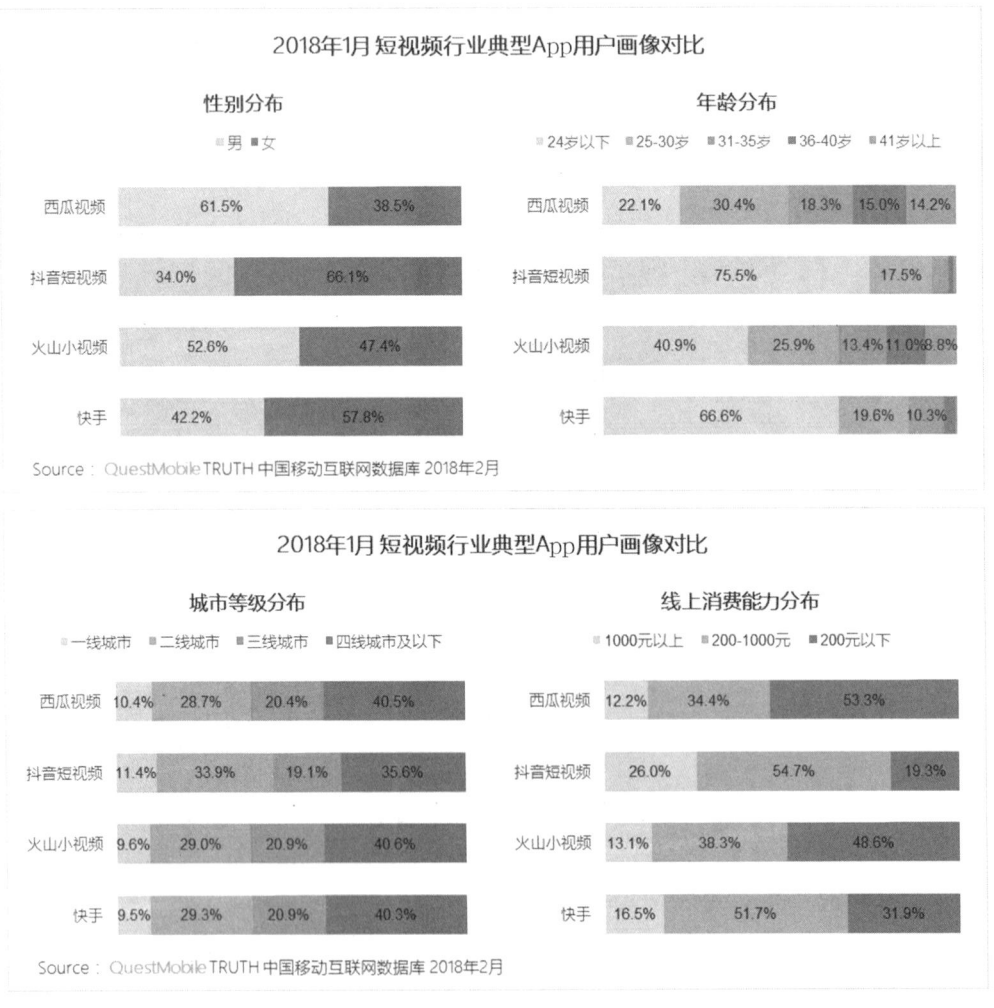

图 9-18　QuestMobile 春节洞察之短视频

以抖音的用户情况为例，我们可以得知其主要以年轻用户为主，其中，24岁以下的用户比例最高；男女性别比例上，女性居多；地域分布上，一、二线城市分布比例最大；线上消费能力较高。综上可知，抖音用户对新鲜事物的接受度高，喜欢分享，乐于追求潮流，一、二线城市的产品定位十分明显，同时，抖音用户的消费能力也是所有人群里面最强的。

（三）内容收集

账号定位的是目标客户群体，不是内容。账号的内容是根据目标客户群体来定位和制作的，不同的客户群体喜欢不同的内容，不同的内容会吸引不同的客户群体。那如何进行内容收集和整理？有效的途径包括：利用微博平台找热门话题，利用知乎平台找专业知识，利用百度、谷歌搜集各类资源，利用音频平台收集稿件、原创内容。

二、短视频运营思维特征：互联网思维与彩蛋思维

（一）互联网思维

1. 用户思维

用户思维是指"以用户为中心"去考量短视频的运营。作为运营者，从短视频账号定位，到内容创作，再到营销引流与变现，都需要深度理解用户。用户思维涵盖了最经典的品牌经营的Who-What-How模型，即目标消费群体（Who）、消费者需求（What）与怎样实现（How）。那如何将用户思维运用到短视频运营中呢？一是明确受众，二是强调参与感，三是提供体验。

以"口红一哥"李佳琦为例。作为淘宝直播的一位美妆带货达人，李佳琦在进入抖音仅两个月的时间里，火速吸粉1400万名。分析李佳琦何以火遍全网，用户思维是其运营的核心思维。首先，其受众极其明确，即口红的消费者。其次，由于挑口红容易挑花眼和选择困难，因此李佳琦化繁为简，每个视频都是拿出某品牌的一整套口红进行试色对比，分别描述其特点，最后总结出几支推荐款。同时，每个视频都为用户标明口红信息，关键词不多，但直白明了。再次，李佳琦有足够的感染力，激情四射，借用网友的评价"用生命在跟（给）你安利的感觉"。最后，李佳琦对口红颜色都有精准、生动的描述，且能衍生出极为丰富的产品想象与他物烘托，提升用户的联想与体验。例如，"Oh, my God！""超性感小S色""一秒变舒淇""少女怀春的颜色""王家卫电影的那种朦胧感、磨砂感"，等等。

图 9-19　抖音账户"李佳琦 Austin"示例

2. 简约思维

互联网时代,信息越多,用户的耐心却越来越少。因此,在短视频运营中要秉承少即是多的原则。每个短视频只需要讲清楚一件事、一种技巧、一处美景、一份美食。不管是前面提到的抖音账户"猫哥的手机"还是"李佳琦 Austin",其所有的视频都是解决一个问题。

3. 迭代思维

"迭代思维"是互联网产品开发的一种方法论,即以用户为核心,迭代、循序渐进地开发,允许有不足,不断试错,在持续迭代中完善产品。迭代思维,要求必须及时乃至实时关注用户的需求,把握用户的变化,从而做出应对措施。以抖音账号"美少女小慧"为例。其短视频话题之"无处安放的魅力",就具有鲜明的迭代思维,其每个视频都在不断完善与丰富这个话题,但一直保持着方言特色、反差萌、幽默搞笑的风格。

图 9-20 抖音账号"美少女小慧"示例

4. 平台思维

平台思维,就是开放、共享、共赢的思维。对于短视频而言,平台和渠道是短视频引流成功的关键。具体而言,短视频的平台包括:社交平台、资讯平台、营销平台和线下场景。

社交平台作为短视频传播过程中必不可少的关键要素之一,是推动短视频行业发展和内容推广引流的重要平台。目前的三大社交平台是微信、QQ 与微博。

微信是腾讯公司于 2011 年 1 月 21 日推出的一款为智能终端提供即时通讯服务的免费应用程序,支持跨通信运营商、跨操作系统平台通过网络快速发送免费语音短信、文字、图片和视频。微信提供公众平台、朋友圈、消息推送等功能。微信的用户量惊人。2021 年 1 月 19 日,腾讯高级执行副总裁、微信事业群总裁张小龙在"2021 微信公开课 PRO"重头戏的"微信之夜"活动上指出,每天有 10.9 亿用户打开微信,3.3 亿用户进行了视频通话;有 7.8 亿用户进入朋友圈,1.2 亿用户发表朋友圈,其中,照片有 6.7 亿张,短视频有 1 亿条;有 3.6 亿用户读公众号文章,4 亿用户使用小程序。

QQ 群和 QQ 空间。QQ 群内的用户都是基于一定目标、兴趣而聚集在一起的,因此如果运营或者推广的是具有针对性的视频内容,可以选择特定的 QQ 群,利用该群用户感兴趣的话题引导 QQ 群用户的注意力。QQ 空间,则是利用 QQ 空间附带的工具进行推广,如

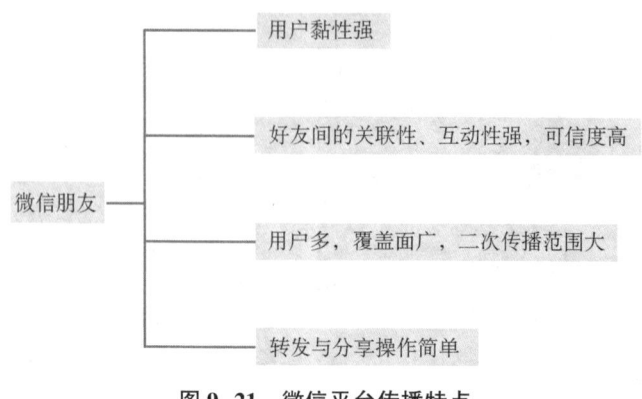

图 9-21 微信平台传播特点

QQ 日志、QQ 相册、QQ 空间分享等。

运营者在微博平台上进行短视频推广，除了基于微博用户的大基数外，主要依靠"@"功能与利用热门话题功能。首先，"@"功能可以帮助运营者与明星、媒体、企业建立联系，一旦有大咖回复你的内容，便可以利用对方的流量提高自身账号的影响力。其次，微博"热门话题"是一个制造热点信息的地方。可以利用热点话题推广自己的短视频，以"蹭热度"的方式发表自己的看法和感想。

资讯平台，由于其传播速度快，具有庞大的流量，成为推广短视频的一个比较理想的平台。目前较为有影响力的资讯平台有今日头条、一点资讯、百度百家等。以今日头条为例。今日头条是用户最为广泛的新媒体运营平台之一，其运营推广的效果不可忽视。目前，抖音、西瓜视频和火山小视频共同组成了今日头条短视频矩阵，汇聚着当下最优质的短视频流量。如何在今日头条上更为有效地运营短视频呢？首先，从热点和关键词上提升推荐量。今日头条的推荐量是由智能引擎机制决定的，一般含有热点的短视频会优先获得推荐，且热点时效性越高，推荐量越高。其次，做有品质的"标题党"。今日头条的标题是影响短视频推荐量和播放量最重要的一个因素。一个好的标题得到的引流效果是无可限量的。最后，严格把关视频内容，提高过审率。今日头条的短视频发布由机器和人工共同把关。先有智能的引擎机制对内容进行关键词审核，再由人工进行审核，确定短视频值得被推荐才会进行推荐审核。

在营销平台上，运营者利用短视频可以让用户更真实地感受产品和服务，因此很多商家和企业都选择通过短视频或直播的形式来进行宣传推广。以京东为例。在传统电商领域，京东商城拥有很高的行业地位，在粉丝经济时代，京东为寻求更好的发展，也开始利用短视频进行产品和品牌宣传。京东平台上的短视频入口较多，最主要的推广入口是"发现"页面下的商品"视频"与首页上的"京东视频"。通过以上入口，用户可以在短视频中看到产品信息、产品功能、产品特点和其他与产品相关的知识，从而提高消费者对产品的感知度，也在一定程度上刺激了消费者的购买欲望。

图 9-22 京东视频示例

5. 大数据思维

"数据，已经渗透到当今每一个行业和业务职能领域，成为重要的生产因素。人们对于海量数据的挖掘和运用，预示着新一波生产率增长和消费者盈余浪潮的到来。"马云在 2015 年数博会上也提到"未来最重要的能源是数据"。对于短视频运营而言，可以基于大数据，结合短视频用户的线上、线下行为，观察与研究账号用户的基本属性、生活形态以及行为特征，有助于运营者及时掌握用户的动态与反馈信息。利用大数据分析出微博二次元用户人群属性，可以有效地帮助运营者了解微博二次元用户的地域分布，从而有的放矢地进行短视频运营。

（二）"彩蛋"思维

1. 善用声音

短视频运营者要清楚画面素材与声音的契合点。声音包括音乐、音效和人声。运营者要擅用不同的音乐来烘托不同的主题，同时也要了解内容的转折与音乐的节奏之间的关联点。音乐用对了，短视频就成功了一半。此外，利用好音效或者人声，也可以提升视频的新鲜度。例如，抖音账号"动画声工厂"利用经典动画片段作为画面素材，然后配上原创的河南话对白，创作出别具一格、幽默风趣的视频内容。

图 9-23　抖音账号"动画声工厂"示例

2. 不走寻常路

短视频运营者需要有异于常人的思维，在用户想不到的地方拍摄视频，以用户想不到的方式来展示内容。这种不走寻常路的思维，其核心是创新，以及创意是否具有操作性。

创新不仅指作品内容的新鲜，也包括作品形式的新鲜，例如不一样的拍摄角度、不一样的叙事方式、不一样的人物造型与不一样的声音处理。以 papi 酱为例。papi 酱作为"内涵派"网红的代表，其短视频作品利用许多幽默、诙谐或者励志等多元化内容方式，让粉丝们找到对自我态度的释放和认同，获得极大赞誉。其短视频作品，本着不走寻常路的"吐槽"方式，结合社会现象，从生活小处入手，既有严肃评论，又以娱乐化处之。如作品《马上就要过春节了，你们准备好了吗》，全方位多角度地讲出了大家在春节期间可能会遇到的一些"讨人厌的亲戚"，引起了广大网友的共鸣。又如作品《童年时期，你和妈妈的对话》，以小情境再现童年时期妈妈与孩子的对话，勾起一代人关于妈妈的记忆，幽默间不失温馨。其点赞量达 187.6 万个，评论数达 4.1 万条，转发量达 2.6 万次。

图 9-24　papi 酱抖音账号示例

3. 以美为大

用户的眼睛都是追求美的，因此这就要求短视频不仅要向观众提供信息，而且要以美的形式包装。这对于短视频运营者而言，就要具备一定的审美能力，同时要掌握必要的拍摄技巧、构图技巧、后期技巧等。要求作品要好看好听，画面与声音都需要有很好的观赏度。以抖音账号"摄影日月"为例。该账号通过短视频介绍摄影技巧与摄影方法，作品不仅实用，而且风格唯美干净，视觉美感强。

图 9-25　抖音账号"摄影日月"示例

4. 预测能力

热门短视频的运营者一般都具有前瞻性，对热点、话题"梗"、当下流行时尚有敏锐的把握度，可以第一时间在作品中将其展现，从而引发潮流。运营者如何进行预测呢？关键在于把握热度。热度，顾名思义，就是现在什么话题比较热，哪位人物比较热或什么事件关注度高，短视频运营者应该时刻关注这类信息，继而可以从热点问题入手进行创作。如何"蹭热度"呢？作品可以带热门话题、带热门关键词、转发热门微博、@热门大V或者上头条，等等。

【思考与练习题】

1. 网络短视频的发展对媒体生态产生了什么影响。
2. 思考以快手与抖音为代表的社交类短视频爆红的原因。
3. 网络短视频如何助力品牌营销。
4. 选择一个短视频平台，注册一个账号，完成账号的头像、昵称、签名等基本设置。
5. 撰写一份关于短视频平台账号定位与内容运营的方案，包括账号的类型定位、用户画像、内容风格。
6. 制作与发布一个短视频。

【学习参考书目】

1. 杨飞. 玩赚抖音短视频：入门定位+内容创作+品牌营销+引流变现 [M]. 北京：清华大学出版社，2019.
2. 新媒体商学院. 短视频运营一本通：拍摄+后期+引流+变现 [M]. 北京：化学工业出版社，2019.
3. 刘东明. 新媒体短视频全攻略 [M]. 北京：人民邮电出版社，2018.

【学习参考视频】

1. 抖音账号"papi酱"。
2. 抖音账号"李佳琦Austin"。
3. 微博"视频"。
4. 今日头条"视频"。
5. 抖音短视频、快手、火山小视频、西瓜视频、梨视频、秒拍App上的视频。

参考文献

1. 参考书籍

［1］黄慕雄，眭凌．电视节目编导［M］．上海：暨南大学出版社，2012．

［2］邹建，洪代星，贾志珍．电视节目编导［M］．上海：华东师范大学出版社，2008．

［3］杨尚鸿．编与导：电视编导学原理［M］．北京：北京师范大学出版社，2011．

［4］魏珑．电视编导［M］．杭州：浙江大学出版社，2007．

［5］艾丰．新闻采访方法论［M］．北京：人民日报出版社，2007：5．

［6］王心语．电视导演基础［M］．北京：中国传媒大学出版社，2009．

［7］张健．当代电视节目类型教程［M］．上海：复旦大学出版社，2011．

［8］张菁，关玲．影视视听语言［M］．2版．北京：中国传媒大学出版社，2014．

［9］王建辉．电视文艺创作教程［M］．北京：北京大学出版社，2015．

［10］徐荇．电视节目创意、策划与制作［M］．北京：中国传媒大学出版社，2014．

［11］印兴娣，杨曙．电视节目编导教程［M］．南京：江苏凤凰文艺出版社，2016．

［12］韩斌生．电视编导基础［M］．2版．北京：中国传媒大学出版社，2014．

2. 参考文章

［1］郑红．新媒体语境下广播电视新闻策划的创新思维［J］．今传媒，2019（6）．

［2］阚国秋．融媒体时代电视新闻编辑的创新意识和融合能力［J］．科技传播，2019（6）．

［3］杨明品．守正创新 推动电视综艺节目全面升级［J］．中国广播电视学刊，2019（4）．

［4］腾锐．敖柏．2018年中国电视综艺节目发展述评［J］．当代电视，2019（2）．

［5］赖黎捷，颜春龙．仪式 狂欢 互动——对中国电视综艺节目传受关系变迁的思考［J］．中国电视，2019（3）．

［6］诸琦睿．文化类电视综艺节目品质化发展模式探析——以《经典咏流传》《声临其境》为例［J］．广东开放大学学报，2018（5）．

[7] 关敬蓉. 新媒体时代电视评论节目的创新发展［J］. 新闻战线，2018（10）.

[8] 徐雄庆. 融媒时代电视综艺节目的创新实践［J］. 新媒体研究，2018（14）.

[9] 王德慧. 民生、法治和调解类电视节目的创新路径［J］. 中国广播电视学刊，2018（11）.

[10] 邓蕃. 失衡与失范：当前我国情感调解类电视节目的发展症结与策略研究［D］. 广州：广州大学，2018.

[11] 吴生华，杨佳昊. 从模仿引进到模式创新——中国电视综艺节目发展路径浅析［J］. 传媒评论，2017（3）.

[12] 何威. "互联网思维"下调解类电视节目发展研究［D］. 南昌：江西财经大学，2017.

[13] 廖祺澍. 从《四大名助》看调解类谈话电视节目的创新升级［J］. 视听，2016（6）.

[14] 孙丽琴. 中国当下益智类节目的发展研究［J］. 新媒体研究，2016（1）.

[15] 孙振虎，邵琦. 浅论益智类节目的发展现状与问题［J］. 中国电视，2015（12）.

[16] 傅雅慧. 新媒体环境下电视综艺节目的发展思路探讨［D］. 呼和浩特：内蒙古大学，2015.

[17] 薛聪. 角色互换真人秀电视节目的本土化改造［D］. 济南：山东师范大学，2015.

[18] 马春晖. 真人秀生活服务类节目的现状与发展［J］. 新闻与写作，2015（7）.

[19] 程颖. 人际传播视角下的调解类谈话节目研究——基于《金牌调解》的分析［D］. 南昌：江西师范大学，2015.

[20] 苗棣，毕啸南. 2014年电视综艺节目特点分析［J］. 电视研究，2015（4）.

[21] 刘月明. 关于社教类节目编辑应具备的素质及服务性的思考［J］. 新媒体研究，2015（8）.

[22] 黄子轩. 我国电视社教节目的现状与发展［J］. 西部广播电视，2015（17）.

[23] 牛捷. 社教节目发展现状浅析［J］. 教育前沿，2015（1）.

[24] 刘晓欣. 电视文化节目研究综述［J］. 中国广播电视学刊，2015（12）.

[25] 郑潇. 电视文化类综艺节目的发展和展望［J］. 视听纵横，2015（3）.

[26] 程珂. 电视法制节目的发展研究［J］. 审美与时代（下），2015（8）.

[27] 林密. 电视法制专题节目文本制作技巧探析［J］. 西部广播电视，2015（17）.

[28] 鄂贝甜. 文化类电视节目策划的策略研究［J］. 西部广播电视，2015（7）.

［29］丁智擘．文化类电视节目的传播价值与创新路径［J］．传媒，2015（6）．

［30］骆世查，齐特．文化认同视域下文化类电视节目的融合发展［J］．今传媒，2015（6）．

［31］郝飞婷，李荣．文化益智类节目的理念及功能探析——以陕西卫视《唐诗风云会》为例［J］．中国电视，2015（9）．

［32］白钢．新媒体时代文化类节目的创新思路研究［J］．新闻研究导刊，2015（11）．

［33］郭世俊．文化类电视节目发展探析［J］．大众文艺，2015（17）．

［34］杨玲．地方生活服务节目创新方向探析［J］．西部广播电视，2015（5）．

［35］曲锐．旅游美食节目《一城一味》的受众策略分析［J］．戏剧之家，2015（6）．

［36］张圆圆．浅谈饮食类生活服务节目定位——从《回家吃饭》说起［J］．电视研究，2015（6）．

［37］胡彤．中国大陆电视旅游节目形态研究［D］．天津：天津师范大学，2015．

［38］毕啸南，刘萌萌．生活服务类：真人秀节目的延伸发展［J］．南方电视学刊，2014（2）．

［39］韩跃武．美食节目的编导艺术研究［J］．今传媒，2014（5）．

［40］王宽．浅谈美食节目的创新［J］．新闻传播，2014（4）．

［40］宓素琼．浅析健康类节目传播要素［J］．新闻窗，2014（12）．

［42］王丹．舌尖上的流行形态——欧美热播美食节目综述［J］．视听界，2014（9）．

［43］王文婷．电视娱乐节目的全媒体互动模式研究［D］．兰州：兰州大学，2014．

［44］单艳军．当前我国电视调解节目服务功能的反思研究［D］．郑州：河南大学，2014．

［45］萧盈盈．后现代语境中的电视综艺节目的特征与走向［J］．现代传播（中国传媒大学学报），2015（8）．

［46］多宏歌．2014年度国内真人秀版权引进类节目分析［D］．太原：山西大学，2015．

［47］周娜娜．当前中国电视真人秀节目的发展模式分析［J］．中外企业家，2015（12）．

［48］萧盈盈．后现代语境中的电视综艺节目的特征与走向［J］．现代传播（中国传媒大学学报），2015（8）．

［49］多宏歌．2014年度国内真人秀版权引进类节目分析［D］．太原：山西大

学,2015.

[50] 钟国庆,林宸西. 媒介生态学视阈下的电视文化类节目现状分析[J]. 中国广播电视学刊,2015(11).

[51] 周娜娜. 当前中国电视真人秀节目的发展模式分析[J]. 中外企业家,2015(12).

[52] 傅嘉彬. 才艺表演类真人秀节目叙事研究[D]. 曲阜:曲阜师范大学,2014.

[53] 吕佳芮. 电视求职节目的会话分析——以《职来职往》为例[D]. 长春:吉林大学,2014.

[54] 郑雁林. 电视益智节目的叙事学研究[D]. 武汉:华中师范大学,2014.

[55] 傅嘉彬. 才艺表演类真人秀节目叙事研究[D]. 曲阜:曲阜师范大学,2014.

[56] 吕佳芮. 电视求职节目的会话分析——以《职来职往》为例[D]. 长春:吉林大学,2014.

[57] 郑雁林. 电视益智节目的叙事学研究[D]. 武汉:华中师范大学,2014.

[58] 肖婉. 媒介生态视域中的新世纪中国电视美食节目研究[D]. 上海:上海大学,2014.

[59] 张丽雯. 文化类电视节目的发展策略[J]. 当代电视,2014(3).

[60] 中国电视艺术委员会评论员. 原创文化类节目:直面"苦旅"再接再厉 探索创新[J]. 中国电视,2014(10).

[61] 张丽雯. 文化类电视节目的发展策略[J]. 当代电视,2014(3).

[62] 胡妍妍. 从真人秀到真文化——由电视节目《汉字英雄》和《中国汉字听写大会》引发的思考[J]. 河南社会科学,2014(8).

[63] 左雪梅. 2013年度传统文化类电视节目热播的启示[J]. 新闻知识,2014(5).

[64] 胡勇,王玉. 传统文化类电视节目的传播学研究[J]. 今传媒,2014(4).

[65] 韩启振. 从《成语英雄》看语言文化类节目的发展趋势[J]. 传媒,2014(2).

[66] 张颂扬. 全媒体语境下电视文化节目的"存旧"与"立新"[J]. 东南传播,2014(10).

[67] 刘双. 试论国内电视文化综艺节目的创新策略——以河南卫视《汉字英雄》为例[J]. 现代视听,2014(7).

[68] 陆叶. 国内生活服务类电视节目研究——以武汉电视台科教生活频道为例[D]. 武汉:华中师范大学,2013.

[69] 南竺君,熊忠辉. 共生与融合:文化教育类节目的现状与未来[J]. 声屏世

界，2013（11）.

[70] 何梁. 国内电视旅游节目的可持续发展研究［D］. 南昌：南昌大学，2013.

[71] 陈小娟. 国内电视美食节目发展存在的问题及对策研究［J］. 合肥工业大学学报（社会科学版），2013（8）.

[72] 张轶婷. "泛真人秀"时代中国电视真人秀节目的内容与传播创新——以浙江卫视《中国好声音》为研究样本［D］. 上海：上海外国语大学，2013.

[73] 潘璐. 从"非常靠谱"看文化类节目的发展之路［J］. 太原理工大学学报（社会科学版），2012（4）.

[74] 马池珠. 论科教电视节目的编导艺术［J］. 理论学刊，2012（1）.

[75] 陶冶电. 视时尚节目对女性身体形象的建构［D］. 上海：上海师范大学，2012.

[76] 杨姗. 电视职场真人秀节目研究——以《职来职往》为例［D］. 重庆：重庆工商大学，2012.

[77] 陆正取. 媒介环境视野下的婚恋奇观——以"非诚勿扰"为例［D］. 重庆：西南大学，2012.

[78] 罗瑞. 谈话类电视节目编导艺术的得与失［J］. 电影评介，2012（11）.

[79] 王雅凡. 浅论电视谈话节目的编导［J］. 大众文艺，2012（11）.

[80] 黄恺昕. 电视谈话节目如何成功再造谈话现场［J］. 新闻传播，2012（5）.

[81] 郭琳媛. 我国电视综艺节目"三俗"问题及解决对策研究［D］. 开封：河南大学，2011.

[82] 王黑特，王希子. 中国电视节目类型体系探析［J］. 中国电视，2011（6）.

[83] 马道全. 新时期法制类电视节目社会功能分析——以 CCTV-12 为例［J］. 中国电视，2007（12）.

[84] 余承璞，顾晓燕，毛永晖. 国内外电视财经类节目纵览［J］. 视听界，2008（1）.

[85] 范月岑. 经济新闻报道与人文关怀［J］. 新闻世界，2010（7）.

[86] 中国电视艺术委员会评论员. 标指电视文化类纪实节目的创新方向——电视文艺"星光奖"文化类纪实节目评析［J］. 中国电视，2009（12）.

后 记

《电视编导教程》编著的出版，顺应了地方高校产教融合培养应用型人才的需要。本书在编著的过程中充分融合了地方本科院校和媒体行业单位的专家学者的智慧，体现了媒介行业的应用特点。教材内容注重理论与实践的结合，在注重传统电视节目的编创的同时，更加突出融媒体时代的视频节目的编导意识和创作特点。在编写过程中，编者参考了国内外学者近年来出版的大量著作、教材、论文（详见参考文献），在此表示感谢。本书主要编著人员有印兴娣（常州工学院）、周彤（常州工学院）、王珺（常州工学院）、刘建玲（徐州广播电视台）。

印兴娣

2020 年 8 月

图书在版编目(CIP)数据

电视编导教程/印兴娣主编. --北京:中国传媒大学出版社,2021.3(2024.11重印)
ISBN 978-7-5657-2887-7

Ⅰ.①电… Ⅱ.①印… Ⅲ.①电视节目制作－教材 Ⅳ.①G222.3

中国版本图书馆 CIP 数据核字(2020)第 270028 号

电视编导教程
DIANSHI BIANDAO JIAOCHENG

主　　编	印兴娣
副 主 编	周　彤　王　珺
策划编辑	蒋　倩
责任编辑	蒋　倩
责任印制	李志鹏

出版发行	中国传媒大学出版社			
社　　址	北京市朝阳区定福庄东街1号	邮　编	100024
电　　话	86-10-65450528　65450532	传　真	65779405
网　　址	http://cucp.cuc.edu.cn		
经　　销	全国新华书店		
印　　刷	北京中科印刷有限公司		
开　　本	787mm×1092mm　1/16		
印　　张	14.5		
字　　数	307 千字		
版　　次	2021年3月第1版		
印　　次	2024年11月第4次印刷		
书　　号	ISBN 978-7-5657-2887-7/G·2887	定　价	49.80 元

本社法律顾问:北京嘉润律师事务所　郭建平